個人心理療法再考

上田勝久《うえだかつひさ》

金剛出版

目次

個人心理療法再考

序章　個人心理療法の危機をめぐって

Ⅰ　本書の目的

本書は個人心理療法のありかた、進めかた、その存在意義を改めて問い直そうとする書物です。私は心理職のもっともベーシックな技能を「個人心理療法の実践」にみています。

無論、心理職の業務はそれ以外にも多岐にわたります。心理・知能検査の実施、病歴の聴取と行動観察にもとづく所見作成、アセスメント、ユーザーの周辺環境への働きかけ、他職種や同業者との連携、コンサルテーション、心理教育、アウトリーチ、デイケア等の集団への支援活動、入院患者とのベッドサイド面接、入院病棟・福祉施設等での生活場面における心理的支援、種々の自助グループのサポート、ターミナルケア、危機介入……など、心理職の仕事はいまや相当な広がりをみせています。心理療法ひとつとっても、その対象は個人に限りません。親子、夫婦、カップル、集団とさまざまです。

このように、今日では心理職の仕事は相当にバラエティに富み、今後もますます拡張されていくことでしょう。人のこころは何も面接室内でのみ展開されるわけではありません。あらゆる場に支援のターゲットは存在しており、私たちはあらゆる場でその専門的技能の供給を求められています。そして、これらの支援にはそれぞれに独自の価値と意義がそなわっています。

しかし、それでもなお、私は心理職のもっともベーシックな技能を「個人心理療法の実践」にみています。言い換えれば、私自身は**「個人心理療法」という支援形態を、さまざまな心理的支援にともなわれる、さまざまな「変数」に対する定数や基準値、あるいは最小単位に据えています。**ユーザーとセラピストが、定められた部屋で、定められた時間、一対一で出会い、そこで何らかの心理的な営みを進めていく。これを心理的支援の基本形態として捉えています。これがカップルセラピーになれば、「対象者の数が複数化する」という変数が加わります。デイケアでの支援になれば、対象者の複数化にプラスして、支援の場と時間枠の拡大という変数が加わります。ベッドサイドやアウトリーチによる関わりも「場の移行」という変数が、心理教育をはじめとする公衆衛生活動に至ると、対象者、場、実践内容においてさらに複雑な変数が加味されます。

私自身は上述した業務のすべてを「個人心理療法」の応用高等技術とみなしています。裏を返せば、これらの営為の根幹に個人心理療法の技能をみています。ゆえに、個人心理療法の技能をもつデイケアスタッフ（たとえば心理職等）とそうではないデイケアスタッフ（たとえば看護師等）とでは、関わりの質や効果に何らかの違いがあるはずだと推測しています。もちろん、これは決して優劣の話ではありません。そのキャリアの最初から集団を対象にしてその技術を磨いてきた専門家よりも、個人心理療法を基盤としてきた専門家のほうが優れているなどと評価するつもりはありません。そもそも、私はその優劣を比較する手段を持ち合わせていませんし、究極、その差異は実証的に示せるものではないとも感じています。しかし、それにもかかわらず、そこには決定的な違いがあると感じています。たとえば、支援対象が集団であったとしても、なお個の内実を考え抜く技能などがその一例です。

そして、私が本書を執筆した動機はここにあります。いま、この「個人心理療法」というかけがえのない技能が危機を迎えているように私には思えます。

これは単なる気のせいではないと思います。このことは学会や種々のセミナーにおいても、さまざまな著書や学術論文を読んでいても、あるいは臨床現場においても如実に感じられることです。

しばしば「相談室に籠っているだけのカウンセラー」という揶揄を見聞きします。この種の言説は以前からありましたが、最近は特に耳にする機会が増えた印象があります。このような言説は連携やコンサルテーションの重要性を主張したり、心理職が多様な支援法に開かれるべきであることが説かれたりするときに、その枕詞として使用される傾向があるようです。

無論、この発言の強調点は「だけ」に置かれており、「籠っている」ことそのものを否定しているわけではないのでしょう。特に心理療法などは基本的には面接室に籠らなければ実行できませんので、それ自体を否定しているわけではないはずです。ですが、それならば普通に「連携も、心理教育も、アウトリーチも、個人心理療法も、すべてが等しく重要である」と語ればよいものを、「籠る」こと、すなわち個人心理療法を主軸に置くことが何かマイナスであるかのようなニュアンスをもつ言い回しがなされています。たとえば、「心理教育にばかりにかまけているカウンセラー」「アウトリーチだけしかやらないカウンセラー」「連携だけで事を済まそうとするカウンセラー（これはそのうちに出てきそうな言説ですが）」といったフレーズはあまり耳にしませんので、やはり問題の俎上に載せられているのは個人心理療法であると感じられます。と同時に、やはり個人心理療法こそがこれまでの心理職の主たる業務として捉えられていることを改めて実感します。

一口に「個人心理療法」といっても、これ自体実に多様な方法論が存在しています。そもそも「心理療法」という用語は言語のカテゴリーレベルとしては「服」や「食べ物」といった単語と同水準に位置づけられるものです。服にはカジュアル、フォーマル、和装、喪服などさまざまな種類があり、同様に心理療法にもさまざまな理論と方法論があります。なかでも、最近著しい広がりを見せているのが認知行動療法やそれをベースとした種々の技法論です。私がこの業界に入ったころは、いまほどこの系列の本を書店の棚に見かけることはありませんでした。対して、いまは百花繚乱の様相です。

私自身は、このような動向はこの業界にポジティブな影響を与えるだろうと予想しています。というのも、行動療法や認知行動療法等の支援ツールは、多くのユーザーのニーズに合致した支援をダイレクトな形で供給できるように**デザイン**されているからです。私も日々の臨床のなかで認知行動療法的な介入策を取り入れています。他にはソリューションフォーカストの考えも援用しています。これらの療法は具体的にユーザーの役に立つと感じられるゆえです。

同じ「心理療法」でも、いま明に暗に疑義を投げかけられているのは、**「クライエント・センタード的な介入姿勢をベースとして、事を力動論的（精神分析的もしくはユング心理学的）な視点から考えていく」**タイプの心理療法であると私は感じています。八〇年代、九〇年代を席巻した心理療法スタイルです。

もう少し具体的に述べましょう。

このタイプの心理療法はユーザーの語りを受容的に聞いていくことが中心的なワークとなります。無論、ユーザーの語りに丹念に耳を傾けることはあらゆる心理療法に通底する姿勢ですので、このこと自体が問題というわけではありません。特徴的なのは、介入が極端に控えられている点です。精神分析や精神分析的心理療法のように何らかの解釈が積極的になされるわけでも、行動療法や認知行動療法のように問題の具体的な解決策が供給されるわけでもなく、とにかく相手の語りを促進することに尽力していきます。時折なされる介入は、その語りの促進を目指した質問や、話の曖昧な部分を明確化する言葉がけが主となります。見かけ上は「対象者に上手にインタビューをしている」感じでしょうか。

さまざまな事例検討会や学会発表に参加してきて思うのは、日本ではこのタイプの心理療法を実践している臨床家が大半なのではないかということです。ここまでの個人心理療法の歴史は、この種の心理療法との歩みであった感じさえあります。そして、いま、このタイプの心理療法こそが危機を迎えているように思うのです。

少し脇道に逸れますが、ここでひとつだけことわりを入れておきたいと思います。このタイプの心理療法をめぐって、人々のなかに大きな誤解があると感じられるからです。

しばしば、このタイプの心理療法が「精神分析」や「精神分析的心理療法」と同一視され、非難の対象とされることがありますが、それは明確に誤認といえます。ここでいう「クライエント・センタード的な介入姿勢をベースとして、事を力動論的な視点から考えていく」タイプの心理療法は、精神分析や精神分析的心理療法とは異なります。この種の誤認はユーザーだけでなく、専門家集団にもみられます。批判対象について十分に理解せぬまま批判を投げかけることは、大きな学術的損失を招きかねません。インターネットやSNSで「精神分析」と検索しますと、さまざまな記事と共に、相当量の批判的な見解も登場します。しかし、実は日本では、精神分析や精神分析的心理療法は、こうした大規模な批判の対象となりうるほどには十分に普及してはいないのです。

精神分析とは週四日以上の頻度で、カウチ（被分析者が横臥するための簡易ベッド）を用いて行われ、被分析者の自由連想と分析家の解釈による交流を基調とした営みを指します。対象が子どもの場合は、必ずしもカウチが用いられるわけではなく、自由連想の代わりにプレイによる表現が活用されます。

そして、この営為は精神分析家のライセンスをもつ人によって実践されるわけですが、問題はその数です。日本でこの資格を発行する代表的な機関としては「日本精神分析協会」があげられますが、そこに登録されている精神分析家および精神分析的精神療法家は二〇二二年五月の時点で五〇名弱です。その他の精神分析の専門機関が発行している資格の保有者を合わせても、精神分析家の数はせいぜい一〇〇名ほどだと思います（ユング派分析家は除いています）。というのも、この資格の取得には長年にわたる訓練分析、精神分析事例に対するスーパーヴィジョン、系統講義の受講が課せられ、資格取得までに相当の年数と金銭的コストを要するからです。そもその分析家の数が少ないのですから、当然この種の支援を受けている人も限られます。さらにいえば、精神分析はその高頻度設定ゆえに、分析家ひとりあたりの被分析者の担当数も自ずと限られてきます。はたして日本の市民の何人がこの種の営為に参加したことがあるのでしょうか。

精神分析的心理療法についてはどうでしょうか。この「的」というのが曲者で、精神分析的心理療法の定義は揺れており、（日本においては）いまのところはその支援者が自身の心理的支援を「精神分析的心理療法」と呼べば、それが「精神分析的心理療法」として一応認められる形になっています。ですが、厳密に考えれば、「精神分析的心理療法」もさほど広く普及しているわけではないように思います。というのも、私自身は、ある実践を精神分析的心理療法と呼ぶならば、その実践形態を整えるだけでなく、それを実践している人がやはり（「精神分析家」とは基準を違えていたとしても）訓練分析、ケーススーパーヴィジョン、系統講義といった一定の組織的な訓練課程を経ている必要があると考えるからです。その場をより精神分析もしくは精神分析的心理療法らしい場にしていくことのできるプラクティショナーの存在が、この営みの決定的な構成要素となっているからです。ちなみに私自身はパーソナルセラピーに取り組み、スーパーヴィジョンを受け、系統講義にも参加してきましたが、組織的な分析的訓練にはまだ入っていません。

みなさんは「フロアボール」というスポーツをご存知でしょうか。端的にいうと、これは氷上ではない室内で行われるホッケーのようなもので、日本での競技人口が五〇〇人程度といわれています。ホッケーは多くの人が知るところでしょう。しかし、フロアボールはホッケーとは異なるスポーツです。現在、日本で展開されている「精神分析批判」は、実際はその内実をよくわかっていないフロアボールを、比較的イメージのつきやすいホッケーと誤認した形で展開させている印象があります。

話を戻しましょう。

繰り返しになりますが、私が本書にて取り組みたいことは個人心理療法のありかたを改めて考えることです。そのなかで特に注目したいのが「クライエント・センタード的な介入姿勢をベースとして、事を力動論的な視点から考えていく」タイプの心理療法です。私はこの種の心理療法について再考する必要があると強く感じています。なぜなら、専門家だけでなく、ユーザーからもこの種の心理療法に対する批判が寄せられつつあるからです。その一例としては、「アドバイスが欲しかったのに、単に話を聞いてくれただけだった」「理解と具体的な対応策を示してくれると思っていたけれど、そうではなかった」「通っていることの意味がわからなくなった」といったものがあげられます。これはユーザーに対する大規模調査を図った結果ではなく、あくまで私的な観測にすぎませんが、みなさんにもこの種の声は届いているのではないでしょうか。もしかすると、それなりの数の個人心理療法がユーザー側のニーズに合致した支援を供給できていない現状があるのかもしれません。だとすれば、それはなぜでしょうか。

本書の目的はこれらの問いの応答にあります。私たちの誰もがユーザーの役に立ちたいと願いながら――

少なくとも部分的には、ひょっとすると相当数の個人心理療法が——そうはなっていない現状があるのではないかと危惧しています。

いまだからこそ、この課題に取り組む必要があるように思うのです。

II　課題の明確化

本書では主に「クライエント・センタード的な介入姿勢をベースとして、事を力動論的な視点から考えていく」タイプの心理療法について批判的に検討していくことになりますが、これは「精神分析的なオリエンテーションをもつ人が認知行動療法について批判的に検討する」、もしくはその逆のような取り組みとは質を異にしています。峠の上から里を眺めて「あの家は〇〇だ」などというつもりはありません。なぜなら、私自身がこのタイプの心理療法の実践者だったからです。というよりも、当初は自分が行う心理療法がこの種の一タイプに分類できるとすら思っていませんでした。私にとって「心理療法」とは、この「クライエント・センタードフレーヴァー」の営為を指し、それを相対化して捉えてはいませんでした。その理由は、当初私に心理療法を指南してくれた人たちがこの様式で実践していたからです。私のなかでは「先生が教えてくれる心理療法」こそが「心理療法」でした。

そのために私は多くの失敗を重ねました。ユーザーのニーズを十分に汲み取れず、応じることもできず、ただひたすらに自分が学んできた心理療法を「それこそが役立つはずだ」と信じながら供給してきたゆえです。ですので、本書は私自身の反省の歴史の記述となります。とてもパーソナルな色彩を帯びることになりそうです。それがどれほど公共的なものとなりうるのかは心許ないところですが、とにもかくにも思考を開始してみたいと思います。

さて、いま俎上に載せている心理療法には明確な援助哲学もしくは理念があります。それは症状の解消や問題解決といった目に見える形の改善を見据えつつも、それを超えて、「個としてのユーザー」を尊重し、彼らから学び、彼らのこころに寄り添うことです。そこで重視されるのは**関係性**です。さらにいえば、この療法ではユーザーが抱える症状や問題がその人の「個」としての存在部分にとって、あるいは彼らの「人生」にとっていかなる意味をもつのかという「意味への志向」が重視されます。このことが「目に見える形の改善を見据えつつも、それを超えて」の「超えて」に相当する部分です。

私自身はこの種の理念をとても大切だと感じています。私たちは社会や社会的な価値観・規範から完全に切り離された形で生きることはできません。私たちの生にはそれらの外的なものが色濃く作用します。そもそも私たちがその成長過程のなかで言語的な世界に参入すること自体、そうした外的なものに「私」を譲り渡すことを意味します。そのなかで、この種の心理療法は、それでもなおパーソナルな「私」を生きようとする人々のニーズに貢献しようと努めてきました。

またしても話が脇道に逸れますが、私が心理職として駆け出しのころ、すなわち二〇年前のこの分野の文献には「理論に囚われてはならない」という言葉が頻出していました。「プロクルステスの寝台」の比喩もよく目にしました。ですが、当時の私はこれを自家撞着だと感じていました。なぜなら、その言葉を発するその著者自身が何らかの心理療法理論を先に語っているからです。

しかし、いまではその意図がわかるような気がします。精神分析的な理論にせよ、行動科学的な理論にせよ、理論には人間というものに関する構造主義的観点が必然的に含意されます。ですが、「こころ」や「行動原理」の全容が解明されていない本分野においては、こうした理論もまた先述した社会的価値観や規範と同様に、「個の外部にある何か」となる可能性を帯びています。その理論は必ずしもその「個人」を言い表すわけではありません。そして、この「言い表すわけではない」の「ない」という否定形のなかにこそ、目前のユーザーの「個」の部分が浮き彫りにされるのでしょう。私たちは専門家としてさまざまな理論を駆使して事にあたりますが、いま目前にいるユーザーのそのユーザーらしさは、私たちのなかにある既存の知識や理論を参照しえ**ない**地点に立ち現れるのだと思います。「君はこれだよ」という外部からのディスクールに該当しない部分です。むしろ、私たちはこの「外部のもの」に当てはまらない、私たちが未だあずかり知らぬユーザーの「個」の部分によりはっきりとした形で出会うために、「外部のもの」、すなわち先達が蓄積してきた夥しい数の「こころ」や「行動原理」にまつわる知を学ぶ必要があるのかもしれません。このことが、理論について存分に語っておきながら、「理論に囚われてはならない」という語りの内実だったのだと思われます。

そして、この種の理念がいま形骸化しつつあるように私には感じられます。

いつのまにか傾聴することがこちらの考えや助言を差し控えることとイコールで結ばれてしまってはいないでしょうか。こころに寄り添うことは単に穏やかに接することではありません。個を尊重することはユーザーの語りを鵜呑みにすることではありません。自分たちが思いえがく「心理療法というもの」を行えば事足りるわけではありません。いま目前にいるユーザーに対して「心理療法」を行うことが私たちの仕事です。

個人心理療法が形骸化しているとすれば、それはなぜでしょうか。形骸化といっておきながら矛盾するのですが、私自身はいまこの営為が抱えている危機の要因の大半は、**その「手続き」もしくは「運用方法」といった、その心理療法の「形態」に関わる問題である**と考えています。形態の不備が形骸化の引き金になっているという話です。

おそらく、ほとんどの心理職は先の理念に賛同されるでしょう。とりあえず喫緊の問題を解決し、症状消失に特化した心理療法に取り組む心理職においても、そのことが彼らのパーソナルな生に寄与することを願いながら事に取りかかっているはずです。いま俎上に載せているタイプの心理療法を軸とする心理職は殊更そう願って尽力していることでしょう。しかし、そうでありながら、ユーザーからは「単に話を聞いてくれただけだった」という不満と失望の声が上がります。これは傾聴姿勢の不十分さを物語っているのでしょうか？　あるいは普通に助言をすれば事足りたのでしょうか？　私自身はここに**「形態」**の問題をみています。つまり、**その心理療法が「話を丹念に聞く」という姿勢を十分に活かせるような形にデザインされていないことに問題がある**と考えています。これは明確に私たちのスキルの問題です。理念にスキルが見合っていないという事態が生じているように思うのです。

ここでいう「スキル」とは、ユーザーをより精緻に、より深く（この表現は曖昧さを生むので活用し辛いところがありますが）理解していくためのスキルというよりも、**その理解を十全に活用するためのスキル**です。私たちが自身の技能をフルレンジで活かしていくためのスキルです。ふりかえると、私が受講してきた研修や事例検討会のほとんどが「ユーザーをどう理解するか」に重きを置き、その理解を「ユーザーにどのように還元していくか」についてはあまり言及されてこなかった印象があります。運用方法については、結局のところは「丁寧に耳を傾ける」「構造をしっかり守る」といったことに終始していた印象です（そのなかで神田橋條治先生の合宿やセミナーはスキルにまつわるアイデアで溢れており、私には異色に感じられました）。

「そのユーザーに見合った心理的支援を私たち自身の技能が最大限発揮できるようにデザインする」とい

う発想をもつならば、先の「アドバイスが欲しかったのに単に話を聞いてくれただけだった」というユーザーに対しては、その心理療法の場を「私たちのアドバイスをそのユーザーが十分に活かせる形」にデザインすることになります。私たちはユーザーが活用しうるアドバイスの提示に向けて、その語りを丁寧に聞き、理解を深め、既存の理論と擦り合わせながら事を進めていくことになります。逆に、私たちが一専門家として「このユーザーに関しては、アドバイスの提示よりも、この人自身が事を熟考し、自分なりの対応策を見いだしていくことが肝要だ」と判断したならば、そのように考える根拠と共にその方針を伝え、ユーザー自身が事を主体的に考え、取り組んでいく場として、その場をデザインすることになります。あるいは、どちらの方向性も重要ならば、ユーザーがアドバイスを十全に活用しつつ、同時に彼ら自身の主体的な動きが活かされる形にデザインすることになります。

多くの心理職は豊かな感性と知性をそなえ、支援に多大な情熱を注いでいるように思います。ですが、その感性や知性、情熱を具体的に活かし、運用していくスキルがうまく機能していない人たちが一定数いるように見受けられます。私の理解では、その要因となっているのが、**個人心理療法という営みに付随しているさまざまなドグマ（教条主義）**です。ここでいうドグマとは、たとえば「心理療法ではアドバイスは控えられるべきである」「解釈は侵襲的となり、セラピストの理解の押しつけになるので控えられるべきである」「心理療法は週一回五〇分が基本形態である」「面接室とは自由にして保護された空間である」「来談者の自由を保障するために、支援者側による方針の明確な決定は控えられるべきである」などの言説です。

ここに並べた言説は正しいのかもしれませんが、あくまで部分的な正しさにすぎません。これらの考えもひとつの技法もしくは援助姿勢にすぎません。ある一群のユーザーに対しては、支援者の傾聴を基調とする受身的な姿勢が病態を悪化させる可能性があります。また、ユーザーによっては心理療法の場を「牢獄」のように感じたり、面接室を「盗聴器まみれの危険な場所」と捉えたりする場合もあるでしょう。本来は一技法であるはずのものが当然視（教条化）され、私たちの実践において基底想定的に作用するならば、個人心理療法はその可能性を大幅に制限されることになるはずです。

本書で再考したいのは、こうした私たちがいつのまにか当然視することになった事柄についてです。あるいは、その思いこみによって見落としてきたことについてです。そのなかで、個人心理療法という営みをどのようにデザインすることがその有効性をもっとも発揮することになるのかを模索してみたいと思います。

Ⅲ　本書の構成

ここで本書のラインナップを概観しておきましょう。

私が多くの心理職に対して感じるのが「治療契約」という観点の乏しさです。「心理療法をデザインする」という視点は、この「治療契約」という考えと密接に結びついています。

個人開業を生業にしている心理職はこの「治療契約を結ぶ」という部分を重視しているようにみえますが（とはいえ、彼らに対しても疑問に思うところはあるのですが）、何らかの機関で雇用される形で勤務されている心理職のなかには、「ユーザーと契約を結ぶこと」をかなり安易に考えているか、その発想すらないままに事に取りかかっている方がおられるようです。安易というのは「ここであなたの想いや考えを整理していきましょう」「その問題について一緒に考えていきましょう」などの曖昧な言葉がけによって支援関係をスタートさせていく姿勢を指しています。

その心理療法をユーザーのニーズに見合うように、そのうえで私たちの技能が十全に発揮されるようにデザインするには**「適切で明確な治療契約の構築」**が肝要となります。初回面接やアセスメント面接は、すべてこの「適切で明確な治療契約の構築」に向けてなされるものです。心理療法をひとつのサービスとして捉えるとき、ユーザーが抱える困難とそのニーズを受けて私たちがそれに見合いそうなサービス内容を提案し、それが適切だと判断した根拠を示し、ユーザーはそれを手に取るのかどうか（購入するのかどうか）を判断する、こうした一連の手続きが「治療契約を結ぶ」という営為です。仮にユーザーが手に取らない／手に取れないと判断したならば、私たちは次なる支援サービスの提案に向けて考えを練り直すか、適切なサービスが供給できる機関へのリファーを検討することになります。

　こうした手続きが無視され、「そのセラピストが考える心理療法」「そのセラピストが習熟してきた心理療法」に無造作に漕ぎ出そうとする事例を私自身は数多く見かけてきました。「治療契約」に関して私たちはもっと厳密に考えるべきです。というのも、初期中断事例のほとんどは「治療契約」の結ばれかたに起因しているように思えるからです。第一章では「治療契約」について再考し、それが疎かにされている要因とその弊害について検討してみたいと思います。

「治療契約を結ぶ」ことが安易に考えられているのは、そもそも私たちのほうに**「支援内容を選択する」**という発想の乏しさがあるからではないでしょうか。私がそうであったように、キャリアの初期に習い、自身が習熟してきたやりかたこそが「心理療法」であると思っているならば、**「選択」**という発想自体が生まれにくくなるのも無理からぬことです。

　支援内容や介入法には、たとえば「問題の具体的な解消や解決を目指す」「問題に対する対処法の獲得を目指す」「こころの内実を深く探索していく」「環境調整を行う」などの方向性があり、それに見合った各種の技法があります。私たちはどのようなユーザーに対して、あるいはどのような課題や主訴やニーズに対して、どのような介入法が適切なものとなりうるのかを見定めねばなりません。初回面接は単にユーザーが抱える困難やニーズを共感的に受けとめるだけでは事足りません。それと同時に、そのユーザーに見合いそうな介入法を可能な限り素早く選定する技能が求められます。初期プロセスにおいて、私たちにもっとも複雑で迅速な作業を要請するのが初回面接です。ここで大まかな支援方針を定めることができなければ、次のアセスメント面接に進むことができないからです。第二章、第三章では、初回面接の意義と機能についてより詳しく検討していくつもりです。

アセスメント面接の進めかたは初回面接で（大まかに）選定された介入法によって異なってきます。初回面接にて「このユーザーには問題の対処法の獲得を目指す認知行動療法的な介入が見合ってそうだ」と判断したならば、その介入法用のアセスメントがなされることになりますし、「こころをより深く探索していく機会の供給が役立つかもしれない」と判断したならば、たとえば精神分析的・力動論的なアセスメントを行うことになるでしょう。もちろん、あらゆる介入法に共通して必要な情報というものもあるわけですが、それにしたってこれから行おうとする介入法のタイプによって理解の重点の置きかたが異なってきます。

アセスメント面接の最大の目的は、「これから供給しようとしている介入法・支援法に則した情報の収集」です。やみくもに情報をかき集めるのではなく、支援に必要な情報を集めるのがアセスメント面接の目的です。そして、当然ながらそのためにはこれから行おうとしている支援に必要な情報とは何かをセラピストが熟知している必要があります。

それと同時に、アセスメント面接のもうひとつの目的として、「初回面接で大まかに見定めた支援方針が本当に妥当なものなのか否かを確認する」ということがあります。この確認方法もふくめて、第四章ではアセスメント面接の意義と機能について詳述します。

なお、このアセスメント面接にて私たちが知りたいことが対話や行動観察のみでは十分につかみきれないときに導入されるのが「各種の検査」です。医師が診察だけでは病状をつかみきれないときに、あるいは確定診断の補助として、MRIやレントゲンや血液検査を用いるのと同じ理屈です。

ですが、なかには十分なアセスメント面接を経ることなく、最初から心理・知能検査を行っているケースがあるようです。これでは十分な診察もせずに、いきなり患者をMRIに入れてしまうようなものです。職業倫理的にみても明らかに問題ある行為です。こうした検査の位置づけについても第四章で検討したいと思います。

「治療契約の構築」に際して、「ユーザーの主訴、状態像、ニーズの把握」「介入法の策定」と共に重要な要素として、「治療構造の設定」があります。この「治療構造」についても再考すべき重要な事柄であると私は考えています。

伝統的に日本の個人心理療法は「週一回五〇分」という設定をオーソドックスな治療構造として採用してきました（ただ、現在では二週に一回が主流になりつつある気配があります）。当初の私も特に何の疑問もなく、この枠組みにて心理療法に取り組んできました。しかし、この枠組みは本来的には心理療法の一形態にすぎません。精神分析ならば週四日以上の頻度となりますし、EMDRは一回九〇分で行われます。認知行動療法ではホームワークの取り組み具合で頻度を柔軟に変えていく場合もあるようですし、緊急的な対応を要するならば、一回二〇～三〇分程度の面接を週複数回もちながら様態を追っていく場合もあることでしょう。退行を促進しないように、あえて一回の時間を三〇分にしたり、二週に一回、もしくはさらに間隔を空けた低頻度設定を準備する場合もあるはずです。

このように、設定というものは本来介入法によって異なってくるものです。治療構造とは、鮨職人の包丁や画家の筆のように、その目的と用途に合わせて使い分けられるべき「支援の道具」です。ですが、「週一回五〇分」を（その理由も明確にしないままに）基本スタイルにしてきたことで、治療構造を目的と用途に応じて使い分けながら支援に活かすという発想が失われ、それを遵守することの意義のみが強調され続けている印象があります。

さらにいえば、その意義についても再考する必要がありそうです。先にもふれましたが、ときに「面接室とは自由にして保護された空間であり、その維持のために枠を守る必要がある」という理解を耳にします。枠の堅守こそが直接的にユーザーの利益になるという発想です。ですが、これもまた部分的な正しさにすぎません。というのも、ユーザーは必ずしも面接の場をそのように体験しているとは限らないからです。あるユーザーにとっては、面接室は「盗聴器まみれの部屋」として体験されているかもしれませんし、別のあるユーザーにとっては、「毎週赴かねばならない苦痛に満ちた懺悔室」と体験されているかもしれません。さらには「どれだけ親密な関係を築こうと、時間がくれば必ず自分を見捨てる冷酷な場」として体験している人もいるかもしれません。いずれにせよ、ユーザーが心理療法の場をどのように体験するかはユーザーの自由です。私たちが治療構造というものにあらかじめ情緒的な色付けをしてしまうのは避けたいところです。それよりも、私自身は治療構造をひとつの「機能」として捉えていくほうがよいのではないかと考えています。

治療構造は確かにユーザーの支援のために設えられるものですが、それは間接的な話であり、一義的にはあくまで**治療構造は支援者のためのものである**と私は考えます。私たちは時間が区切られているからこそユーザーの語りに深く耳を傾けることができますし、場所が定まっているからこそ余計な刺激を排して理解を進めることができます。また、週複数回の頻度を設定することで、私たちのほうが転移を触知しやすくなったり、抱え機能の増強によりユーザーの行動化をなるべく抑える形で事に取り組みやすくなる場合もあるでしょう。また、一定の構造を設定することは理解のための参照枠にもなります。時間が定まっているからこそ、時間の終わりを超えて語り続けようとするユーザーの心境に思いを馳せることができ、遅刻が意味するところを考える余地が生まれます。

治療構造は支援者がその能力をフルレンジで発揮するためのアイテムです。「治療契約」はこの要素を抜きに考えることはできません。第五章は特に頻度の違いに注目して、その目的と用途について検討するつもりです。

ここまで便宜上、「初回面接」「アセスメント面接」「治療契約」を経て「本セラピー」へといった形で心理療法の導入過程を段階的に述べてきましたが、これはあくまでひとつのモデルにすぎません。アセスメントは何もアセスメント面接のみで行われるものではなく、すべての過程で行われるべきものです。本セラピーに入った際も、私たちは毎回のセッションでアセスメントを行い、理解を刷新していきます。今日のセッションのユーザーは前回のユーザーとは微妙に異なる人物として私たちの前に姿を現します。同様に、治療的・心理療法的介入は何も本セラピーのみで行われるものではありません。初回面接からアセスメント面接にかけても、治療契約時ですらも、私たちはたえず治療的でセラピューティックな要素を注入し続けていく必要があります。

さらにいえば、現場によってはこのように綺麗に段階づけて事を進めるゆとりなどない場合もあります。初回面接、アセスメント面接、治療方針の策定、何らかの治療的介入といった事柄を一回のセッションで行わねばならない場合もあります。数カ月に一回しか面接を取りもてない現場やコンサルテーションなどがそれに該当します。この場合、作業量が多く、相当の応用高等技術が求められることになるわけですが、本書で提示する手続きを基本モデルとすることで、こうした構造的ハンデをもつ臨床の場でも十分にみなさんの技能が発揮しうることになればと考えています。

続く章で検討するのは、それぞれの介入法の内実です。

現在、心理療法には数多の介入法が存在しています。そのすべてを網羅することはできませんので、本書では個人心理療法を「支持的心理療法」「探索的心理療法」「マネジメントにもとづく心理療法」の三種に分類して検討していきたいと思います。

ひとつめの「支持的心理療法」とは、ユーザーの問題に対して具体的な解決策や対処法を見いだし、実践することを**直接の目的とした心理療法**です。よりよき未来の実現を具体的に目指そうとする心理療法です。この介入法は多くのユーザーのニーズに沿うものであり、私たちが是非とも習熟しておきたい技能となります。詳細は第六章にて紹介します。

対して、「探索的心理療法」は問題の解決や対処法の獲得を**直接の目的にはしない心理療法**になります。この療法が志向するのは、**ユーザーのこころの内奥や心的世界の探索**です。精神分析的心理療法やユング派の心理療法等がこれに該当します。クライエント中心療法や箱庭療法をはじめとする各種の芸術療法もここにふくまれるように思います。なかでも本書では精神分析的心理療法に着目し、その具体的な実践方法を第七章にて示してみるつもりです。

最後の「マネジメントにもとづく心理療法」とは、「支持的心理療法」や「探索的心理療法」のように、そのユーザー個人の変化を、すなわちその個人の「内的な変化」を積極的に志向するのではなく、ユーザーに見合った生活環境や治療環境を整え、「外的な変化」のほうを促進することで、ユーザーの内的な変化をじっくりと「待つ」ような介入を意味します。極端にいえば、**ユーザー自身の変化を直接の目的にはしない介入法**ということになります。その詳細は第八章にて紹介したいと思います。

この分類はあくまで便宜的なものです。実際のプラクティスでは、ほとんどの場合、この三種の介入法が混在した心理療法が提示されることになるはずです。それでも、このように分類して考えるのは、**「いま自分が何をユーザーに対して行っているのか」「どの要素に重点を置いて介入を行っているのか」を私たち自身が常に把握しておけるようにする**ためです。

心理療法という営みは、「人のこころ」というある種のカオスと相対するゆえに、その営み自体もややもすると混沌としたものになりがちです。私たち自身、当初の目的が何だったのか、何のためにこの営為を続けていたのかを見失いがちです。この三種の分類はそのための羅針盤のようなものと捉えていただけたらと思っています。また、治療契約時にユーザーに「これから何を行っていくのか」を説明するうえでも便利なはずです。

しかし、心理臨床家のなかには、自分が供給しているものを、このように分類して把握しようとはしてこなかった人たちがおられるようです。というよりも、ほとんどの臨床家はこの三種の介入法をフレキシブルにトッピングした形で自分たちの支援を成立させてきたのではないでしょうか。いわゆる折衷主義と呼ばれる姿勢であり、東畑（二〇一七）の言葉を借りれば「認知行動療法をトッピングした精神分析もどきのユンギアンフレイヴァー溢れるロジャリアン」というありかたです。日本の多くの心理臨床家はこのような心理療法を実践してきたのだろうと推測します。先述した「クライエント・センタード的な介入姿勢をベースとして、事を力動論的（精神分析的もしくはユング心理学的）な視点から考えていく」タイプの心理療法もここに該当します。

私はそれを「日本流心理療法」と名付け、この種の心理療法の内実とその意義について改めて考え直してみたいと思います。その論考は第九章にて展開する予定です。

ところで、本書を執筆している二〇二一年初夏時点においても、依然として世界はウイルス禍に見舞われ、人々の生活はさまざまな制限を被っています。私たちが供給する支援も例外ではなく、そのなかで急速に注目が集まり、多くの臨床家によって実践されてきたのがビデオ通話システムを用いた遠隔心理相談およびオンラインセラピーです。この心理療法形態はいかにも窮余の策として導入されたきらいがありますが、個人的には今後も支援の選択肢のひとつとしてさらに発展させるべき手法であると感じています。また、オンラインセラピーについて検討することは、対面設定の意義を再考する機会にもなるはずです。こうした理由により、第一〇章ではオンラインセラピーについて検討しています。

このように心理療法の介入法にはさまざまな種類があるわけですが、そのなかで確実に共通していることがあります。それは必ずはじまりと終わりがあるということです。すべての心理療法は終結に向けて取り組まれています。本書は心理療法の開始方法を中心に検討するものですが、終結もまた同じくらい重要なテーマです。本書では終結をあるプロセスの結果として捉えるだけでなく、あるいは終結段階に際しての技法的な注意事項を並べるだけでなく、そもそも終結とは何なのか、その基準をめぐる問題や終結の意義と機能について再考してみたいと思います。詳細は第一一章をご覧ください。

そして、最後の第一二章では心理療法にまつわるさまざまな疑問に対する私なりの考えを提示しています。この章で紹介する疑問はすべて心理職を目指す学生や若手の心理職から投げかけられたものです。繰り返される遅刻やキャンセルに対する捉えかた、破壊的な行動化への対応、多重関係の問題、ユーザーの心的な課題とセラピスト自身の課題とが重なったときにどうすればよいのか……など、疑問はバラエティに富むものばかりでした。先述したように、本書は個人心理療法の一モデルの提示を意図していますが、第一二章では、こうした疑問を検討することで、それゆえにそぎ落とされたディテールを落穂ひろい的に補完することを目指しています。

以上が本書のラインナップとなりますが、ここで本書の表記についてことわりを入れておきたいと思います。お気づきのように、本書では心理療法の対象者を「患者」や「クライエント（クライアント）」ではなく、「ユーザー」と呼んでいます。馴染みない呼称に戸惑われる方もおられることでしょう。

一般に「ユーザー」とは「何かを利用する人」という意味を有しています。他には「何らかの商品・サービスを買う人、その利用者」といった意味もあります。こうした市場原理に紐づく呼称を採用したのは、本書では個人心理療法やその他の心理的支援をひとつの「市場的・社会的サービス」として位置づけようとするゆえです。個人心理療法という営為を市民が購入しやすい、もしくは手に取りやすい形にするにはどのようにデザインすればよいのかという問いが本書の主題となっているゆえです。

とはいえ、一方で私は、心理療法や心理的支援という営為は市場原理を超えた地点に息づく営みであるとも考えています。このとき私たちは心理療法や心理的支援を求める人々を単に「ユーザー」と呼んでしまうことの是非を問われることになるでしょう。このテーマの鍵となるのが「日本流心理療法」であると私は考えます。このことについては「現代社会における個人心理療法の位置づけ」という小見出しをつけて第九章にて論じるつもりです。

Ⅳ 結び

本章では私の問題意識や本書の目的を紹介しました。

個人心理療法を十全に機能させることは、確実にユーザーの益になると私は信じています。そして、そのためには個人心理療法に関して蓄積してきた経験知を改めて批判的に検討する必要があると考えています。そうすることが、むしろ先達とそのユーザーとが蓄積してきた臨床の知の根幹にあるものを尊重することになると考えるゆえです。

本書の検討が読者のみなさんとそのユーザーに寄与するものになることを願ってやみません。

第一章　治療契約について

Ⅰ　心理療法をデザインする

「心理療法をデザインする」とは、ユーザーの状態像、主訴や問題、ニーズに合わせて心理療法の枠組みを整える作業を意味しています。たとえば、「週一回五〇分、対面設定による、クライエント・センタード流の心理療法」というのはここでいう「デザイン」の一例です。あるいは「週三回、カウチ設定によるユーザーの自由連想とセラピストの解釈によって構成される心理療法」というのも、「二週に一回の頻度で行い、毎回アジェンダを定め、課題に対する具体的な解決法や対処法やホームワークの作成を目的とする心理療法」というのもそれぞれ「デザイン」の一形態です。他にも「週二回、一回二〇分のマネジメントの要素を主とした心理療法」や「月一回のコンサルテーション風の心理的支援」「危機介入を目的とした面談」など、その形態は多岐にわたります。

しかし、これまでの日本の心理臨床業界は、このような「（それぞれのユーザーに合わせて）心理療法をデザインする」という視点を十分にもちえなかった歴史があるように感じられます。特に吟味することなく、その支援者が学んできた心理療法へとユーザーをそのまま誘っていくケースや、あるいは頻度、時間、場所などの外的構造を定めるだけで、肝心の介入様式については構造化しないまま、ユーザーの話したいように、やりたいようにやってもらうだけのケースが一定数存在しているように思うのです。

このことを象徴しているのが、本章のテーマである「治療契約を結ぶ」という発想の乏しさです。

Ⅱ　治療契約について

まず明確にしておきたいことは、ここでいう「治療契約」とは単に契約書にサインを交わし合う行為のみを意味するわけではないということです。

多くの心理職は大学院付属の心理相談センターでの実習時に、ユーザーとのあいだで契約書を交わした経験を有しているはずです。面接で話された内容は口外しないこと、私的な場所での相談活動は行わないこと、料金設定やキャンセルの取り扱い、学会・ケース発表時の手続きといった項目が並んだ用紙をユーザーと読み合わせ、互いにサインし合う、あの手続きのことです。プロになってからも、個人開業をされている心理職ならば、ほとんどの人がこの手続きを踏んでいるでしょうし、職場によっては各機関に応じた契約書が準備されているところもあるでしょう。

ただ、この種の手続きは治療契約のほんの一部にすぎません。ここで検討しようとしている治療契約とは、もっと全体的な取り決めのことを指しています。すなわち、ユーザーが抱える困難とニーズを受けて、私たちがそれに見合うだろう支援方針を定め、提案し、その根拠を説明し、それをユーザーが手に取るのかどうかを判断する、こうした一連の手続きのことを指しています。私が考える治療契約とは、支援サービスというひとつの商品の購入をめぐるユーザーとのある種の「取引」(Menninger, 1959) を意味しています。

前章でもふれたように、この手続きが安易に済まされ、ときには完全にスルーされたまま、その支援者が想定する「心理療法」や「カウンセリング」へとユーザーを誘っていくケースが一定数あるようです。その支援者にとっては、それが「心理療法」なのかもしれませんが、必ずしもそのやりかたがユーザーの課題とニーズに合致しているとは限りません。心理療法には多様な理論と方法論があり、自身が学んできたやりかたが心理療法のすべてではないからです。

安易というのは「ここであなたの想いや考えを整理していきましょう」とか「一緒に考えていきましょう」などの曖昧な言葉がけによって支援関係をスタートさせていく姿勢を指しています。もちろん、これらの言葉がけも契約内容の一種といえなくはないですが、しかしながら、これでは契約としてはあまりにも曖昧で脆弱すぎるように思います。無論、明確に方針を定めず、とりあえずセッションを重ねるなかで支援方針や支援内容をクリアにしていくやりかたもあることでしょう。ですが、その場合も、それはそれとしてユーザーに説明し、同意を取っていく必要があります。たとえば「あなたとの心理療法では、この時点で明確に方針を定めるのではなく、まずはセッションを重ねるところからはじめて、方針を定めるための面接をしばらくもちたいと思っています」などの説明が考えられます。そして、なぜそう判断したのかについても説明を加える必要があります。

さらにいえば、「一緒に考えていきましょう」と言いながら、セラピストのほうはいっこうに自身の考えを提示しなかったり、「整理していきましょう」と言っておきながら、こころの内奥を探索することでユーザーのこころをむやみに複雑化させている事例もしばしば見かけます。

もちろん、セラピストが理解の提示を差し控え、ユーザー自身の考えが発展していくのを見守ることや、彼らのこころの複雑さが展開されていくこと自体がまずいわけではありません。このこと自体は心理療法が有効に機能するための大切な要素です。しかし、これらの要素が有効性を発揮するには、場がそれに見合った形にデザインされていなければなりません。「専門家からのアドバイスが欲しい」といったニーズをもつユーザーに対して、何のことわりもなく「傾聴を基礎とした、助言を差し控える介入姿勢」を支援者がとるならば、いくらクライエント・センタード風の雰囲気を醸し出していたとしても、それはセラピスト・センタードになっているといわざるをえません。

さらにいえば、最初から傾聴姿勢を主軸とし、セラピストの介入を極力控える姿勢を決めこむことは、ときに危険ですらあります。統合失調症や重篤な気分障害の既往をもつ患者のなかには、無作為に話し続けて考えがまとまらなくなることで状態を悪化させる人たちがいます。この場合、セラピストは「考えが拡散していくと具合が悪くなるというパターンがあるようですから、ここでは浮かんでくる考えを一つひとつ整理していくことで、なるべく考えが拡散しないよう、まとまりをつけていく練習をしていきませんか」などの支援方針を積極的に提示するほうが臨床的だと思います。

Ⅲ　治療契約が疎かにされてきた理由とその弊害

さて、以上の指摘をみなさんはどのように思われたでしょうか。

心当たりがあるという方もいれば、そんなことはないと思われた方もいるかもしれません。特に行動療法や認知行動療法を専門としている方々は、この種の指摘をナンセンスだと感じたかもしれません。というのも、これらの療法は支援の目的を具体的に明示し、それぞれの課題を着実に解決していくことを基本姿勢としているからです。

とはいえ、行動療法、認知行動療法の専門家にも一考してもらいたいのは、アセスメントの結果、自分たちのスキルや支援内容に合致しない状態像やニーズを示すユーザーが現れた場合のことです。

私の知人で、海外で活動しているある認知行動療法を専門とする心理士が話していたのですが、自分たちの支援内容にマッチしない、特に人生上の深い苦しみや生きかたそのものをテーマとし、長期的な心理療法の供給が望ましいと判断したユーザーに関しては、ごく自然に精神分析家や力動的心理療法を専門とする臨床家をユーザーに勧め、同意を得られればリファーするとのことでした。異なる専門性をもつ心理職間でのリファーはその国では珍しくないとのことでした。

この話は示唆に富むものです。日本では、まだまだ「心理職間リファー」という発想は十分に広がっていないように思われます。たまたま精神分析的、力動的なトレーニングを積んだセラピストのもとに辿り着いたユーザーは、そのまま精神分析的、力動的心理療法に入っていくことになり、認知行動療法の訓練を受けたセラピストのもとに至った人はその方向に進み、クライエント・センタードを主とするセラピストのもとに至った人はそのやりかたで事を進めていくという流れになることが多いのではないでしょうか（無論、地方の場合、心理職の数がそもそも不足しているゆえに、このようなリファーが原理的に困難であるという実態についても考えておく必要があります）。

私設の開業オフィスにおける心理療法ならば、このことはさほど問題にはならないのかもしれません。開業オフィスの場合、そのセラピストはホームページ等に自身が依拠する理論基盤を明示することができ、ユーザーは（たとえ誰かからの紹介であったとしても）その情報を踏まえてそのオフィスに赴くことができるからです。ユーザーはそこで行われることを事前にある程度イメージし、一応は自ら選択した形で扉をノックすることができます。

しかし、病院での心理療法やスクールカウンセリングにおいてはそうはいきません。多くの場合、ユーザーは目前の支援者がいかなる理論と方法論にもとづいて支援に取り組んでいるのかを知りえません。ゆえに、慎重な治療契約の手続きを踏まずに、その支援者が思う心理療法を開始し、しばらくしてそれがユーザーの問題やニーズと合致していないことが浮き彫りになったならば、その責任はひとえに支援者のほうにあります。先の「何をしているのかがわからない」「助言をもらえると思ったら、ただ話を聞いてもらっただけだった」などのユーザー側の不満の多くは、やはり最初の治療契約をめぐるアカウンタビリティの問題に帰結するように私には思えます。

では、なぜ、支援内容を説明し、同意を取るという手続きが疎かにされてしまうのでしょうか。そこにはいくつかの理由がありそうです。

一　基礎教育の問題

そのひとつは心理職の基礎教育をめぐる問題です。

現在のところ、ほとんどの心理職は基本的には大学院教育を通過することになっています（公認心理師の一部はそうではない方もおられますが）。そのなかで臨床家の卵である学生たちは、さまざまな理論背景をもつ教員の教えにふれていくことになりますが、日本の大学院の多くがゼミ単位での教育を主としているこ

メンタルヘルス

復職のためのセルフ・トレーニング・ワークブック

メンタル不調に陥ったときの処方箋

中村美奈子=著

メンタル不調に陥った時どうすればいいのか。休職の不安に寄り添いながら復職までの道のりを当事者と一緒にサポートする一書。

2970円

ナラティヴ

トム・アンデルセン 会話哲学の軌跡

リフレクティング・チームからリフレクティング・プロセスへ

矢原隆行=著・訳/T・アンデルセン=著

世界中の会話実践を友として支えるなかで彫琢されたアンデルセンの会話哲学に、代表的な論文二編と精緻な解説を通して接近する。

3080円

強迫症

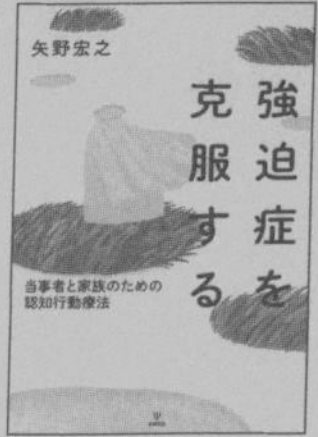

強迫症を克服する

当事者と家族のための認知行動療法

矢野宏之=著

強迫症は本人がとても苦しくなり、また、家族が巻き込まれてしまうこともある。本書では事例を盛り込み誤解のない理解を目指す。

3520円

精神医学

周産期……ンディング障害

日本語版……新しいアプローチ

吉田敬子=編著……山下 洋=著

精神疾患の母親……ンケートを実施し、母子のメンタルヘルスを正しく評価するための……である。

4620円

書籍案内

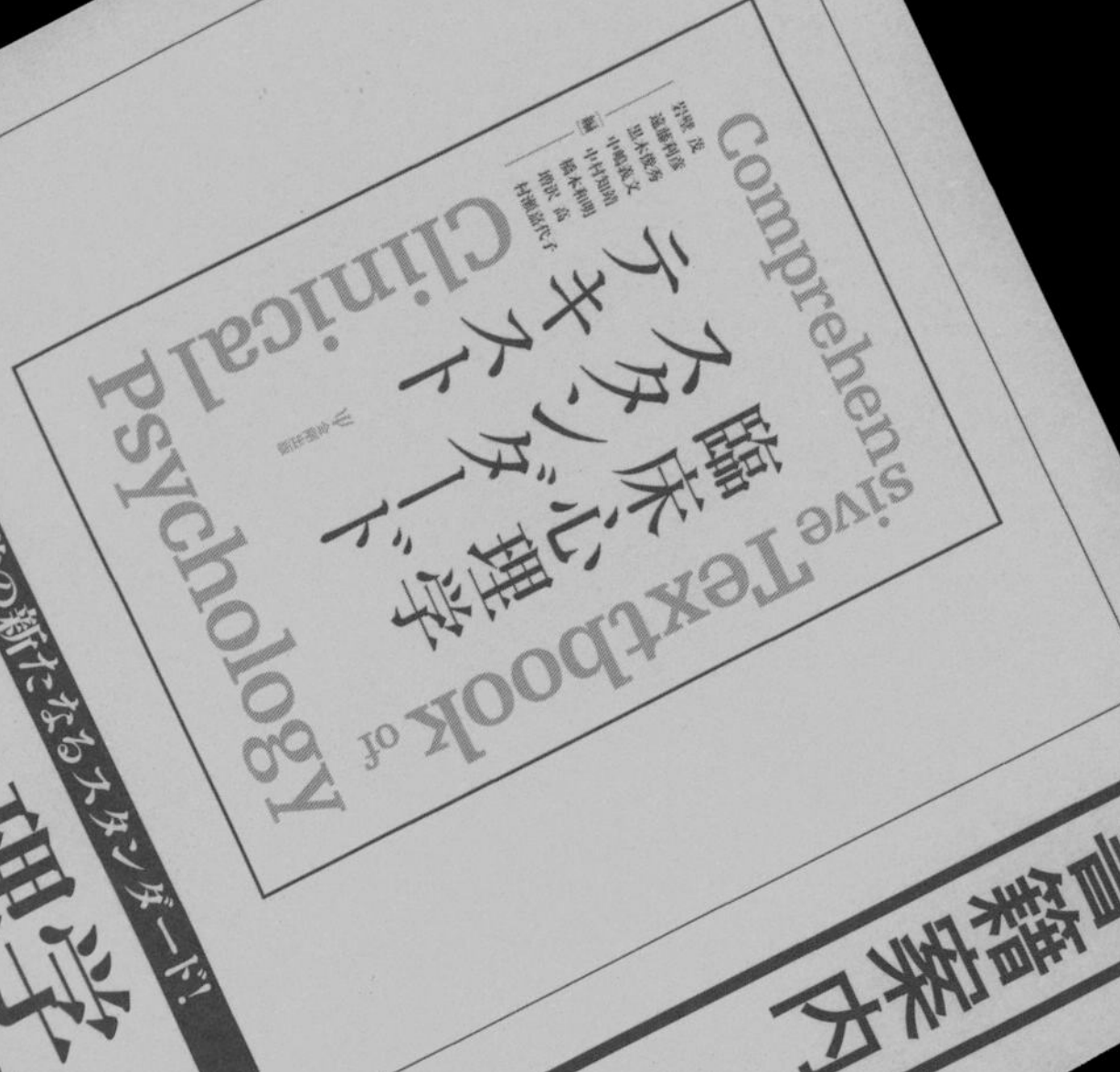

臨床心理学の新たなるスタンダード!

臨床心理学スタンダードテキスト

岩壁 茂 遠藤利彦 黒木俊秀 中嶋義文
中村知靖 橋本和明 増沢 高 村瀬嘉代子=編

臨床領域・学問領域ごとに
第一人者が展開する集合知の結晶であり、
公認心理師時代を迎えた臨床心理学の新基準スタンダード。

臨床心理学 B5判/上製/16500円

価格は10%税込です。

発達障害

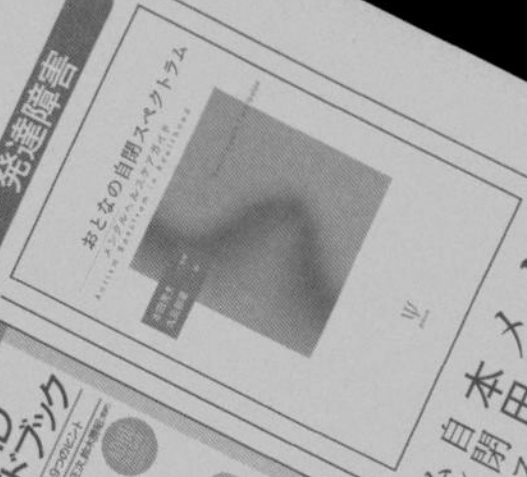

おとなの自閉スペクトラム
メンタルヘルスケアガイド
本田秀夫=監修／大島郁葉=編
自閉スペクトラム症の診断の有無を問わず、その特性を持つ人たち（自閉
…）を理解し、支援するためのガイド。

ADHD

子どもが楽しく元気になるための ADHD支援ガイドブック
親と教師が知っておきたい9つのヒント
D・ジルバ／M・トーナー=著／辻井正次 鈴木勝昭=監訳
注意欠如・多動症（ADHD）の科学的根拠に基づいた正しい知識と…
ントをQ&Aでわかりやすく身に付けよう！

PTSD

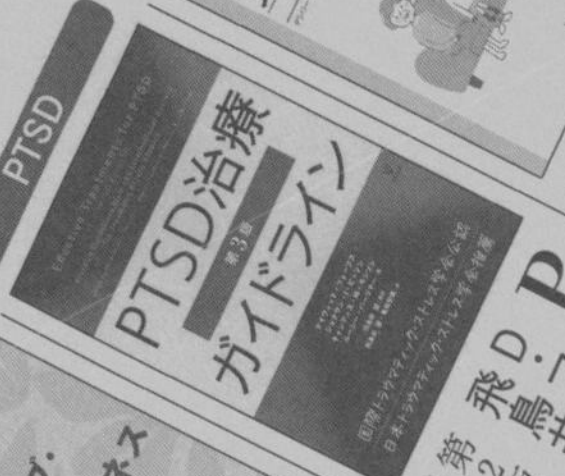

PTSD治療ガイドライン［第3…
D・フォーブス／J・I・ビッソン／C・M・モンソン／L・…
飛鳥井望=監訳／亀岡智美=訳
第2版以降の多岐に渡るPTSD研究を網羅。ガイドライン…
課題も明記した実践的な研究書となっている。

トラウマ

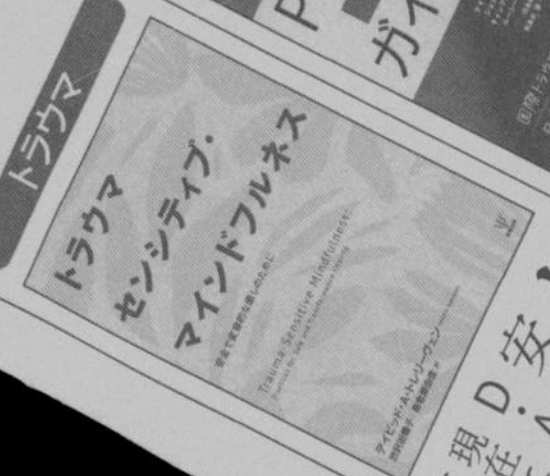

トラウマ・センシティブ・マ…
安全で変容的な癒しのために
D・A・トレリーヴェン=著／渋沢田鶴子…
現在にとどまれとマインドフルネスは言う。…
す。瞑想と心的外傷性ストレスの微妙な関係…

Ψ金剛出版

◉好評既刊書

性暴力被害の心理支援
齋藤 梓 岡本かおり=編著　3520円

女性のこころの臨床を学ぶ・語る
心理支援職のための「小夜会」連続講義
笠井さつき 笠井清登=編著　3850円

心理療法的関係性
「現代的不幸」の時代における人と人との小さな対話
渡辺雄三=著　4620円

親子は生きづらい
“トランスジェンダー”をめぐる家族の物語
勝又栄政=著　3740円

精神療法 Vol.49 No.1
特集 逆説的介入を日常臨床に活かす
2200円
下山晴彦・北西憲二・井合真海子・佐渡充洋・深沢孝之・齋藤順一・熊野宏昭・中村伸一・鶴光代・小森康永・林直樹・神田橋條治・原田誠一・滝上紘之・八木剛平・山中康裕・成田善弘・平木典子・真栄城輝明・山田秀世・内村英幸 ほか

臨床心理学 Vol.23 No.1
特集 怒りとは何か？──攻撃性と向き合う
1760円
橋本和明・村瀬嘉代子・村中直人・豊見山泰史・中尾智博・小林亜希子・小林桜児・野坂祐子・井上祐紀・西井開・門本泉・金子周平・湯川進太郎・森茂起・毛利真弓・森岡正芳・村井亮介・岩壁茂・坪田祐季・川野健治・中村香理・鈴木拓朗

注文のご案内

直接ご注文の場合、クレジットカード決済による前払い、または代金引換にて発送致します。クレジット決済の場合、書籍は送料600円、雑誌のみの場合は送料400円。税込1万円以上のご注文で送料無料となります。代金引換の場合、冊数に関わらず書籍は送料1000円、雑誌のみの場合は送料800円。税込1万円以上のご注文で送料500円となります。

Ψ金剛出版 〒112-0005 東京都文京区水道1-5-16
電話 03-3815-6661 FAX 03-3818-6848 https://www.kongoshuppan.co.jp/

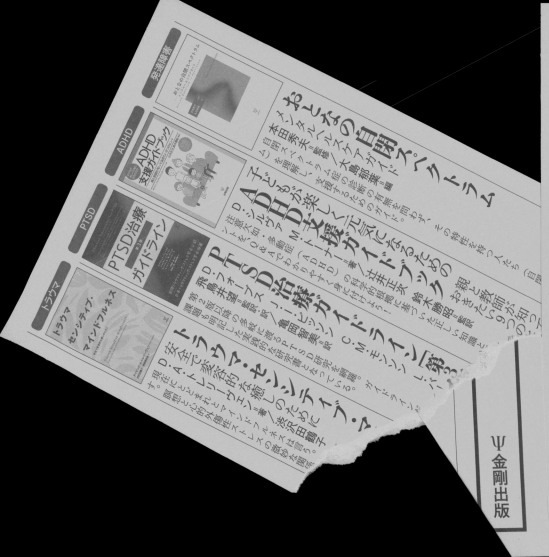

ともあり、やはりどうしてもゼミの指導教員の考えに色濃く影響を受けることになりがちです。

私自身は心理臨床家の養成にはインテンシブな教育機会を要すると考えるので、このゼミ単位の教育形態には多くの利点があると感じています。しかし、その教員に自身の依拠する理論基盤を絶対視し、他の見解を軽視する傾向があると途端に問題が生じます。このことは学生の心理職としての可能性を狭小化するだけでなく、ここで述べてきたような「ユーザーの課題とニーズに沿った形で支援の方向性を選択する」という発想を失わせ、「自分が思う心理療法」を何の疑問もなくユーザーに適用していく傾向を強めることになるからです。

この対案として登場してきたのがエビデンスベースドな援助論であり、この観点によって個々の患者に適切な支援を供給しうる確率は一定向上したように思います。ですが、エビデンス論もやはりあくまで一観点として相対化すべきものだと思います。支援方針の策定に大いに役立つ観点ではありますが、それを絶対視することは避けたいところです。

いずれにせよ、上記のような傾向を防ぐには、心理職を養成する大学院はさまざまな理論基盤をもつ教員をバランスよく配置し、どのユーザーにどの介入法を準備したほうがよいのかを適切にアセスメントできる人材の育成に注力する必要があるはずです。そのためには、各教員が自身の専門性の範囲と内容を明確にし、異なる専門性を尊重する姿勢が肝要となります。

二　支援関係に潜在する受身性の問題

治療契約が疎かにされるふたつめの要因は、支援関係それ自体にそなわる性質と関わっています。支援を「受ける」という言葉が示すように、多くの場合、そのサービスを享受する側は受身的な態勢を取りがちです。歯医者に通ったとき、私たちは口を開けること以外に自発的な行動を取ることはなく、あとは歯科医に身を委ねることになります。自分ではこの痛みをどうにもできず、とにかく専門家に任せるしかないからです。財布を落として交番に駆けつけたときも、法的トラブルから弁護士のもとを訪れたときも、基本的には専門家の教えや指示に従うはずです。

私たちのもとに辿り着いたユーザーも同様です。もしかすると、こころの問題は身体的な問題や法的な問題などよりもさらに得体の知れないところがありますので、この委ね具合はより増強する可能性さえあります。すると、ユーザーはとにかく専門家の言動に従うことになり、自分がこれから取り組むことになる支援内容を主体的に吟味し、そのうえで同意したり拒絶したりすることが相当難しくなるでしょう。

そして、だからこそ私たちは「治療契約を結ぶ」という手続きを丁寧に行うべきなのです。私たちが「それではとりあえず一週間に一回来てもらって一緒に考えましょう」と勧めたならば、ユーザーは「なぜ一週間に一回なのか」「〝一緒に考える〟とは具体的に何を考え、それをどうしていくのか」といった事柄が曖昧でも、とにかく専門家がそのように言うのならそうしようとするでしょう。翌週のセッションで「どうですか?」と尋ねられれば、何を語ればよいのかが判然としなくても、とりあえず一週間の出来事を語ってみようとするでしょう。このパターンが二、三回続けば、ユーザーは「理由はよくわからないが、ここに定期的に訪れて、一週間のあいだに体験したこと、考えたことを話していけば、きっと事態は好転するのだ」と思うかもしれません。そのことがいかなる意味や目的をもっているのかもわからぬままにです。

当然、このような魔術的な期待はいつしか破綻します。十分な手続きを踏むことなく心理療法に入っていったならば、「ここに来ている意味がわからなくなった」というユーザーの訴えは至極まっとうなものです。私たちの説明不足が原因です。さらにまずいことに、ユーザーのこの種の訴えを心理療法に対する抵抗や彼らの病理的な関係性の現れとして捉えたならば、事態はますます錯綜していくでしょう。彼らの現実的な感覚がセラピストの手で攪乱されることになるからです。

仮に一週間の出来事や体験を自由に話してもらう形に心理療法をデザインするならば、「まずは一週間に一回来談してもらい、その間に体験したこと、考えたこと、思いついたことを話していただくことにしましょう。そうすることで、私たちがあなたに関する理解を深め、いま問題となっていることを考えていくためのヒントをつかめるかもしれないからです。一週間に一回であるのは、それ以上の間隔になると私のほうがあなたの状態像や心理的な変遷を捉え難くなるからです」などと説明する必要があるでしょう。

もちろん、支援方針を明示したところで、やはりユーザーが「主体的にその提案に同意した」というよりも、「専門家がそう勧めるから、そうした」と受身的にその提案を呑んだにすぎない可能性は依然として残されます。ただし、この場合はたとえその方針に不満が生じたとしても、ユーザーが何に不満を抱いたのかが明瞭です。助言を得ながら進めていくやりかたに不満をもったのかもしれませんし、介入が解釈のみであることに不満を感じたのかもしれません。不満の矛先が明瞭であるほど事態の意味はより検討しやすくなり、次なる方向性を模索しやすくなります。

改めて考えると、この「支援関係に潜在するユーザー側の受身性」というテーマは、心理療法における本質的なテーマでもあることに気づかされます。というのも、この営為はあらゆる援助活動のなかでも特にユーザー側の主体的な関与が問われることになるからです。歯医者のように、とにかく口を開けていれば問題が解決するわけではありません。当初は藁にもすがる心境で私たちのもとにやってきたユーザーは、やがて自分こそが問題と向き合い、取り組まねばならないことを悟ります。この営為は常にユーザーとセラピストの協働性によって基礎づけられています。「動機づけ面接」というユーザーの内発的動機づけを賦活する技法が体系化されてきたのは、このことを如実に物語っているように思います。

「治療契約を結ぶ」ことは、この営為がユーザー自身の思考や判断と共に進展していく取り組みであることを、その入口で表明することでもあります。ゆえに、私たちはこの最初の手続きを丁寧かつ慎重に取りもたねばなりません。

その姿勢こそが私たちの倫理です。

三　自由な展開が妨げられることへの危惧

明確な支援方針を提示しない文化が生まれてきた理由として、「セラピストが方針を明示してしまうと、心理療法の自由な展開が妨げられてしまう」という危惧が影響している可能性もあります。

ですが、この見解自体もセラピスト側の考えにすぎません。ユーザーの主体性や自由というものは、セラピストが具体的な介入を控え、なるべく自身の判断や考えを内に留めておけば成立するような単純なものではありません。もし、セラピストが「ユーザーの考えや想いが自由に展開するために、こちら側の介入や方針の策定を極力差し控える」ことが妥当と判断するならば、やはりそのことを最初に伝えておきたいところです。たとえば、「この心理療法では具体的な目標は定めずに、とにかく会うために会うという形で進めていくのはどうでしょう？　そして、私たちが会うなかで事態がどのように変化するのか、あなたの心境がどのように変わっていくのか、あるいはそのなかで何が生まれてくるのかをふたりで見つめていくことにしませんか？」といった提案になるのかもしれません。そして、当然このような方針を選択した根拠についても説明する必要があります。

Ⅳ　治療契約と支援の方向性

適切な治療契約を結ぶには、セラピストがそのユーザーに見合った支援法・介入法を策定できなければなりません。そのための手続きがアセスメント面接です。

私たちが行うアセスメントは常に支援方針や介入法とセットになっていることが重要です。そこで紡がれた理解が自ずと支援方針を浮かび上がらせるものになっているならば、それは上質のアセスメントといえるでしょうし、逆にどれだけ深く鋭い理解であっても、「それでどうするの？」と疑問符がつくならば、それはただの評論です。私たちは解説者ではなく、あくまで実務者のはずです。

このように考えると、多くの支援方略や介入技法に習熟していることがセラピストとしての理想形という話になります。「統合的心理療法」を標榜する臨床家は、この理想像を体現しようと努めているようです。ただ、彼ら自身も承知しているように、これはあくまで理想形であり、たったひとつの技法や理論を学ぶだけでも並大抵のことではありません。精神分析などは大体それで一生が終わりそうな訓練システムを敷いています。そのため、やはりひとつの相談機関に異なるアプローチを取る心理職を複数配置することや、心理職間リファーのシステムを整えていく道も考えておきたいところです。

とはいえ、その機関の予算や地域性の問題を考慮すると、この案もまた理想にすぎない可能性があります。すると、結局のところ、一人ひとりの心理職が可能な限りさまざまな支援法を身に付けようと努めるしかないのかもしれません。私自身は現時点では精神分析的・力動的心理療法を専門としていますが、なるべく認知行動療法や解決志向的なセラピーについても学ぶようにしています。そのプロパーほどではないにせよ、それらの技法を駆使することがユーザーの多様なニーズに応えることになるからです。

とはいえ、心理療法には相当数の支援方略や介入技法があります。いまから二〇年前のことになりますが、どこかの研修会で心理療法の種類は六〇〇ほどあるという話を聞きました。現在はもっと増えていることでしょう。当然、これらすべてを網羅することは不可能です。

そこで私自身は大まかに心理療法の方向性を三種に分類して支援方針の選択に活かすようにしています。前章で述べた「支持的心理療法」「探索的心理療法」「マネジメントにもとづく心理療法」の三種です。以下、この三種の志向性・方向性と治療契約との関連について考えてみたいと思います。

一 支持的心理療法

支持的心理療法は**ユーザーが抱える困難や問題に対して、具体的な解決策や対処法を見いだし、実践していくことを直接の目的とする心理療法**です。よりよき未来の実現を具体的に目指す療法です。私の理解では、行動療法や認知行動療法、解決志向的なセラピーなどがここに該当します。あるいは、これらの療法ほどシステマティックではなくとも、何らかの有効な助言を行ったり、問題の解決につながりそうな情報を提示（心理教育等）したりする介入もここに該当します。

治療契約の観点からいえば、ほとんどのユーザーはこのタイプの心理療法によって対応されることになるはずです。なぜなら、多くのユーザーのニーズは問題の解決や対処法の獲得にあり、そのためのアイデアを専門家から得ることを望んでいるように思うからです。裏を返せば、初回面接やアセスメント面接は、この種の療法の実践に向けて進んでいく場合がほとんどであるといえそうです。

元々、支持的心理療法（サポーティブサイコセラピー）という用語は精神分析の世界から派生してきたものです。精神分析や精神分析的心理療法のような洞察志向的な介入では負担の大きい患者に対して、アンカバリング（こころの蓋を取る、防衛解除的）な介入を避け、自我の強化を主たる目的として供給する心理療法が「支持的心理療法」として位置づけられてきました。自我とはエスからの衝動性や、超自我からの圧力や、現実状況からの要請にうまく応え、防衛を駆使しながら事に対処していくための心的機関です。ゆえに、認知行動療法や解決志向セラピーなどの、問題の解決策や対処法を積極的に見いだそうとする療法は優れて自我支持的な作用をもっているといえるでしょう。それゆえに、これらの支援方略を私は支持的心理療法と呼ぶことにしています。

二　探索的心理療法

一方で、探索的心理療法は**問題の解決や対処法の獲得を直接の目的にはしない心理療法**となります。では、何をするのかというと、**ユーザーのこころの内奥や心的世界の探索です。**無論、認知行動療法でもある程度のこころの様態の探索は行われます。ですが、それはあくまで問題の解決法や対処法の構築に向けてなされるものです。他方、探索的心理療法はこころの深みの探索に特化した介入法となります。その探索自体が目的化した心理療法です。精神分析や精神分析的心理療法、ユング派が行う心理療法などがここに該当します。あるいは、クライエント中心療法もここにふくまれるのかもしれません。ただし、本書では精神分析的心理療法に限定して紹介したいと思います。私自身、現時点でユング派の心理療法等を専門にはしていないゆえです。

これらの療法ではセラピストからの助言や解決策の提示を差し控えます。精神分析や精神分析的心理療法に関していえば、セラピストが行うことは基本的に「解釈」のみです。ユーザーの語り（自由連想）やその時々の様態や状況に応じて理解したことを伝達するのみです。形式的には、ユーザーが何かを体験し、何かを語り、セラピストがその内実を考え、理解し、それを解釈すること、ただそれだけです。この応酬を延々と繰り返します。期間は大体数年単位に至ります。この間、問題の解決策をダイレクトに模索したり、何らかの専門的知識を与えたり、ユーザーを励ましたり、元気づけたりすることもありません。

無論、この種の心理療法を専門とする臨床家も、この営みを続けることで問題が解決されたり、症状が消失したり、何らかのよりよき未来へと向かっていく可能性を想いえがいてはいます。ですが、それはあくまでひとつの「結果」であり、直接の目的にはされません。目的はこころの探索であり、もっと極端なことをいえば**「精神分析的な体験」の供給それ自体にあります。**この営みは何らかの具体的な未来（目標）をあらかじめ明確には想定しないところにその特徴があります。

確かに精神分析や精神分析的心理療法においても、「抑圧されたものの意識化と内的抵抗の除去」（Freud, 1937）、「迫害不安と抑うつ不安のワークスルー」（Klein, 1950）といったさまざまな目標が掲げられてはいます。しかし、よくよく考えると、これらの言説は何らかの到達点や達成状態の記述とは微妙に異なっていることがわかります。これらは人が何らかの体験を生みだすための手段や心構え、すなわち「心的な様式」についての記述であり、そのなかでユーザーが何をどのように感じ、考え、体験していけばよいのかまでは定められていません。この営為がもたらす変化とは、その個人が体験を組織化するための「心的な様式」の変化であり、その体験の中身については定められていません。もしかすると、この営みに入る前以上に絶望的な理解をつかみ、その理解を抱えながら生きることを余儀なくされる可能性さえあります。この種のセラピストはユーザーの「よりよき未来」に対して責任を負うというよりも、「どうなるのかわからない未来に向けて共に歩んでいくこと」に対して責任を負っているといえるでしょう。

そして、このことはやはり治療契約時に明示すべきです。精神分析的心理療法を提案するとき、私自身は以下の内容をユーザーに説明します。

①この療法は体験を可能な限り思考や言葉に変えようとする営為であること。
②だが、その結果、いかなる体験を味わい、何を知ることになるのかはわからないこと。
③明確な目的を定めるわけではないので、数年の時間を要する可能性があること。
④経過のなかで問題が解消されることはあるが、解決に向かってリニアに進もうとする営みではないこと。
⑤ユーザーが行うことは自由連想（思い浮かんだことを可能な限り話してもらう）であり、対してセラピストのほうは解釈を提示すること。その営為を延々と繰り返すことが、この療法での実際上のやりとりとなること。

以上の内容を伝えたうえで、さらに頻度やカウチ設定についても合わせて説明します。私の場合は大抵「週二日」を提示します。それ以下の頻度になると、私自身、分析的に事を理解していくことが困難となるからです（週二日がどうしても困難であれば、週一日も検討しますが、ユーザーがそれ以下の頻度でしか応じられない場合は別の介入法を検討します）。

この療法に馴染み薄い方は、このような内容に同意する人などいるのだろうかと思われたかもしれません。それはとても自然な反応です。とはいえ、ごく稀にですが、この営為に取り組んでみようと考える人がいます。「方針のない方針」に同意し、未知の営為に足を踏み入れようとする人はごく少数ですが確かに存在します。

ここで「少数」であることを強調したことには理由があります。

私自身はこの手の心理療法に対するニーズは本来的にはとても少ないものだと感じています。ほとんどのユーザーは、やはり問題の具体的な解決を望んでいるように思うからです。しかし、そうでありながら、これまでの日本の心理臨床業界はあまりにも無造作にこの種の心理療法へと（もしくは探索的心理療法**らしき**営みへと）ユーザーを誘いこんできた歴史があったように思うのです。いまでも、「セラピスト側」のニーズによってこの種の療法に安易に漕ぎ出しているケースを見かけます。このことは治療契約を疎かにしてきたことにともなわれる深刻な弊害をこの業界に生みだしてきたと思います。

実際、私自身はなるべく精神分析的心理療法に**導入しない**方向で初回面接やアセスメント面接をデザインしようと努めます。短期的、具体的に問題を解決することで済むならば、そのほうがよいだろうと考えるからです。なるべく早くユーザーに「セラピストのいない生活」へと戻ってもらったほうがよいと考えるゆえです。

三　マネジメントにもとづく心理療法

三つめはマネジメントにもとづく心理療法となりますが、そもそもマネジメントとは何かということから説明する必要があるでしょう。

この用語には相当に多義的な意味がふくまれています。直訳すれば「管理」「経営」となり、しばしばビジネス用語として用いられますが、心理臨床の世界では、ユーザーが置かれている環境の適切な調整、関係機関との連携をふくむ社会資源の活用、支援構造・心理療法構造のセッティング、ユーザーと関係する人たちへの支援や助言などの文脈で用いられる用語となっています。**そのユーザーの生活に私たちが供給しようとする支援を組みこみ、その持続を目的として行われるのがマネジメント**です。その意味では、先の支持的心理療法や探索的心理療法の導入もまたマネジメントの一環であるといえます。マネジメントはあらゆる支援の土台となる基本アイテムです。

ただ、ここでは上記二種の手法との概念的な差異を強調したいと思います。支持的心理療法と探索的心理療法が大なり小なりその**ユーザー自身の変容**を主軸とした療法であるのに対し、マネジメントにもとづく心理療法は**ユーザー自身の変化を直接の目的にはしない**ことをその特徴としています。その個体内の変化よりも、その個体内の恒常性が安全に保たれるために、むしろ外側の環境のほうの変化を目指す支援となります。ゆえに、このタイプの心理療法は、ユーザー自身の変化よりも（その個体内の何かを増やしたり、減らしたり、加工したりすることよりも）、安定性の維持に重きを置きます。「継続」や「維持」こそが最大の目的です。

マネジメントにもとづく心理療法は、その個人の内なる変化をダイレクトに志向するわけではありませんが、もちろん変化そのものを拒絶しているわけではありません。変化はそのユーザーを取り巻く環境を治療的に整えていくなかで、徐々にその外的な変化がユーザーのなかに浸透していく形で志向されます。その例は第八章にて紹介するつもりです。

このタイプの心理療法は、理屈上はあらゆるユーザーに供給可能な支援となっています。自分自身の変化を望んでいないユーザーにも適用できますし、マネジメントそのものは支援自体を拒むユーザーにも適用可能です。自身の変化を望まないユーザーに関しては、「では、あなた自身の変化というよりも、周囲がどのように変わればよいのかを教えてもらい、検討しながら話を進めていきましょう」といった契約で事を開始することになるでしょう。

Ｖ　結　び

本章では治療契約の意義とこの観点が疎かにされてきた要因について、そして、契約内容の方向性について検討してきました。

最後に示した三種の支援の方向性はあくまで便宜的な分類です。実際のところは、支持的心理療法においても探索的な要素はふくまれますし、逆も然りです。メンタライゼーションにもとづく心理療法やスキーマ療法、ＥＭＤＲなどの手法は支持的心理療法と探索的心理療法のそれぞれの成分をふくむ介入法といえるでしょうし、神田橋（二〇〇九）のいう「対話精神療法」などはすべての要素をフレキシブルに活用した支援法だと思います。前章であげた「クライエント・センタード的な介入姿勢をベースとして、事を力動論的な視点から考えていく」タイプの心理療法も同様です。また、支持的心理療法にせよ、探索的心理療法にせよ、マネジメントの要素を抜きに考えることはできません。繰り返しになりますが、マネジメントはあらゆる支援における基本アイテムです。

重要なことは、これから私たちとユーザーは何をしようとしているのかを、私たちが責任をもって説明し、共有しようとする姿勢です。支援方針の策定と治療契約を結ぶという手続きは、私たちの専門性がもっとも問われる局面のひとつです。無論、職場によっては、その構造的な事情からこうした支援方針の選択自体が望めない場合もあるでしょう。しかし、それでもなお、「支援方針の策定と治療契約を結ぶ」という考えかたをたえず脳裏に浮かべておくべきだと私は考えます。

治療契約を適切に結ぶことは、心理療法という営みが常に協働体制のもとで進行していくプロセスであることをユーザーに示すことでもあります。社会契約論が王権神授説との対比のなかで生まれてきた歴史を思い起こさせます。

そして、適切な治療契約を結ぶには、ユーザーの抱える困難とニーズ、その状態像を正確につかむスキルが求められます。そのスキルを最大限に発揮すべき局面が「初回面接」です。最初の出会いのなかで、私たちは実に多くのことを考えねばなりません。

次章はこの「初回面接」の機能について検討したいと思います。

第二章　初回面接の眼目

I　初回面接で行うこと

心理療法に取り組むにせよ、それ以外の心理的支援を行うにせよ、最初の出会いが肝要であることは間違いありません。初回面接のみをピックアップした書物が一定数出版されていることがその重要性を物語っています。私の経験的理解にすぎませんが、初回面接を首尾よく進め、その後のアセスメント面接を経て適切な治療契約を結ぶことができれば、その心理療法は六～七割ぐらいの確率でユーザーにとって意義あるものになるような気がしています。初回面接はその支援の成否の最初の分岐点です。

ところで、しばしば初回面接は「インテーク面接」と同義に語られます。しかし、本書では初回面接はそのまま「初回面接」と記述したいと思います。

「インテーク」という言葉は、元々「取り入れ口」という意味を有し、対人援助の分野では「受理」という訳語があてられています。つまり「インテーク面接」とは、そのユーザーに対する支援を引き受けるのか否か、引き受けるならばどのような方針で進めていくのかを見極めるための面接として定義づけられることになります。

この定義でいけば、確かに初回面接は重要なインテーク機能を有しているといえますが、一方で、「インテーク面接を複数回行ったうえで支援の導入を決めた／支援の導入を見送った」という表現も可能となります。しかし、本章で取り上げたいのは、あくまでユーザーとの「最初の出会い」です。ゆえに、ここではそのまま「初回面接」という言葉を採用しています。

ユーザーとの最初の出会いにおいて、私たちは実に多くの仕事を課せられています。初回面接に関する既存の著書や論文においても、さまざまな留意点が紹介されています。紙幅の都合上その一つひとつのレビューは避けますが、私が考える初回面接でのもっとも肝要な仕事は**「ある程度の支援方針の策定」**です。無論、この策定には「私が支援を引き受けるのではなく、他の助力を活用してもらうためにリファーする」という方針もふくまれます。

このように書くと、結局はインテーク面接と同義ではないかと思われるかもしれませんが、ポイントは**「ある程度の」**という言葉遣いにあります。初回面接で受理が決定されて方針が明確に定まるならば、確かに初回面接＝インテーク面接という定式が成り立ちます。しかし、初回面接のみで方針を定めて契約にこぎつけるのは至難の業です。ユーザーの主訴やニーズにかかわらず、最初から「そのセラピストが思う介入法」が定まっており、あとは実際に引き受けるか否かを決めるだけでよいならば、そういうことも可能かもしれません。ですが、多くの心理職はそのようなシンプルな現場（ある特定の療法に特化したプライベートオフィスなど）にはいません。だからこそ、私たちは可能な限り、あらゆる支援の方向性を吟味し、方針を慎重に選択せねばなりません。

と同時に、初回面接のなかで私たちの頭に「ある程度の支援方針」が浮かんでいる必要もあります。さらにいえば、**「私たちの脳裏にある程度の支援方針が浮かんでくるように質問を発し、事を進めていく」**のが初回面接のコツです。そして、この「ある程度の支援方針」の妥当性の向上を目的に行われるのが「アセスメント面接」です。裏を返せば、初回面接で「ある程度の支援方針」が立てられなければ、次のステップであるアセスメント面接には入れないという話になります。というのも、アセスメント面接の進めかたはそれぞれの介入法（選択された支援方針）によって、そのやりかたや理解の力点が異なってくるからです。以上の理由から、私は初回面接で私たちに課せられる最大の仕事を「ある程度の支援方針の策定」に見定めています。

そして、そのためにはユーザーの主訴やニーズをいかにして**「私たちが取り扱える形」**に**変形**しうるかが鍵となります。この**変形作業**が初回面接の眼目です。

以降、そのための具体的な手法を紹介していきますが、その前に考慮しておくべきいくつかの事柄があります。本章では初回面接に取り組む際に前提となる事柄について検討しておきたいと思います。

Ⅱ　コンプリメントについて

初回面接に関する論考には、必ずといってよいほど「来談者を労うこと」という文言が記されます。コンプリメントと呼ばれる姿勢です。

私たちが何らかの困難に見舞われ、然るべき専門家に頼ろうとしたときに（たとえば財布を落として交番に行ったときに、法的トラブルに巻きこまれて弁護士のもとを訪ねたときに）その専門家から来談したことに対する労いの言葉をかけてもらえれば、やはり安堵を覚えますし、こころ強さや安心感を抱くはずです。その意味ではコンプリメントが重要な姿勢であることは異論のないところでしょう。

ただし、これがあまりにも過剰になると逆にさまざまな弊害がもたらされる可能性があります。というのも、ここで供給されるこころ強さや安心感はあくまで「かりそめ」のものだからです。問題は何も解決していませんし、その問題への取り組みを本当に引き受けるのかどうかさえまだ決まっていません。ユーザーが私たちの姿勢にこころ強さや安心感を覚えるのは自由ですが、少なくとも私たちのほうは、それがいまはまだ「かりそめ」であることに自覚的になっておくべきです。というのも、ここで過剰にこころ強さや安心感や頼りがいある姿を印象づけることで、ユーザーが私たちを万能的な対象に祭り上げる恐れがあるからです。彼らが「ここに来て、この人に頼れば、いまある困難は何とかなりそうだ」という希望をもつのは自然なことですが、それがあまりにも過剰になると、心理療法を進めるうえで不可欠な協働性が最初から損なわれる恐れがあるからです。

ユーザーが私たちをどのように体験するのかはユーザーの自由です。ですが、こうした一方的な依存関係が助長されると、その支援はとても難しいものになりがちです。繰り返すように、私たちが供給する支援は、たとえば歯科治療のようにユーザーはとにかく口を開けておればよいというようなものではなく、私たちが提示する介入法に対する彼ら自身の主体的な関与が不可欠となるからです。

無論、心理療法プロセスの中途で不均衡な依存関係が生起することはありえます。ですが、わざわざそのはじまりの時点で――しかも、私たち側の働きかけによって――事を難しくする必要はないはずです。いかなる介入法で進んでも、心理療法は大抵困難なプロセスを辿ります。生きることに何らかの形で行き詰まった人たちを相手にするわけですから、これは至極当然のことです。だからこそ、私たちはこの初回面接にて「なるべく私たち自身が支援しやすい形」に治療状況をデザインしたほうがよいはずです。

ゆえに、私自身は初回面接時こそ、なるべくニュートラルな姿勢をこころ掛けるようにしています。そもそも私たちのもとに至った人全員が自らの意志でここに来たとは限りません。本人の意志に反して、家族や職場の上司や教師などの周囲の意図によって連れてこられた人も多くいます。ゆえに「ようこそお越しくださいました」という言葉がけが、ときにはユーザーのなかの「まったく来たくはなかった」という想いを蔑ろにする場合さえあります。そのため、私自身は普通に最初の挨拶を交わした後は、来談経緯をなるべくニュートラルな姿勢で確認するようにしています。むしろ、そのユーザーが来談に至った文脈を理解し、いまある困難状況の意味合いをクリアにしていく作業こそが、ユーザーの本質的な安心感につながると思うからです。

さらにいえば、過剰なコンプリメントによって私たちのほうが意図的にそのユーザーとのあいだにポジティブな関係を築こうとすることで、私たち自身の観察機能が微妙に曇ってしまう恐れもあります。「ユーザーが親しみやすい良い関係を築くところからはじめねばならない」という想いが強まるほど、そのユーザーと共にいることで感じられる私たち側のネガティブな感情を――微妙な緊張感や息苦しさがある、なぜか苛々し、憤りが湧く、なぜかうんざりした気持ちになる……などの情緒体験を――意識化し辛くなる可能性があります。出会ってまもなく湧いてくるこうしたネガティブな情緒体験が、ユーザーの何らかの心的なテーマに関連にしているにせよ、セラピスト側の個人的な事情に由来しているにせよ、この種の体験は十分に認識しておいたほうがよいでしょう。前者の場合はユーザーの理解に寄与する可能性がありますし、後者はセラピスト側のアクティングインの抑止につながるからです。

また、セラピスト側の過剰なコンプリメントはユーザーの意識的、無意識的なこころにさまざまなメッセージを与えることにもなります。あるユーザーは確かにほっとした気持ちになり、「自分はここに来てよかったのだ。受け入れてもらえそうだ」と感じるかもしれません。しかし、別のユーザーは何か子ども扱いされたような、セラピストに「そのように励まされないと安心できない人」と思われているのではないかと感じるかもしれません。あるいは、セラピスト側の親切心に満ちた態度に自分もまた親切心によって応じねばならない圧力を感じる人もいるかもしれません。そこに何か詐欺的な匂いを感じる人もいるかもしれません。

本来ユーザーは、いま自分が抱えている困難を伝えるうえで、そのユーザーなりの多様なやりかたを持ち合わせているはずです。饒舌に語る人もいれば、排他的な沈黙で表現する人もいれば、強力な緊張を醸し出す人もいれば、最初から攻撃的な雰囲気でこちらを威圧する人もいれば、激しい慟哭のなかで言葉にならない想いを吐露する人もいることでしょう。そのような自由なやりかたをセラピスト側の過剰なコンプリメントで抑制させてしまうとすれば、それはある意味では搾取的でもあります。彼らが意識的、無意識的なやりかたで自分自身のことを紹介する機会を奪いかねないからです。

無論、私たちがニュートラルな姿勢に固執することで、あまりにも事を淡々と進めていくならば、それもまた何らかのメッセージとなります。ユーザーは冷たい硬質感を味わったり、「この人はいざというときには〝専門家然〟とした態度でもって距離を取って見放しそうだ」という印象を抱いたりするかもしれません。

元々、コンプリメント complement は「補足物、補充」を意味する言葉です。痛みを抱える人を目前にしたときに、そっと手を添えようとするような、私たちのなかに自然に涌いてくる静かな思いやりの感覚を技法化したものがコンプリメントです。私たちの技能から、この人としての自然な配慮が失われるならば、心理療法のもっとも重要な機序が欠落することになるでしょう。しかし、しばしば訳語としてあてられている「褒める」や「賛辞」といった色合いを過剰に演出し、治療関係に対してコントローラブルな文脈でこの技能を使用するならば、上述したようなさまざまなメッセージをユーザーに与えかねません。

私たちの仕事は、たえず「技術」がユーザーのこころの機微を察する「理解」によって媒介されている必要があります。

Ⅲ　主訴の捉えかた——体験内容、体験様式、状況的文脈

初回面接にて、最初の挨拶とお互いの自己紹介を済ませたならば、次に来談経緯についてうかがうことになります。そのときに語られるユーザーの悩みや困難が「主訴」となります。ここでは改めて「主訴とは何か」について考えてみたいと思います。

当然ですが、主訴とはユーザーがいま体験している困難を言葉にしたものです。体験をユーザーなりに言葉で輪郭づけたもの、よりメカニカルな言いかたをすれば、**体験を言語データの形に変換したもの**です。私たちはこの言語データを起点に支援関係をスタートさせていくことになります。

このとき考えておきたいことは、**主訴とはあくまで言語データであり、ユーザーがいま現に体験している困難とは必ずしもぴったりイコールにはならない**という点です。言葉にしたものと体験そのものとのあいだには大なり小なりズレがあります。この種の言葉と体験の齟齬についてはこれまでにも至るところで論じられてきました。私たちの仕事の大部分は、ここにあるズレ幅を可能な限り狭めることに向けられています。

ただし、ズレ幅を狭めるといっても、私たちが初回面接に知りうることは主訴として語られた言語データのほうであり、ユーザー側の困難な体験そのものについてはまだ知る由もありません。「職場の人たちに対する緊張があって……」とユーザーが語るとき、そのユーザーが「職場の人たちに対する対人緊張」に思い悩んでいることはわかっても、その対人緊張をめぐる体験そのものについてはわかりえないのです。そのため、私たちはこの「わからなさ」を前提として、提示された主訴をもとにユーザーの体験そのものへの接近を図ることになります。下坂（一九九四）のいう「なぞるように聞く」という姿勢はその一例です。

この「主訴として提示された言語データ」と「困難な体験そのもの」とのズレ幅の大きさにはいくつかの要因が考えられます。

たとえば、ある人は自身が抱える困難について具体例を交えて事細かに話し、実体験に則した形で主訴を提示するかもしれませんが、その一方で「人が怖くて」とか「子どもに落ち着きがなくて」というようにその内容を端的にしか表現しえない人もいます。また、たとえ饒舌に語っていても、いかにも表層的で抽象的な言葉の羅列に終始する人もいれば、そもそもからして自身の困難を言葉にしえない人もいます。そのなかにも、言語能力の弱さや発達的な課題ゆえに言葉にできない人もいれば、いま被っている困難があまりにも強大すぎるゆえに文字通り「筆舌に尽くし難い」状態に陥っている人もいます。さらには、支援状況に対する抵抗感から曖昧な主訴しか提示しない人や、何らかの対人関係にまつわる意識的、無意識的なプレッシャーから困難の本質を口にしえない人もいます。

このように、主訴という**「体験内容」**が提示される背景にはさまざまな要素が絡んでいます。私たちはこれらの要素を考慮しつつ、その内容を吟味していくことになるわけですが、このとき私自身はこうした種々の要素を主にふたつの軸から整理するようにしています。その個人の**「体験様式」**とその個人が置かれた**「状**

況的文脈」の二軸です。

　ここでいう**「体験様式」**とは、**その個人が内外からもたらされる情報や刺激をひとつの体験へと組織化するうえで、その個人のなかにあらかじめ準備されている様式、もしくは内的準拠枠**を指しています。この「体験様式」については、たとえばチョムスキーの言語的深部構造のようなものを想像していただくとよいでしょう。

　言語的深部構造とは「乳幼児がなぜ言葉を獲得していくのか」という根源的な問いにもとづいてチョムスキーが考案した生得的な情報処理システムを意味します。現象をそのまま考えれば、乳児のなかで大人が発する言葉は単なる音の羅列（一つひとつの聴覚的刺激）としてのみ捉えられる――「リンゴ」は「リ」という響き、「ン」という響き、「ゴ」という響きをもつ、それぞれの音の羅列として感知される――はずですが、実際はそうではありません。乳児はいつのまにかそうした音の羅列を適切に分節化し、まとまった意味をもつひとつの「単語」として認識し、統語論的、意味論的構造をもつ「言葉」として自分のなかに登録していきます。このようなことが（少なくとも定型発達の道を辿るならば、音を出鱈目に組織化したり、未知の新語を作りだしたりすることなく）自然に行われるのは、単なる音を定められた形で組織化していくシステムが人のなかにあらかじめ準備されている必要があるとチョムスキーは考えました。その仮説的なシステムが言語的深部構造です。

　言語的深部構造ほど普遍的な様式でないにせよ、たとえば「精神病的な状態にあること」「うつ状態にあること」「何らかのパーソナリティ特性を有していること」「自閉的な認知構造をそなえていること」「重篤な虐待体験を被ってきたなかで構築されてきたそれ特有の認知様式を有していること」「発達的な成熟度（子どもであること／思春期であること／大人であることなど）」「言語的思考が優位であること／非言語的な感覚的・視覚的思考が優位であること」などがここでいう「体験様式」の一例となります。

主訴として語られる「体験内容」は、このような「体験様式」に彩られる形で私たちの前に提示されます。同じ「対人緊張がある」という主訴でも、それぞれのユーザーの「体験様式」の差異によってその意味合いは異なります。精神病的な「体験様式」をもつ人にとっては、その緊張は極度に迫害的で妄想的な性質を帯びているかもしれません。自閉的な様式をもつ人にとっては、他者のこころがあまりにも想像の行き届かない未知のものであるがゆえの緊張となっているのかもしれません。いずれにせよ、主訴という言語データから、そのユーザーの困難な体験そのものへと接近するには、この「体験様式」のアセスメントが不可欠となります。そのアセスメントについては第四章で再度検討したいと思います。

ふたつめの「状況的文脈」についてですが、こちらは**そのユーザーが現在置かれている状況や立場が主訴である「体験内容」に与えている影響**のことを指しています。

たとえば、強く登校復帰を望む厳格な保護者に連れられて来談した不登校生が、内心では現時点での登校復帰などまったく考えられないにもかかわらず、自身の不登校状態を憂い、登校復帰をニーズとして語るならば、ここにはその家族によってこしらえられた「状況的文脈」がその生徒の主訴（体験内容）に影響を及ぼしているといえます。逆に、来たくもないのに無理に来談させられた不登校生が「ここで話すことなど何もない。この相談を早く終わらせるのが自分の望みだ」と語ったならば、これもまた「状況的文脈」がその主訴とニーズに作用しているといえるでしょう。

この「状況的文脈」は、より無意識的な形で作用する場合もあります。

過去に同胞を事故で失い、その結果、両親が一過性の抑うつ状態に陥った経験をもつ青年が「気持ちが沈んで、何もする気が起こらない」ことを主訴に来談したとしましょう。さらに、その青年は両親に大切に育てられたのですが、そこには微妙にエンクローズされている感覚（あまりにも手厚く保護されすぎている感覚）も付随していたとしましょう。

無論、まずは外因性もしくは内因性うつという「体験様式」が「体験内容」に影響している可能性を考慮すべきです。しかし、もしかするとここにはユーザー自身の自立をめぐる葛藤やあたかも同胞の身代わりかのように自分を囲いこんできた両親への密かな憤りがあり、その種の葛藤や怒りが内向することで上記の主訴が語られているのかもしれません。そうであるならば、これもまた「状況的文脈」が「体験内容」に影響しているケースとして捉えることができそうです。

以上のように、主訴という「体験内容」に作用する「体験様式」と「状況的文脈」を知ろうとすることは、面接室にいる（ユーザーの実生活に立ち入っているわけではない）私たちがユーザーの困難そのものに接近するための方策となります。私たちの専門的技能の多くはこの種の理解へと注がれることになります。

ただし、ここで注意しておきたいことは、**「体験様式」と「状況的文脈」という観点は、あくまで理解のための手立てにすぎない**という点です。初回面接におけるユーザーとのやりとりは、やはり主訴（体験内容）に沿った形で進めるほうが安全です。

心理職としてのキャリアが長くなりますと、次第に私たちはこの「体験様式」や「状況的文脈」などの背景的な事柄をよりつかみやすくなった感覚に至ります。多くのユーザーと出会ってきたことで、「この人はこの様式、あの人はあの様式」といったカテゴリカルな思考が身につくからです。さらには、こうした背景的な事柄はその個人に大きな作用を及ぼしますので、表立って語られている内容よりも、むしろこちらの理解に比重を傾けやすくなりがちです。しかし、この傾向が著しくなると落とし穴にはまります。

そもそも「体験様式」や「状況的文脈」は、多くの場合、その時点ではまだ表沙汰にされてはいない背景的な事柄ですので、その理解は私たちの想像や推測を頼りに進められることになります。人は無から有を想像するわけではありませんので、その想像は私たちのなかにある「蓄積された過去の臨床経験」と「目前のユーザーの語りや臨床像」とを照合させながら進められます。そのなかで、ややもすると私たちは自身の経験的知識のほうに目前のユーザーを当てはめて考えがちとなります。

しかし、私たちは本当のところはユーザーの「困難な体験そのもの」については何もわかってはいません。そのユーザーは私たちがこれまで見たこともないような体験様式を有しているのかもしれませんし、人は誰一人として同じではありませんので、私たちは常に「初めてのユーザー」「初めてのケース」に対峙することになると考えたほうがむしろ妥当です。

そのため、私たちは早々に「わかってしまおう」とするのではなく、あくまで主訴として提示された言語データに密着すべきです。そのなかで徐々にその人の「体験様式」や「状況的文脈」が浮かび上がってくるような進めかたが、初回面接の理想的なプロセスであると私は考えます。

Ⅳ　主訴とニーズについて

初回面接にて主訴と合わせて把握しておきたいのがユーザー側の「ニーズ」です。ここでは「ニーズ」という言葉を一般サービス業で用いられる文脈と同じ意味で使用しています。つまりは、私たちのもとに来談することで自分がどうなりたいのか、状況がどう変わってほしいのかといったユーザー側の要望を意味しています。

ニーズは主訴を聞いていく過程で自ずと明らかになる場合もあれば、私たちのほうから「この問題がどうなればよいとお考えですか？」「ここでどんなことをしていけばよいと考えておられますか？」と尋ねることで明確になる場合もあります。

ユーザーのニーズはさまざまです。主訴の具体的な解決、対処行動の習得、望ましい行動や考えかたの獲得、そのための有効な助言の享受、自分自身を深く知ること、これまでの生きかたとこれからの生きかたについて考えること、自身を取り巻く周辺環境や関係者のありかたを変えていく手段の模索……など多岐にわたります。そして、そのニーズに応じることが適切な支援になるとユーザーとセラピストの双方が納得したならば、そのニーズに応じた介入法が選定されます。前章で紹介した支持的心理療法、探索的心理療法、マネジメントにもとづく心理療法はその際の選択の目安としてあげたものです。いずれにせよ、初回面接にて「ある程度の支援方針」を策定し、アセスメント面接にてその方針の妥当性を吟味し、治療契約へとこぎつけるには、ユーザーのニーズの把握が不可欠です。

ただし、ここには一筋縄ではいかない問題があります。

たとえば、ユーザーのなかには主訴については語れても、いざニーズについて尋ねられると途端に答えに窮する人たちがいます。苦難の渦中にいるゆえに、それがどうなればよいのかなど見当もつかないのかもしれませんし、望みを口にしてはならない何らかの事情があるのかもしれません。現時点では変化に対する希望よりも、絶望的な想いを吐露し続けるしかないのかもしれません。他者もセラピストもあてにはできないと感じているのかもしれません。

このとき私たちは「ニーズを言葉にしえない事情」について推測しながら話を聞くことになりますが、ときには私たちのほうで彼らのニーズを同定する作業に取りかからねばならない場合もあります。

少し話がずれますが、ニーズばかりか主訴さえも形にしえないケースもあります。そのユーザーが統合失調症等の急性期状態や重篤なカタトニー状態にあったり、無理矢理に連れてこられた抵抗感から何も語ろうとしないケースなどがその一例です。この場合、私たちは自分たちの支援がそのユーザーにとって本当に必要なのかどうか、必要だとすれば、彼らの主訴やニーズをどのように輪郭づけることができるのかという、きわめてラディカルな問いに直面することになります。このような局面では、「支援すること」それ自体がはらむ侵襲性についても考慮しておく必要があるでしょう。

また、ひとつのケースに複数の主訴とニーズがもちこまれる場合もあります。子どもの不登校に思い悩み、何とかして登校復帰させたい保護者が来談したならば、その主訴自体は保護者のものですが、保護者から見て困った事態を呈しているのは子どもということになります。そこで子どもと話すと、今度は「登校させようとする親の態度に思い悩んでいる。学校に行くつもりはないので、もう親があれこれ言わないようにしてほしい」という主訴とニーズが語られたとすれば、ここには二種の主訴とニーズが提示されたことになり、私たちはこの対立図式の調整に取り組むことになります。

なお、この種の対立図式が生じるのは、何もインターパーソナルな事態だけに限りません。このような図式は個人内においても生じます。

たとえば「ひきこもり続けていることに困っている」という主訴が当人から語られたとしましょう。この主訴を語っているのは、その人のなかの「ひきこもり続けているのはまずい」と感じている自己部分です。しかし、人のこころはマルチプルなものであり、他方でその人のなかには「できることなら、この安全なひきこもり生活を維持したい」と思っている自己部分も存在し、支援が進むにつれてそのような想いが口にされるかもしれません。この場合も、その人のなかの主訴とニーズをめぐる葛藤それ自体をいかに調整するかが支援の鍵となります。ですが、これも一筋縄ではいきません。後者のニーズを「安心感をもって家の外や社会を体験したい」というニーズに読み替えて支援を進めることができる場合もあれば、真にひきこもり続けることを望んでいる場合もあるからです。

ニーズを捉えるときには、その方向性・ベクトルにも注意を向けておきたいところです。

「対人不安が強く、そのような自分を変えたい」というとき、主訴とニーズのベクトルはどちらもその人自身に向けられています。一方、先の不登校事例では保護者と子どもの主訴のベクトルはそれぞれ相手側に向けられ、ニーズのベクトルは「子どもが学校に普通に通い、親として安心したい」「親に口うるさく言われず、いまはゆっくりと休んで安寧を得たい」というようにそれぞれ自分に向けられています（無論、多くの保護者は意識的には「自分の安心のため」とは考えておらず、あくまで「登校復帰は子どものためである」「不登校状態にある子どもの苦しみを誰かに理解してもらい、受け取ってもらえれば、子どものためになる」と考えておられることでしょう。ですが、そのことが本当に「子どものため」になるのかどうかは一考すべきことだと思います）。双方が「相手の変化によって自身のニーズを叶える」ことを望んでいる状態です。

このように、目前のユーザーが私たちの支援を介して「自分を変えたい」のか、「相手（環境）を変えたい」のか、そのどちらに傾いているのかを把握するのも大切なアセスメントポイントです。もちろん、言葉では「自分を変えたい」と語っていても、内心は「周りが変わる必要がある」と思っているユーザーもおられるでしょうし、逆も然りです。この種のベクトルも一筋縄ではいきません。

ちなみに私自身は「自分を変えようとすること」も「環境側を変えようとすること」もどちらも等価値であると考えています。というのも、この二種のベクトルは実際的には相補的なものだからです。環境に適切に働きかけて、その人が思うように環境を変えるスキルを獲得するには、その人自身もこれまでとは異なるありかたを求められますし、自分が変化することでいつのまにか周囲の状況も変わっていたというのはよくある話です。

わざわざこのような話題をもちだしたのは、どうも力動的な心理療法を専門とする支援者のなかには「自己内省を深め、自身を変えることこそが真である」という価値観に縛られている人が多いような気がするからです。しかし、環境をうまく操作していくスキルの獲得も人が生きるうえでの大切なスキルです。それはホモサピエンスならではのスキルです。

最後に検討しておきたいことは、ユーザーのニーズに対して私たちのほうが「それがこの人にとって本当に必要なことなのだろうか。もっと別のことが必要なのではないか」と、疑問を覚えるケースです。ユーザーのニーズと私たちの専門的見解とのあいだに齟齬が生じているケースです。

もちろん、まずはその見解が単なる支援者側の「押しつけ」になっている可能性を吟味すべきです。そうでない場合、この事態は支援者側がウィニコットのいう「ニード（need）」を汲み取っている事態として捉えることができるかもしれません。ここでいう「ニード」はこれまで用いてきた「ニーズ（要求、要望）」とは水準の異なる概念です。

ウィニコットは「ニード（need）」と「要求（wish）」を区分する考えを提示しました。「要求」はその当人が主体的に何かを求めている姿を指しますが、「ニード」はその個人の主体的な要求の有無にかかわらず、その個人に対して「とにかく必要なこと」を指しています。その意味で「ニード」はときに**主体なき要求**となる場合があります。

「空腹を満たすこと」を例にすると、ある程度成長した子どもは空腹時にその苦痛や欲求不満状態を心的にも言語的にも輪郭づけることができ、「この空腹を満たしてほしい」という「要求」を出すことができます。しかし、生後まもない乳児には「空腹」という概念そのものが成立しておらず（形になっておらず）、「ただ、わけのわからない絶望的な不快や苦痛」だけがそこにあります。「空腹」という概念がないのですから、「空腹を満たしてほしい」という主体的な要求も成立せず、そこには「空腹を満たす必要性（need）」のみが存在することになります。ここでいう「ニード」は、その当人の主体的な意図を超えて、他者によって受け取られることで初めて形になるものです。

このように、ユーザーの意図的なニーズとは異なり、私たちのほうがその人にとって本当に必要だと思われるものを先取りする形で察知することがあります。このような場合、治療契約を結ぶまでのどこかの地点でこのことについて話し合うことができるとよいでしょう。ですが、十分に話し合えずに、当面はユーザーのニーズに沿って支援を進めていくことになる場合もあるでしょう。しかし、そのときにもそのユーザーにとって真に必要だと思えることを頭の片隅に置いておくと、心理療法プロセスのどこかの地点で彼らのニードと私たちの理解とがリンクするときがきます。そして、その局面こそが心理療法の重要なターニングポイントとなるケースが多いように思います。

第三章　初回面接の実際

Ⅰ　初回面接の目的

初回面接は心理療法という特殊な営みへと足を踏み入れたユーザーとの最初の出会いです。ここにはユーザーにとって馴染みのない時空間を――あたかも生まれたての赤ん坊が子宮外の世界を生きはじめるときのように――彼らがいかにパーソナライズし、意義ある形で活用していけるかという問いがあります。私たちの最初の仕事はその局面にて必然的に生起する緊張や不安を汲み取りつつ、彼らがこの営為を自分に見合った形で使用できるように場を整えることです。そのためにはユーザーの主訴とニーズを把握し、**「ある程度の支援方針を策定」**することが初回面接における私たちのもっとも肝要な仕事となります。

前章ではその前提となる事柄について検討しました。主訴として語られる「体験内容」に作用する、その個人の「体験様式」と、その個人が置かれた「状況的文脈」を理解していくことの重要性を示唆しました。また、ユーザーの「ニーズ」にはらまれる一筋縄ではいかない性状についても概観しました。

これらのことを踏まえて「ある程度の支援方針」を策定していくうえでさらに大切なことがあります。それはユーザーの主訴を「私たちが取り扱える形」にしていく作業です。というのも、多くの場合、ユーザーの語る主訴はそのままの形では支援に結びつきにくいものになっているからです。というよりも、むしろ、その苦難が取り扱い難い様相を呈しているからこそ、彼らは行き詰まって私たちのもとに訪れたといえるのかもしれません。こうした「主訴の変形作業」は、食物の比喩を用いるならば、消化しえないものを消化しやすい形に嚙み砕く作業といえます。

本章では、そのための具体的な手法について検討したいと思います。

Ⅱ　主訴の変形作業

主訴の変形作業にはさまざまな水準があります。もっとも変動の大きい変形作業の一例としては「ユーザーの語る主訴は問題の一端にすぎず、その底にもっと本質的な、ユーザー自身もまだ自覚的ではない問題がある」という想定のもとに進められる探索作業があげられます。これは私たちの専門的な視座が、いま語られている表向きの主訴とは異なる水準の問題を触知したときに生じる変形作業です。いわゆる「深い読み」と呼ばれるものです。

ですが、私自身は**初回面接における主訴の変形作業は、なるべく大きな変動をともなわない形態にしたほうがよい**と考えています。神田橋（一九九〇）は精神療法における介入作用を「揺さぶり」と「抱え」という二種の文脈から示しましたが、初回面接においてはこの「揺さぶり」の作用がなるべく小さくなるように努めたほうが安全だと思うからです。

主訴とは困難な体験をユーザーなりにまとめあげて言語化したものです。それは**ユーザー自身による「自分に対するアセスメントプロセス」**の一部でもあります。このアセスメントを行っているのは、ユーザーのなかの「私を見る私」、力動論的にいえば自我の内省機能となります。ゆえに、ここでいう「大きな変動」は必然的に「自我が揺さぶられる体験」へとつながります。

先述したように、自我とはエスから湧出される衝動性や無意識の心的内容、超自我による内なる規律からの要請、さまざまな外的・現実的状況に対応し、防衛を駆使しつつ、それらとの折り合いをつけながら自分を成り立たせていく心的機関を指しています。このような調整機能をもつ自我を揺さぶることは、その人を大なり小なり不安定にします。既存の防衛様式を部分的に解除させることになるからです。そして、防衛の解除は人を退行状態へと至らせます。

退行それ自体は必ずしもネガティブなものではありません。精神分析的なセラピストのなかには、この退行状態を活かしながら心理療法を進めていく人たちもいます。しかし、それはユーザーの退行状態を抱える環境が整っている場合に限られるのであって、彼らをどのように抱えていくのか、あるいは支援を引き受けるのかどうかさえ定まっていない初回面接の時点では、退行促進的な介入は極力控えたほうが安全です。

もっと極端なことをいえば、私自身は**支援方針を策定する際にも、なるべくユーザーの揺れや内なる変化が少なくて済むやりかたを介入法のファーストチョイスに置いたほうがよい**とさえ考えています。無論、ユーザーの主訴やニーズや状態像にもよりますが、**まずはその主訴に対する具体的な解決法や対処法を模索する方向で心理療法をデザインしていけるように、すなわち支持的心理療法によって事を進めることができるように——裏を返せば、精神分析的心理療法等の探索的な心理療法に導入することなく事を進めていける**

ように――主訴を聞き取っていったほうがよいと考えます。ユーザーのなかの心理療法への嗜癖化を防ぐためです。このような志向のなかで、それでもなお、このユーザーにはこころの内実を深く探求し、長期的な営みとなることを前提とした心理療法を要すると判断したときに、初めて探索的心理療法の実施可能性を検討するという姿勢を推奨したいと思います。

このように、セラピスト側があらかじめ支援の方向性を偏向させるありかたは、前章で述べた「初回面接こそニュートラルな姿勢で」という記述と矛盾します。もちろん、依然として私はニュートラリティの維持はセラピストの基本姿勢のひとつであると考えています。ユーザーがもちこんだものを、なるべく私たち側のあらかじめ準備された考えや既存の価値観によって色づけしたり、何らかの思考にこころを偏らせたりすることなく受け取ろうと努めています。

とはいえ、こと初回面接に関しては、私たちの手による一定の方向づけが必要であるとも考えています。初回面接を漫然と進めてしまえば、ここで何を行い、この心理療法が何のためになされるのかという肝心な事柄をユーザーとシェアできなくなり、治療契約の成立が困難となるからです。そのうえでさらに心理療法が支持的心理療法の方向へとデザインされたほうがよいと考えるのは、なるべく安全で、ユーザーにとって負担の少ないやりかたから勧めたほうがよいと判断しているゆえです。

さて、主訴の変形作業にともなわれる変動や揺さぶりの作用をなるべく小さくするには、ユーザーの意識的な思考の道筋に沿うことが肝要です。先に主訴内容とはユーザー自身のアセスメントプロセスの一部であることを示しましたが、このプロセスに沿い、そのような主訴内容に至った経緯をふたたび再構成してもらうように質問を重ねていくのが揺さぶりを少なくするためのコツです。その困難がいつからはじまったのか、何かきっかけはあったのか、あったとすればユーザー自身はその出来事が主訴内容とどのようにリンクすると考えているのか、その困難の要因をユーザー自身はどのように考えているのか、その主訴内容が実際の生活をどのように脅かし、その困難にこれまでどのように対応してきたのか、その困難に対する周囲の反応はどのようなものなのか……を聞いていきます。

このとき私が特に重視しているのは以下の三点の事柄です。

①主訴内容をめぐって、ある程度のストーリーラインをえがくことのできる聞きかた。
②主訴に対するユーザー自身の対処法とその結果への着目。
③問題に対する今後の対処法案が浮かびやすくなる聞きかた。

以下、順番に解説していきます。

一　ストーリーラインをえがくこと

①はこれまでにも先達によって重視されてきたことですが、この聴取法には以下のような効果があると思われます。

ひとつはユーザーの動揺を沈静化する作用です。神田橋（一九九七）がいうように、主訴に対してある程度のストーリーラインがえがけると、ユーザーの動揺が一定緩和される傾向があります。ニュースやインターネットを見ていてもわかりますが、「とりあえずの事の成り行き」を理解することができると一定の落ち着きを示す例は巷に溢れています。

無論、ここで構築されたストーリーラインはあくまでインスタントなものではありますが、しかしながら、これこそが今後の心理療法の土台となっていきます。というのも、ほとんどの心理療法はこの最初のストーリーラインの一部を崩し、再建し、そうして構築されたストーリーラインがまたしても揺さぶられ、それをまた再建する……というプロセスで進むことになるからです。ゆえに、ひとまずのストーリーラインをどれだけ素早く構築できるかが鍵となります。

さらに、このストーリーラインを追跡する作業は、ユーザーの観察自我の強化にも寄与します。ストーリーラインの構築は「私（me）を見る私（I）」というときの、後者の「私（I）」を、すなわち「主訴内容の渦中にいる私（me）」を一定の距離をもって眺める「私（I）」によって遂行されます。いわゆるセルフモニタリング機能です。詳細は第六章で述べますが、心理療法における対話が安定した形で機能するには、対話の構図が常に「三角形の対話」（神田橋、一九九七）に、すなわち「ユーザー」と「セラピスト」が「ある話題・テーマ」について話し合う・意見を出し合う（ユーザーとセラピストが「ある話題・テーマ」を共同注視する）ような関係図になっていることがポイントとなります。この「事態を眺める私（I）」の強化はここでいう「三角形の対話」の構築につながります。

また、ストーリーラインの構築は、土居（一九九二）がいうように「わかるところ」と「わからないところ」を浮き彫りにする効果もあります。

「わからないところ」とは、ストーリーの整合性を欠き、展開が飛躍している部分です。事態に対する意識的理解の暗点となっている箇所です。従来から精神分析ではその暗点こそに注目し、その暗点を補うためのさまざまな理論を提起してきました。精神分析や精神分析的心理療法は、まさにこうした「わからなさ」を起点に進めていく療法といえるでしょう。当初の謎めいた部分こそが後の重要テーマとなってくることは、多くのセラピストが経験しているところだと思います。

ですが、その一方で、「とりあえずわかっているところ（ユーザーが言語的に語りうる部分）」を基盤として、それをいかに活用していくかという視点も同様に大切です。ユーザーの内なる変化が少なく済む支援を重視するならば、このことは尚更そうです。ユーザーがすでに気づいている素材をもとに問題の解決を図ろうとするほうが「内なる変化を少なくする」の原則に適っているからです。過去を問題解決のためのヒントが貯蔵されている体験群と捉え（神田橋、一九九七）、それをどのようにリサイクルできるかを吟味する手法は「とりあえずわかっているところ」を活用する支援法の一例です。

二　主訴内容に対する対処法への着目

②についても神田橋（一九九七）がすでに提起していることですが、ここでいう対処法とは問題に対するユーザーのさまざまな反応のことを指しています。この対処法には一般的に望ましいとされているものとそうではないものとがあります。

たとえば、「ある精神症状の発症により受診した」「抑うつ感がひどかったので睡眠時間を多く取った」というとき、この「受診した」「睡眠時間を多く取った」という行為がここでいう対処法となります。困難が生起したときに他の助力を求めたり、休息を取ったりすることは、一般的に望ましい対処として判断されるでしょう。

他方、「職場で不適応に陥り、自分があまりにも不甲斐なく思えてリストカットした。すると一時的楽になった」ならば、「自分を不甲斐なく思う」が「職場での不適応」に対する反応であり、「リストカット」は「自分を不甲斐なく思う」ことに対する反応となっています。これらは一般的に自尊感情の低下や責任の過剰な背負いこみ、あるいは自己処罰的な行動と解され、改善すべきネガティブな反応として評価されます。

ですが、たとえ一般的にはネガティブな反応と評されても、これらの反応や行動もまた「困難に対するユーザーなりの対処法」と捉えることで、支援アイデアの構築に寄与する可能性があります。というのも、その対処法のなかにその人の「資質の芽」が内包されている場合があるからです。

たとえば、「自分を不甲斐なく思う」ことには、もしかすると「本当は事態を自分の力で何とかしたい（しかし、何らかの事情でそれができない）」という、その人のなかのマネジメント能力の芽や職場において発揮すべきコンピテンスの芽がふくまれているのかもしれません。すると、まずは職場以外のそのユーザーが比較的機能しやすい場で、その人の環境調整能力が発揮できたり、事をうまくこなしたりする体験を味わえる状況作りに向かっていくとよいのではないかという方針が浮かんだりします。あるいは、「リストカット」を「葛藤をなるべく早急に解消して、こころの安寧を得ようとする努力」として捉えるならば、葛藤状況になるべく陥らずに済む思考法を考案してみたり、他の解消法などを検討してみたり、「一気に解消する」ではなく、「徐々に時間をかけて解消する」方法などを検討してみることが奏功するかもしれません。

他にも「子どもが不登校になり、一日中オンラインゲームをしている」というとき、「オンラインゲームをする」ことが不登校によって空いた時間への対処法になっていると考えてみます。さらに、その内実を聞くと、別の誰かとオンライン上でチームを組んで戦い、そのゲームの上級者のゲーム実況動画などを参照して、その技術を懸命に磨いている姿が判明したりします。ここから私たちは、その子のなかの「仲間とひとつの目標に向かって協働作業していく資質」や「課題に対して熱心に研究する資質」の芽を発掘するかもしれません。すると「なぜ、学校に行かないのか・行けないのか」という問いは「なぜ、これらの資質が学校では花開かないのか」という問いへと変わり、この種の資質を少しでも学校内で活かす方法を考えることが支援方針となるかもしれません。

このような視点は「リフレイミング」としてすでに周知されているものです。問題となる行動や状況を別の文脈から読み取ることで、事態をポジティブな方向に変化させていく技法です。

ただし、こうしたポジティブな見かたを即座にユーザーとシェアすることについては慎重を期す必要があります。なかには、この手の介入を「自分の苦しみを十分に受け取ってくれない（このセラピストは苦しみを共有することに耐え難い人なのだ）」「そのようなポジティブな考えをもてない自分はやはり愚かだ」と感じるユーザーもいるからです。

対処法のなかにユーザーの資質の芽を見るという視点は、支援方針を策定する際のセラピスト側の思考の準拠枠として有効なものだと思います。ですが、そこで生みだされた考えを実際にユーザーに提案するかどうかは、その影響を吟味したうえでなされることが大切です。

三　問題に対する対処法案が浮かびやすいような聞きかた

③を実行するには主訴をより具体化していく作業が求められます。その手立てのひとつが「主訴内容の限局化」です。

たとえば、あるユーザーが「対人不安」を主訴とし、「対人関係をうまくこなせるようになる」というニーズを有していたとしましょう。このとき支援方針は「対人関係スキルの向上」となりそうですが、これでは支援はうまくいきません。というのも、あまりにも標的行動が大きすぎ、対人不安にまつわるそのユーザーの個別的な事情が考慮されていないからです。

いうまでもありませんが、同じ「対人不安」でも、その内実は個々人によって異なります。不安の矛先ひとつとっても、ある人は道行く人全般がそうなのかもしれませんし、職場や学校内の特定の誰かの場合もあるでしょう。具体的に誰との関係が不安なのか、その関係が不安になることでいかなる弊害があるのか、その相手との関係がいつごろから、どのように難しくなってきたのか……と細かく検討する必要があります。「職場の人全員に対して自分が悪く思われているように感じる」という場合でも、「全員に対して悪く思われないありかたを模索する」という方針で進めてしまうと、ユーザーの変容作業が膨大なものとなります。まずは手始めに誰との関係において不安が減じればよいのかを検討し、その人との関係の改善を模索していくことが、ここでいう「主訴内容の限局化」となります。「困難は分割せよ」の格言通りです。

他にも「抑うつ気分」によって日常生活に支障をきたしているならば、（当然、精神医学的治療の要否を判断しつつ）その気分によってとりわけ困っている生活場面を同定し、まずはその局面を乗りきるための方法や乗りきれないときの代替案を検討していくことになります。

まとめると、ここで求められるのは「対人不安の解消」や「抑うつ気分の解消」といった総論的で抽象的な目標ではなく、限局的で具体的な目標を立てられるように話を構造化していく姿勢となります。

以上、主訴の変形作業のコツについて述べてきましたが、これらの視座には、私たちがユーザーに供給する心理療法をなるべく「具体的な問題解決法、対処法を模索する支持的心理療法」へとデザインしていくという**意図**がこめられています。

このような提起をとてもコントローラブルに感じた読者もおられることでしょう。「主訴内容の限局化」にしても、「心理療法という営みはもっと全人的なものであり、部分的な解決でもって済ませるものではない」という志向性をもつ人にとっては、いかにも浅薄な印象を抱かせるかもしれません。

確かに私自身も、主訴を入口としてその個人の複雑で広大な心的世界を探索することで、「主訴の解決」

という目標を超えて、さらなるこころの成長や進展へと向かっていったユーザーに数多く出会ってきました。それは文字通りかけがえのないものであり、心理療法ならではの作用といえるものです。

しかし、その一方で、心理療法は社会的サービス（市場サービス）のひとつでもあります。何らかの心理的な問題によって日常生活に支障をきたした人たちがシンプルに元の生活に戻れる支援も求められています。それを「浅薄」と評することは傲慢です。とにかく目前の問題の解消を目的として専門家の理解やアドバイスを得るために私たちのもとに来談するユーザーは大勢います。無論、そこでなされるアドバイスは通り一遍のものではなく、そのユーザー固有の事情に則したものになっている必要があります。当面の問題に対する助言や対処法を得ることで、ひとまずの安定を取り戻していくユーザーは相当数いるはずです。

こうした社会的サービスという観点からすると、心理療法は当面の問題を解決して、なるべく早く終われるようにデザインされることになります。ドイツなど、国によっては探索的で長期的な心理療法を一部公的負担の社会的サービスとして享受できる国もありますが、基本的には「なるべく早く終われるようにする」ことは多くのユーザーの益となるはずです。医療が身体医学的治療をむやみに長引かせないことを職業的使命にしていることと同義です。私は心理療法もまずはこの理念に沿ったほうがよいのではないかと考えます。読者のみなさんはどうでしょうか。

無論、当面の問題を解決するだけでは十分でない困難やニーズを抱えているユーザーも一定数存在しています。そもそもからして解決し難い困難を背負っている人もいます。自身の生きかたそのものや自身の根本的なありかたを考えるために来談したユーザーなどがその一例です。彼らに対しては、私も初回面接の時点で長期的な探索的心理療法の導入可能性を思い浮かべます。しかし、それでもまずは具体的なアドバイスや問題への対処法を得ることで心理療法を終えていける道を探ろうとします。そのうえでなお、探索的心理療法の導入を要すると判断したならば、次のアセスメント面接にてその是非を検証することになります。

序章で述べたように、私は「とにかく来談してもらい、ユーザーに自由に語ってもらい、セラピストはそれを傾聴する」というスタイルの心理療法がやみくもに導入されている事態を危惧しています。「自由に語ってもらう」という自由連想法風の心理療法は自ずと長期的なデザインとなります。ゴールが明確でないからです。そのタイプの心理療法を導入するならば、それ相応の根拠が必要ですが、その説明もないままにとにかく漕ぎ出してしまっているケースが一定数あるようです。それならば、まずは問題の具体的な解決を目指そうとするほうがまっとうではないかと私は思います。

Ⅲ　心理療法導入の是非について

検討の順序が前後しましたが、心理療法を行うことが本当に妥当かどうかについても初回面接にて可能な限り判断しておきたいところです。

ただ、私自身はそのやりかたさえ工夫すれば、あらゆる人に心理療法は役立つものと考えています。「精神分析的心理療法、もしくは認知行動療法の導入が適切ではなかった」というケースはあっても、心理療法そのものはあらゆるユーザーに何かしらの意義ある作用をもたらすと考えています。身体病の人も、器質的な精神疾患を抱える人も、生活苦のなどの経済的リスクを抱えている人も、法的トラブルに巻きこまれている人も、その問題自体の支援は医療、福祉、司法とそれぞれの専門機関に委ねられたとしても、**それらの事態に付随する心理的な困難**については私たちの支援が十分に奏功するはずです。

このように考えると、心理療法を導入することの是非はユーザー側の特性如何ではなく、**ユーザーと私たちの組み合わせの問題やユーザーの状態像と私たちが準備できる支援環境との兼ね合いによる**ということになりそうです。

たとえば、重篤な病状をもつユーザーへの対応が不慣れであったり、彼らの攻撃性や破壊性への対応を不得手とするセラピストは、やはり初回時点でその病状の重さが推し量れたときや、最初から攻撃的で、既往歴にも破壊的なエピソードが散見されるユーザーに対しては心理療法の導入を避けたほうがよいと思います（自身の不得手を自覚していることは疚しいことではありません）。また、入院環境を準備しえない構造のなかで、精神病水準の病態悪化が予想される人や致命的な行動化を呈する恐れのある人を心理療法に誘うことも避けるべきでしょう。

心理療法の導入の是非は、むしろその大部分が（支援環境もふくめた）私たち側のキャパシティによるのであり、その器を超えた形での導入は厳しく戒めるべきです。

Ⅳ　リファーについて

リファーの必要性についても、可能な限り初回面接にて判断しておきたいところです。

なかには福祉的な機関や法的機関へのリファーを要するケースもありますが、私たちが出会うユーザーのほとんどは医療機関へのリファーが必要かどうかの判断となるように思われます。すなわち、中枢神経系の病変にもとづく器質性の精神疾患や症状精神病、機能性の精神疾患の徴候の見極めが肝要となります。（いまでは古典的な分類となってきましたが）いわゆる外因、内因、心因の鑑別が求められます。とはいえ、この鑑別はとても難しく、本書の紙幅で記述的に説明することは困難です。詳細はその種の専門書に譲り、ここでは「鑑別しようとする姿勢の重要性」を示唆するに留めたいと思います。

この鑑別はDSM、ICD等に記述されている診断項目や各種のスクリーニングテストを援用しつつも、究極はその支援者によるユーザーの臨床像の見極めが物言うところだと思います。統合失調症の中核群のように、比較的明瞭な陽性症状が観察しうるならば判断はしやすいかもしれませんが（とはいえ、たとえば幻覚・幻聴は解離性障害の人にも、PTSDの人にも、自閉スペクトラムの人にも、パーソナリティ障害の人にも見られ、この代表的な陽性症状ひとつとっても、特異度が高いとは言い難いわけですが）、軽度の気分障害の鑑別となると初回面接のみでは困難です。潜伏性精神病や不在症状からの精神病の鑑別もやはり高度な鑑別眼が求められるでしょう。こうなると結局はそのセラピストの臨床経験の豊富さ如何によるという話になりそうですが、確実にいえることは、心理療法に取り組もうとするならば、常に医療へのリファーの可能性を念頭に置きつつアセスメントに望む必要があるということです。

また、医療機関に限らず、他の心理療法・心理的支援を行う相談機関へのリファーを検討せねばならない場合もあります。たとえば、インテンシブな心理療法を要すると判断しても、自身が勤める機関ではその種の支援を供給できないときなどは、他の心理療法の専門機関へとリファーすることになります。あるいは、精神分析的心理療法を専門とする臨床家のもとに、より専門的な認知行動療法の供給が妥当だと判断されるユーザーが訪れた場合もリファーの対象となるでしょう。もちろん、その逆のケースもありうるでしょう。

リファーを行ううえで大切なことは、**「リファーもまたセラピストが行う介入のひとつである」**という視点です。リファーとは決して「他機関に支援をまかせ、自分は手を引く」ことではありません。私たちは「リファーという支援もしくは介入」を行っているのであり、この視点を失うと、ユーザーは「たらい回し感」を覚えます。

リファー後に早急に支援から手を引く心理職の多くは、ユーザーを放り投げているつもりなど毛頭ないのでしょう。それよりも「心理療法や心理的支援の供給は重複しないほうがよい」などの「原則」を考慮して手を引いている場合がほとんどなのだと思います。「ユーザーに対して誰かが心理療法等の支援を行っているときには、別の心理職が同時に支援を供給することは避けたほうがよい。理由はユーザーが混乱する可能性があるから」というあの原則です。

確かに心理療法の種類によっては、ふたり以上のセラピストが同時期にひとりのユーザーに心理療法を行うことは避けたほうがよい場合もあります。ですが、たとえばスクールカウンセラーが生徒を医療にリファーし、そのリファー先で精神医学的治療と院内での心理療法が行われることになったとしても、そのスクールカウンセラーが早々に手を引く必要はないと私は考えます。本人が望むならば、スクールカウンセラーとして本人との相談活動は継続してもよいと思います。院内で行われている心理療法の影響を（連携を通じて）考慮しつつ、本人の話をうかがいながら教師や保護者にアドバイスをしたり、本人に対して学校内での具体的な困難の対処法を考えていく支持的心理療法を行ったりするなど、スクールカウンセラーとしてやれることはいろいろとあるはずです。このような「重複」をめぐる言説も、この業界に蔓延るドグマのひとつだと思います。

あるいは、たとえ支援を継続しなかったとしても、やはりユーザーがリファー先に通った後に、そこでの体験がいかなるものであったのかを確認するための面接機会は設けるべきです。解釈や助言に対する反応を鑑みるように、「リファーという介入」に対する反応を確認することは心理療法における基本技法だと思うからです。

私たち自身はそのようなつもりではなかったとしても、専門家集団によって「たらい回し」にされた感覚をもつユーザーが一定数いることは確かな事実です。私たちはそのことをたえず念頭に置いて「リファーという介入」を丁寧に行う必要があります。

V　初回面接の終わりに向けて

初回面接においてユーザーの主訴とニーズを聞き取り、「ある程度の支援方針」が定まったならば、その内容をユーザーに伝達します。当然そのような方針を立てた根拠についても説明せねばなりませんので、自ずとここで**現時点での見立て**を伝えることになります。

ただし、一回のセッションで理解できることは限られますので、見立ては「今回の面接で理解した範囲でのことになりますが」という前置きと共に伝えられることになります。それと同時に、わからなかったこと、疑問に感じたことも伝えます。このとき大切なことは、あくまで「仮の理解を伝えている」という雰囲気です。同時に「ここで伝えたことが、次セッションまでのインターバルのなかでユーザー自身の新たな気づきを生みだす契機になれば」という雰囲気も届けることができるとなおよいでしょう。「明確な理解」ではなく、揺らぎをもった、ユーザーのこころを活性化させるための刺激を少量加えてみるというニュアンスです。

その後に、今後の進めかたについても提案します。ここで提示した支援方針でとりあえずの合意が得られたならば、次のアセスメント面接へと移ります。ここでの合意は「仮の治療契約」です。実際にその方針で進めていくかどうかは、アセスメント面接にてその支援方針の妥当性が一定担保された後の判断となります。「そうであるならば、支援方針の提示はアセスメント面接の後に行えばよいではないか」という考えも湧きますが、先述したように、アセスメント面接はそれぞれの療法によってその進めかたや質問内容、理解の力点などが変わってきますので、なぜそのようなアセスメント面接を行っていくのかを明示するためにも、ここで「ある程度の支援方針」を提示しておく必要があります。

なお、初回面接で「ある程度の支援方針」を策定できなかった場合は、その旨をユーザーに伝え、もう一度支援方針を見定めるためのセッションを依頼することになります。大切なことは「依頼する」という態度です。適切な支援方針を定めるまで、その間私たちはユーザーを待たせることになるからです。

治療契約に至るまでの期間は、主にセラピストがイニシアチブをとって事を進めていくことが大切です。無論、ユーザーのこころや体験はユーザーのものであり、それに対して私たちが操作的にふるまうことは避けねばなりません。ですが、**そのこころを十全に展開していくための「場作り」はセラピストの役割です。ユーザーのこころという「中身」を包む「容器」についてはセラピストが積極的にデザインする必要があります。**単に部屋と時間を準備するだけでは事足りません。私たちがここで何を行い、どのように問題に取り組んでいくのかをデザインすることで、初めて「中身」に対する「容器」が形作られます。岩倉（二〇一四）のいう「治療0《ゼロ》期の耕し」作業です。ただし、当然ながら、そのデザインを手に取るか否かの判断は常にユーザー側に委ねられています。

繰り返しになりますが、この種の手続きがあまりにも疎かにされている事例があるようです。「そのセラピストが思う心理療法」にユーザーをそのまま誘っている事例も見聞きします。そこにはセラピストの「無自覚なイニシアチブ」が発揮されています。

もちろん、あらゆる心理療法・心理的支援はユーザーを「専門家が供給する支援」の文脈に乗せることになります（そのバックラッシュとして登場したのが当事者研究や当事者同士によるセルフヘルプグループなのかもしれません）。重要なことは、そのことに私たちが自覚的であるのかどうかであり、それはこの営為の根幹に関わる問題だと思います。

Ⅵ　結び

ここまで初回面接について検討してきました。

技術的な面ばかりを強調してきたきらいがありますが、当然、初回面接におけるユーザーのさまざまな情緒――緊張、緊迫、不安、抵抗、恐れ、親しみ、好奇心、接近欲求など――や、すでに展開しているのであろう転移－逆転移関係にも十分に想いをめぐらせながら事に臨んでいくことが大切です。むしろ、初回面接でこそ、こうした情緒やふたりの関係性の諸相を注意深く捉え、場合によっては積極的に取り上げていく必要があります。それはユーザーのこころを受けとめるだけでなく、この**最初の出会いのインパクトを私たちがどのような形で受けとめていくのかをユーザーに示す機会となる**からです。**初回面接はセラピストがユーザーのことを知る機会であると同時に、ユーザーがセラピストのことを知る機会でもあります**（ですので、ユーザーから支援に関する質問がなされることは基本的にはポジティブな動きであると考えられます）。そして、そのときのセラピストのありようがユーザーのなかの意識的・無意識的希望に訴えかける作用をもつはずです。

初回面接を体験するたびに、私はいつも赤ん坊の出生状況とそれを受けとめる家族の想いを連想します。初回面接では、心理療法という未知なる場に参入してきた――生まれ出た――ユーザーを、私たちがどのように迎え入れるのかが問われています。

第四章　アセスメント面接

Ⅰ　アセスメント面接の目的

本書では心理療法の進めかたを「初回面接」→「アセスメント面接」→「治療契約」→「選択された心理療法・心理的支援の実施」というモデルで捉えていますが、なかにはこの「アセスメント面接」の段階をセットアップすることなく、そのまま心理療法に入っていくセラピストもおられるようです。本セラピーを実施しながら、その都度必要な情報を集めていくというスタイルです。

また、アセスメント面接の段階を設けるか否かは、心理療法が行われる機関の特性によっても変わってくるはずです。たとえば、特定の介入法を専門とする開業オフィスのように、最初からそこで行う介入法が大枠で決まっており、その介入を進めるうえで必要な情報を初回時点で大方聴取できている場合には、二回目のセッションから本セラピーに入っていくことになりそうですし、支援機関の構造上、選択できる介入が限られている場合にも（数カ月に一回のコンサルテーションしか行えないなど）アセスメント面接の期間を特別設けることなく支援をスタートさせることになるでしょう。

とはいえ、私自身は基本的にはアセスメント面接の段階を可能な限りセットアップしたほうがよいと考えます。それは私たちが供給する支援をより堅実なものにするからです。

では、アセスメント面接の目的と機能とはいかなるものなのでしょうか。私が特に重要だと考えるのは以下の事柄です。

①主訴とニーズを再検討しつつ、そのユーザーの体験様式を見立てる。
②初回面接で策定した支援法を実施するうえで必要な情報を収集する。
③策定した支援法の妥当性を吟味する。
④策定した支援法とは異なる方向性の支援法についても吟味する。
⑤支援に対するモチベーションを把握する。
⑥必要に応じて心理・知能検査をプランニングする。

アセスメント面接の主たる目的は「そのユーザーを知ること」です。ただし、「ユーザーを知る」といっても、そのすべてを知ろうとするわけではありませんし、そのようなことは不可能です。ここで知るべきは**初回面接にて私たちが策定した支援方針を実施するうえで必要な情報**です。そのため、アセスメント面接で得ようとする情報やその情報に対する理解の力点は初回時に策定した支援法のタイプによって異なります。行動療法や認知行動療法を実施しようとしているならば、主訴として提示された問題状況やその状況の前後に生起している事柄を詳細に聞き取り、それぞれの状況における思考、感情、気分、行動の動きや変遷にフォーカスされた質問がなされるでしょうし、精神分析的心理療法や力動的心理療法の導入を考えるならば、そのユーザーの成育史上の対人関係や推測される対象関係のありようを、あるいは問題状況に対する心的力動をつかむための質問が中心となるでしょう。また、解決志向的なアプローチや戦略的な心理療法を進めていこうとするならば、その個人やその個人を取り巻く集団内にて循環しているさまざまな思考、行動、コミュニケーションパターンやコンテクストに着目した質問がなされることになるはずです。

このように、アセスメント面接で得ようとするデータは初回面接時に策定した支援方針に準じてきます。そして、当然ながら、支援方針に則した情報を収集するには、その支援法を行ううえで必要な情報とはいかなる情報であるのかをセラピストは熟知していなければなりません。

それと同時に、私たちは初回面接時に策定した方針とは異なる方針についても吟味しておかなければなりません。常に方向転換の可能性を視野に入れながら、自分が策定した方針が本当に妥当なものなのかを慎重に吟味する姿勢が求められます。

このことと関連して、もうひとつ考えておきたいことがあります。それはアセスメント面接を「審査分析風」に進めていくことの是非についてです。

セラピストのなかには、初回面接後、「そのセラピストが思う心理療法」を三、四回実施し、そこで継続できそうだったり、何らかの手応えをつかんだりすることで、その心理療法の実施の是非を結論づけていく人たちがいます。この場合、その三、四回のセッションが「アセスメント面接」として位置づけられているようです。

このようなやりかたは、歴史的にはフロイト（一九一三）が「治療の開始について」論文のなかで述べた「一週間から二週間の試行期間」というアイデアに端を発していると思われます。まだ、状態像やモチベーションがつかめないユーザーに対し、試しに分析的な関わりを行ってみてその適否を判断するというやりかたです。

精神分析に限らず、このような手続きは確かにこれから私たちが供給しようとする介入法の妥当性を検証するうえで、かなりの手応えある検証手段となっています。実際にやってみてユーザーの反応をみればよいという理屈です。

しかし、アセスメント面接を「本セラピーの試行期間」にしてしまうと、その支援法にユーザーが合致していないときに後戻りがしにくくなりますし、下手をすれば、合致していない可能性を私たちのほうが考え辛くなる可能性もあります。また、ユーザー自身もその手法が自身のニーズと異なることを言いだし辛くなる気もします。ここでの密やかな不満は初期中断の主たる要因となります。

私自身はやはりアセスメント面接は支援に必要な情報を収集するための場であると考えます。すると、その進めかたは自ずと「半構造化面接」の形を取ることになります。そして、この半構造化面接を進める際のポイントは、やはり私たちが策定した支援方針に必要な情報を首尾よく集めつつも、同時にそれとは異なる支援の方向性についても考えるといったニュートラルな姿勢にあると思います。

Ⅱ　アセスメント面接の実際

それでは先の①〜⑥の観点に沿って、アセスメント面接の具体的な進めかたとその意義について検討してみましょう。

一　主訴とニーズを再検討しつつ、ユーザーの体験様式を見立てる

アセスメント面接は、初回面接の最後に伝えた（仮の）見立てに対するユーザーの見解を尋ねるところからはじめるとスムーズです。そこから前回教えてもらった主訴やニーズを再検討し、さらなる新情報があればそれを聞いていきます。特に主訴内容に対する具体的な対処法や解決法を模索していく心理療法の導入を考えているならば、殊更、現に生起している問題状況の内実やその前後に生じている事柄をどれだけ細かく追っていけるかが鍵となります。問題状況をよりクリアにすることで、「何に」「どのように」対処していけばよいのかが明確になりますし（標的行動の同定）、この追跡自体がユーザーのセルフモニタリング機能を活性化させることになるからです。

また、ユーザーの「体験様式」に関するアセスメントも重要です。第二章で述べたように、「体験様式」とは内外からもたらされる刺激や情報を何らかの体験へと組織化するうえで、その個人のなかにあらかじめそなえられている内的準拠枠のことを指します。事象に関する潜在的な規定条件のことです。

この「体験様式」は「大人であること」や「子どもであること」、「女性であること」や「男性であること」や「女性でも男性でもないこと」、「日本人であること」や「日本以外の国で育ってきたこと」によっても異なってくるでしょう。同じ事象を体験しても、各々の様式によってその体験の内実は微妙に、ときには大きく変わってきます。たとえば、同じ「対人不安」であっても「精神病様の体験様式が優勢な人」「自閉症様の体験様式が優勢な人」「うつ病様の体験様式が優勢な人」「パーソナリティ障害の傾向をもつ人」「認知症の人」では、それぞれの「対人不安」の内実は異なってくるはずです。同じうつでも「内因性うつの人」と「反応性抑うつの人」とでは、やはり体験の内実は変わってくるでしょう。

私たちがユーザーの体験世界に接近するには、彼らの体験の組織化様式の性状を見極める必要があります

が、特に着目しておきたいのは病理的な体験様式の程度です。

その具体的な方法としては、操作的診断にもとづく鑑別や病態水準による区分、各種のスクリーニング検査による把握や心理・知能検査を用いる方法などがあげられます。ただ、前章でも述べたように、私自身はこの鑑別の精度については、究極のところ「その支援者の臨床経験」が物を言うと考えています。多数の統合失調症患者やうつ病患者、あるいは自閉的特性を有する患者と出会い、一定期間関わってきた経験の蓄積こそが、その個人の体験様式をつかむための最大の助けになると考えます。

ただ、そうなると必然的に臨床経験の浅いセラピストは適切なアセスメントが困難であるという話になります。それを補うための援助システムのひとつがスーパーヴィジョンやコンサルテーションです。ゆえに、ビギナーセラピストに対するスーパーヴァイザーの主要な仕事は（「ヴァイジーの報告」という間接的なデータをもとにした）適切なアセスメントになります。

同時に、私は一定の経験を積んだ臨床家も必要に応じてコンサルテーションを受けるようにしたほうがよいと考えています。この体験様式の鑑別は目前のユーザーの臨床像と自身の経験知とを対話させながら行っていくわけですが、この経験知こそが目前のユーザー理解を曇らせる（経験のフィルターこそが目前のユーザー理解を歪曲させる）場合があるからです。

個人心理療法が二者間の営為であるからこそ、常に第三者的視点の導入をこころに留めておくことが肝要です。

二　初回面接で策定した支援法を実施するうえで必要な情報の収集

この作業がアセスメント面接の肝となります。

先述したように、アセスメント面接で獲得しようとする情報は、初回面接で策定した介入法によって異なってきます。とはいえ、まずはどのような心理療法を行ううえでも共通して押さえておいたほうがよいと思われる情報について列挙しておこうと思います。

(一)既往歴・現病歴

主訴として提示された問題が、いつ、どのようにはじまったのか、その問題を通じていかなる体験が生じ、いかなる生活の変化が起こったのか、周囲の反応はどうだったのか、そのときの周辺環境はどうだったのか、その問題にどのように対してきたのか、という問題の歴史と現時点での問題の諸相について改めて詳細に聞き取っていきます。

この既往歴・現病歴の聴取方法や理解の仕方については各々の学派の色が現れますが、いずれにせよ、ここでいかに豊かなデータを得られるかが支援の鍵となります。そのためのコツをいくつか紹介しておきましょう。

①ひとつは神田橋(一九九七)が勧める聴取法です。あるエピソードが提示される際に、ユーザーの行為や出来事という目に見える事象が語られたら、そのときのユーザーの心境や想いという内側の反応について問い、逆に想いや心境が語られたら、そのときにユーザーは何を行ったのかという具体的な行為について問うという手法です。これにプラスして、そのときの周囲の様子、反応、環境の変化についても問うとよいでしょう。**ある事象に対して、「ユーザーの実行動という外的な反応」「想いや心境や感情という内的な反応」「そのときの周辺状況のありよう」という三者がたえずクリアになるように話を聞い**

ていくと、得られるデータが豊かになります。

②また、主訴に対するユーザーの対処法に着目しておくと、その後に支援アイデアが湧きやすくなります。このとき重要なことは、この対処法に対する「良し悪し」などの価値判断はひとまず保留しておくことです。

「苛々が募ってリストカットした」というとき、この「リストカット」がユーザーなりの対処法となっているわけですが、たとえばここに「耐え難い情緒体験をある行為によって一気に解消し、自己の安寧を回復しようとする努力」をみとめたならば、「この〝ある行為〟の部分を、類似した性質をもちながら、より安全な行為に置き換えられないものだろうか」「〝一気に解消〟ではなく、〝段階的に解消〟に変えられないだろうか」といった形で、次なる支援アイデアが模索しやすくなるはずです。

③「この人はなぜこのようになったのだろう」「なぜこのように考え、このように反応するのだろう」という問いを反芻し続けることも大切です。容易にわかってしまわないということです。

「なぜ」と問いかけるには「ふつうはこうであろう（それなのにどうして？）」という一定の思考の基準線を要します。多くの場合、この基準線は私たちの素朴な「市民感覚」「素人感覚」から生まれるものです。私はこの「素人感覚」を基盤に敷くと、よりユーザーの体験に近いアセスメントが行いやすくなると考えています。このとき、私たちの「専門家としての知識や経験」は、この「素人感覚」の脇に置き、前者が後者をチェックするようにします。「素人感覚」はややもすると「私はこのように思う（このようにする）のに、なぜこの人はこのように思う（このようにする）のか、おかしなことだ」という

「私のなかの常識」を優先しがちとなるからです。

しかし、そのうえでなお「素人感覚」を基盤にしたほうがよいと考えるのは、「専門家としての知識や経験」は、しばしば「解説者」としてふるまおうとする傾向があるため、データを豊かにするための問いや好奇心を制限してしまう可能性があるからです。モーリス・ブランショの「答えは問いを不幸にする」です。

ただし、この「なぜ」に対する回答をユーザーに求めることには慎重を期すべきです。というのも、ほとんどの場合、ユーザー自身もわからないからです（だからこそ私たちのもとを訪れているのです）。ときにはユーザーが問い詰められた感覚を覚えたり、「なぜこんなことしたのっ」という叱責時の「なぜ」と同じような響きをもって伝わったりする場合もあるからです。

この「なぜ」という問いかけを技法として用いるときには、この問いを協働探求作業の一素材として提示するやりかたがよいでしょう。「なぜこのようになっているのでしょうね？　私は○○ゆえにこうなっているのかなと考えたのですが、あなたはどう思われますか？」といった具合にです。

④主訴内容が対人関係にまつわる場合、いまユーザーの目前にいる私たち自身に対するユーザーの体験に着目してみると、よりリアルなデータが得られます。「対人緊張」や「人が内心では自分を変に思っている」というとき、そのことを私たちとのあいだでも体験している可能性に目を配るということです。

ユーザーが以前に何らかの治療や支援を受けているならば、そこでの体験もなるべく詳細に聞いておきたいところです。特にその支援がユーザーにとって不満足な形で終わっており、そのときの支援者に対する不満が語られるときには、私たちはその語りを私たち自身への「無意識の忠告」(Ogden, 1989) として理解するとよいでしょう。なぜなら、支援関係の歴史は繰り返される可能性があるからです。

とはいえ、その忠告にそのまま従えばよいという話でもありません。「私の意向とか考えを理解せずに、セラピストの勝手な解釈を押しつけられた」という不満が語られたとして、では解釈をなるべく控えるようにすればよいかというと一概にそうとはいえません。むしろ大切なことは、以前の支援がなぜ難しい結果となってしまったのかの解析です。そして、その解析結果をアセスメント面接内でユーザーと共有することができれば、支援関係はより強固なものとなるはずです。

(二) 成育史

成育史の聴取方法はさまざまです。「これまであなたがどのように過ごしてこられたのかを教えていただけますか」と大まかに問うやりかたもあれば、最早期記憶(思い出せる限りでもっとも古い記憶)からはじめ、幼少期、学童期、思春期、青年期、成人期……といった具合に、それぞれの段階に応じた特徴的なエピソードを語ってもらうやりかたもあります。

成育史は既往歴・現病歴と合わせて捉えていきます。私たちは主訴や病歴を聞きながらその要因やメカニズムに関するさまざまな仮説を思い浮かべるわけですが、成育史のなかに主訴にまつわるテーマと同じテーマが動いている箇所を探し出そうとするのです。その作業を通じて、私たちが思い浮かべた複数の仮説のなかでどれがもっとも主要なテーマとなりそうかを判断していきます。

そして、主訴にまつわるテーマがある程度見立てられたならば、今度は成育史のなかからそのテーマに**反する動き**を示しているエピソードを探します。たとえば、「主体性の乏しさ」がテーマとなっているのならば、そのユーザーが「主体性を発揮した」エピソードを見つけようとします。この例外探しはユーザーの資質の芽の発掘作業となります。

ここでひとつだけ注意しておきたいことは、**成育史とはあくまでユーザーがその時点で想起する過去や経緯であり、それは必ずしも実際のプロセスを反映しているわけではない**という点です。成育史とはいわばユーザーによる「自分自身に対する解釈」であり、現時点のユーザーの心境が変われば語られる過去も変わります。同じエピソードでも、新情報が加わることで過去は書き換えられたり、異なる文脈から理解されることになったりします。

そのため、成育史を聞き取るときには、「語られている過去」と共に「語られていない過去」についても注目しておきたいところです。後者に関しては「語られていない」のですから、当然その内実はわかりません。ですが、後者の過去は「語られている過去」の間隙に、ストーリーが飛躍したり、矛盾が生じたりしている部分に潜在しています。特に精神分析的心理療法においては、この「語られていない過去」こそが鍵となります。というのも、この種の心理療法は転移の扱いを重視するからです。定義上、転移は「想起されず、代わりに行為として反復された形で表出される心的体験」ですので、転移として触知されるものは、この「語られていない過去」と関連している可能性があるからです。

㈢家族構成

それがポジティブなものにせよ、ネガティブなものにせよ、家族はユーザーに強力な影響を及ぼします。しかし、成育史と同様に、ここで語られる家族の諸相は、あくまでそのユーザーが思いえがく――ユーザーのこころに棲まう――家族像であり、それは必ずしも家族の実態を示しているわけではありません。「お父さん、お母さん、同胞はどのような人ですか？」と問うと、特にその応答はユーザー自身の内的な家族像を反映した回答になりやすいように思います。一方、ある出来事に対するそれぞれの家族成員の具体的な反応や言動について問いかけると、そこで得られる回答はより家族の実態に近づくことになるはずです。

大事なことは問いの使い分けです。その個人の内的な家族像や対象関係を知りたいならば前者の問いかけを行い、さらに各々の家族成員との印象に残るエピソードを尋ねてみるとよいでしょう。無数にある関係エピソードのなかで「なぜ、そのエピソードを選択したのか」というところに、その人の対象関係のありようが浮かび上がってくるからです。

他方、問題の具体的な解決策や対処法の獲得を目指すならば、後者の質問を駆使して、問題状況に対する家族成員の反応を見極めていくとよいでしょう。問題を理解するうえで、家族がいかなる機能をもち、いかなる作用をもたらしているのかを具体的に解析する必要があるからです。また、家族がどれだけ支援のリソースとなりうるのかも大切な視点です。

以上、共通して押さえておいたほうがよい質問事項について取り上げてきました。

ここからさらに、たとえば行動療法ならば、主訴内容をより行動レベルで捉えられるデータを集め、ベースラインを測定し、機能分析的なアセスメントへと向かっていくのでしょうし、認知行動療法ならば、主訴内容をめぐる思考、感情、行動等の動きをマッピングしていこうとするでしょう。また、ブリーフセラピーの場合は問題生成の文脈に着目し（それが本当に「問題」と呼べるかどうかも検討し）、問題システムを構築している悪循環や偽解決の様相に理解の矛先を向けていくことになるはずです。

精神分析的心理療法に取り組もうとしているならば、上記の質問に加えて、夢や性関係についても尋ねます。これらの事柄にその人のこころの本質的なものが現れやすいという想定ゆえです。夢に関しては、印象に残っている夢や頻回にみる夢と共に、初回面接から今回のアセスメント面接までのあいだで見た夢についても尋ねます。後者はそのセラピストとの関係性やこれから取り組もうとしている心理療法に対するユーザーの無意識的な想いが反映されている可能性があるからです。

性関係については、とても答えにくい、侵襲的な質問であることは確かです。ただ、それゆえに、その人の本質的なありかたが示されやすく、さらには最初にこの質問をすることで「ここでは性関係のように語りにくい話も自由に話してよい」というメッセージを送ることにもなります。とはいえ、性関係について尋ねるかどうかはやはり慎重に吟味する必要があります。また、この質問がなされたことそれ自体に対するユーザーの体験にもこころを配っておきたいところです。専門家がユーザーにとっては安易にふれてほしくはない事柄にふれようとするとき、そこには治療関係や支援関係に内在する権力勾配が色濃く作用します。私たちは「安易にふれてほしくはない事柄にふれる」ことへの加害性にたえずセンシティブになっておく必要があります。

三　策定した支援法の妥当性の吟味

本当に私たちが策定した支援法が**このユーザーにとって**役立ち、一定の安全性をもって進めることができそうかどうかを吟味します。その確認方法はさまざまですが、精神分析的心理療法に取り組もうとしているならば、アセスメント面接のなかのどこかの局面で、一度解釈を入れてみるというやりかたが考えられます。その解釈を機にさらに豊かな連想が提示されたならば、この療法が役立つ可能性がアップしますし、逆に解釈を批判や攻撃と受け取ったり、大きな動揺によって次セッションまでのインターバルのあいだで何らかの破壊的な行動化が起きてしまったならば、この種の療法の導入は見直すべきかもしれません。そして、無論この行動化のフォローを十分に行う必要があります。

同様に、他の介入法においても、ユーザーがその療法を意義ある形で使用できるかどうかを実際に介入してみて確認するとよいように思います。たとえばソクラテス式質問法を行ってみたり、家族療法を試みようとするなら、たとえばパラツォーリ（一九七八）の循環的質問法などを行ってみてユーザーの反応をうかがうというやりかたになります。

四　策定した支援法とは異なる方向性の支援法の吟味

繰り返しになりますが、私たちは自分たちがやりたい心理療法を行うのではなく、ユーザーの主訴とニーズと状態像に応じた心理療法および心理的支援をデザインし、その供給を求められています。ですので、一、二、三を進めるなかで自身が策定した方針の実行に疑念が生じたときには、異なる支援方針を再検討するか、然るべき専門機関へのリファーを検討すべきです。どれだけ上質の品であったとしても、西洋ドレスを求める人に和服を押しつけてはなりません。

もちろん、支援方針を変更するときには、初回面接時に伝えた方針とは異なるやりかたで進めたほうがよいと考えた理由を説明し、次なる支援方針の説明を丁寧に行う必要があります。

五　支援に対するモチベーションの把握

アセスメント面接まで来談しているということは、とりあえずユーザーはここで支援に取り組んでみようという気持ちになっている場合がほとんどでしょう。

ですが、やはり無理矢理に連れて来られてその不満を言いだせない人、本音は来たくないが、行かざるをえない状況に置かれている人がいるのも確かです。そのときには、その事情や想いを聞き取り、この支援を進めていくのかどうか、進めないとすれば今後どうしていくのかを検討していきます。心理療法に入るか否か、それ自体をテーマにして話し合う姿勢です。この検討こそ丁寧に行いたいところです。たとえ今回は支援関係が成立しなかったとしても、そのユーザーが「時期が来れば支援を受けてみよう／心理療法に取り組んでみよう」と思えたならば、それは「ユーザーの未来」に向けた支援となります。

また、支援への取り組みそれ自体に対するモチベーションだけでなく、「私たちが策定した支援方針」に対するモチベーションについても把握せねばなりません。このことについて、たとえば支持的心理療法に関してはさほど問題にはなりにくいと思います。多くのユーザーは問題の具体的な解決法や対処法の獲得を望んでいるように思えるからです。

把握が難しいのは、精神分析的心理療法のように、具体的な解決策が模索されるわけでもなく、そのうえで高い頻度と長期的な時間を要する心理療法です。この種の療法へのモチベーションは慎重に検討する必要があります。

私自身は第一章の「探索的心理療法」の項に記載した①~⑤の条件を説明したうえで、私が提示した設定（週二回以上の頻度でカウチを用いた自由連想法による取り組み）をユーザーが手に取ろうとするのかどうかで判断しています。つまり、心理療法の条件に関する説明自体をモチベーションの所在を探るアセスメント指標として利用しています。

少し話が逸れますが、ここで設定や治療構造に関する私の考えを改めて提示しておきたいと思います。

序章でも少しふれましたが、基本的に設定というものは各種の療法・支援方法とセットにして考えられるべきものです。ＥＭＤＲならば一回九〇分、精神分析的心理療法ならば週一回以上五〇分といった具合にある程度枠組みが定められているのは、その枠組みがその療法を進めていく際に必要な条件となっているゆえです。裏を返せば、**設定や治療構造それ自体は、本来的にはユーザーと相談して決めるものではない**といえます。ＥＭＤＲを一回二〇分で行ったり、精神分析的心理療法を月一回三〇分で行うことは困難です。鮨職人が客の食べたいものをうかがうことはあっても、客と相談してどの調理器具を使用するのかを決めるわけではないのと事情は同じです。客との相談の結果、魚を薄刃包丁のみで捌くことになれば目的の品を届けることは叶わなくなるでしょう。

ユーザーに見合った支援方針を策定し、そのための設定を準備し、その方針と設定の意味を説明することは**すべて私たち側の仕事**です。無論、それを手に取るかどうかはユーザー側の自由です。その判断にはユーザーのモチベーションが反映されます。ユーザーがその条件では取り組めないと判断したり、その介入法に要する頻度等に意義を唱えたりするならば――私たちがインテンシブな心理療法をプランニングしたとしても、ユーザー自身は二週に一回、一カ月に一回しか来談するつもりがないなど――その条件が呑めない事情について話し合ったうえで、再度支援計画を練り直すことになります。二週に一回、一カ月に一回の頻度を望むならば、その条件に応じた支援方針を策定し直します。

無論、モチベーションはあっても、時間的、経済的な制約等の現実的な事情からその介入法に見合った設定に入れない場合もあるでしょう。そのときには、ひとまずユーザーが取り組むことのできる設定に則した支援法で事を進めつつ、以降の経過のなかでユーザーの生活状況が変わるなどして当初計画した設定に入ることができるようになったときに、改めて治療契約を結び直すことになります。

いずれにせよ、その支援法に要する設定をユーザーの都合に合わせて改変することは極力避けるべきだと思います。これも先述したことですが、治療構造とは一義的にはセラピストのために設えられるものです。セラピストがその技能を十全に発揮することでユーザーに寄与するために準備された大切な支援アイテムです。この重要な道具を使用しにくい形にしてしまうことは、ただでさえ困難が予想される支援への取り組みを、その冒頭からわざわざ難しくすることになります。

ゆえに、ある介入法で進めていこうとする際に、私たちが必要だと考える設定に入れない事情がユーザー側にあるときには、その介入法ごとデザインし直すことを定石にすべきだと私は考えます。

六　必要に応じた心理・知能検査のプランニング

アセスメント面接にて（策定した支援法に必要な）情報を収集している際に、私たちのなかで検査を取らねばつかみ難い箇所が出てきたときに行うのが各種の検査です。トートロジーのようなことを記しているかもしれませんが、このことは特に強調しておきたいことです。**心理・知能検査は一定のアセスメント面接を行ったうえでプランニングするものです。**

時折、半構造化面接や問診等が不十分なままに、とりあえずその支援機関で定められている検査を一律に取り、それを「アセスメント」と位置づけている事例を見聞きしますが、その手続きは本来的には誤っていると私は思います。医療でいえば、患者の状態像を十分に把握しないまま、いきなり彼らをＭＲＩに入れるようなものです。また、これは子どもの事例に多くみられますが、学校にて何らかの不適応行動が見られ、それゆえに医療機関に検査のみを依頼してくる事例もあり、これも本来的な検査の用途とは異なった利用法だと思います。「特別な支援を受けるには、何かしらの検査結果を要する」という理屈がまかり通っている場合もあるようですが、まずは普通にその子どもの困難を現場レベルで同定し、それに見合った解決策を模索していくことが大切です。

検査はアセスメント面接（もしくは現場レベルでの行動観察）を進めていくなかで、行動観察や言語的なやりとりだけではわからない事柄が生じたときに、そして、それがこれから行われる支援に不可欠なものであると判断されたときに初めて行われるものであり、検査から支援をスタートさせるという手順は基本的には誤りだと私は考えます。

そして、当然ながら、その導入の際には「あなたの〇〇の部分がつかみ難いと思いました。予定している支援において△△という理由からその部分を把握する必要があるため、□□という検査を行ってその部分を把握したいと考えています」と検査を行う理由を明示すべきです。この説明が不十分であるケースがとても多いと感じます。「何となくバウムテストを、何となく取ろうと思ったタイミングで取った」といったケースです。セラピスト自身も「自分がなぜそのユーザーに対してその検査を行ったのか（たとえば、なぜロールシャッハテストでもなく、SCTでもなく、人物画でもなく、バウムテストだったのか）」ということについて十分な根拠をもって説明しえないこともあるようです。

ある検査を行う根拠を説明するには、**その検査が何を測定しているのかを正確に把握し、その「つかみ難いと思った部分」に見合った検査を適切に選択できる技能をもたねばなりません。**検査は占いではありませんーーすべての人にタロットカードを行うような類のものではありません。また、**テストバッテリーとは単に異なる方向性をもつ検査を組み合わせればよいという話でもありません。アセスメント面接ではつかみ難かった部分を測定できるように複数の検査をプランニングするのがテストバッテリーです。**

そもそも検査というものはユーザーに何らかの負荷をかけ、その反応を測定するという形でデザインされています。極端な例かもしれませんが、ここでいう負荷とは「動物に電流を流し、その生体反応を見る」ようなものです。インクの染みを見せることも、積木模様を構成する作業も、規定の絵を描いてもらうことも、すべては負荷に対するユーザーの反応をうかがうための手続きとなっています。

また、検査は最終的にはユーザーの益に還元されるべきであることは確かですが、一次的には支援者のために行われるものです。支援者の「わからなさ」を補うためにユーザーに「依頼」して行われるものです。（ありえない想定ではありますが）私たちがユーザーの状態像を最初から適切に見通すまなざしや理解力を有しているならば、わざわざ課す必要のない負荷のはずです。

ユーザーに負荷をかけるということ、私たちの理解を補填するために行うものであること、このふたつの事柄に自覚的であるならば、私たちは検査への取り組みをよりデリケートに進めていけるようになるはずです。

検査の実施は心理職の大切な技能です。だからこそ、私たちはその取り組みや位置づけについて、もっと厳密に考えたほうがよいと思います。

Ⅲ　治療契約を結ぶ

アセスメント面接を経て、支援方針を定めることができたら、いよいよ最後に治療契約を結びます。ユーザーの主訴とニーズを確認し、その問題に対する見立てを伝え、支援方針とそれに応じた治療構造を提示し、その方針を選択した根拠を説明します。また、休暇の取り扱いや面接料金、キャンセル時の連絡方法やその具体的な取り扱い（たとえば「三回連続無断キャンセルが続いたら、自動的に中断されたものと判断する」など）、破壊的な行動化が生じたときの責任の所在や対応法やリミットセッティング（たとえば、危険な破壊的行動化が生じた際には医療につなぐ、心理療法を一度中断して入院治療を検討してもらう、閉鎖病棟の使用を検討するなど）、プライバシーの保護に関する規定等についても合わせて説明します。これらの事柄については契約書を交わしたほうがよいでしょう。

この局面が心理療法における最初のクライマックスです。特に長期的時間を要する心理療法に漕ぎ出そうとしているならば、双方ともに相当の覚悟と決断力を要します。もちろん、ユーザーのほうは開始後に「支援方針の変更」を訴える自由を保障されているべきです。しかし、セラピストのほうはいざ事を始めたならば最後まで取り組み続けねばならず、そのユーザーと付き合っているあいだは原則転居や転職もできません（転居や転職の可能性があるならば、長期的な心理療法の導入は避けるべきです）。

治療契約が結ばれたならば、いよいよ本セラピーに入ります。これは出航の比喩に相応しい局面だと思います。

Ⅳ　結　び

最後にアセスメント面接の回数についてふれておきたいと思います。

先の検査の項でふれたように、アセスメント面接それ自体も一次的にはセラピストのために行われるものです。ゆえに、必要な情報を不足なく集めることが前提ではありますが、その回数は少なければ少ないほどよいはずです。ここに時間をかけた分だけ、ユーザーは本セラピーの導入を待たされることになるからです。

ここまで初回面接からアセスメント面接への流れを検討してきましたが、ここで述べたことはあくまで心理療法の進行方法の「基本モデル」にすぎません。実際の現場では、さまざまな事情からここに記載したような手順を踏むことのできない場合も多々あるはずです。

とはいえ、基本モデルの理解は大切です。それぞれの現場では、このモデルをいかに応用していけるのかが問われているのであり、応用のためには一定の基準線を要するからです。「この現場は基本モデルとは何がどのように異なっており、その差異を補填するにはいかなる工夫が必要なのか」「その代替手段にはどのようなものがあるのだろう」という思考の道筋をつくりだすために、このような基本モデルを提示しました。私自身は必ずこのモデル通りに事を進めるべきであるとは考えていません。そうであるならば、このモデル自体がドグマへと堕すことになるでしょう。

さて、次章では個人心理療法を再考するうえで、おそらくはもっとも重要なテーマとなる「設定・治療構造の意義」について、特に「頻度」という要素に着目して検討したいと思います。

第五章

治療構造について——頻度への着目——

I　治療構造という容器

ここまでユーザーに供給する心理療法を「いかにデザインするか」という視点をもとに、ユーザーを「そのセラピストが思う心理療法」にそのまま誘うのではなく、彼らの主訴、ニーズ、状態像に応じた心理療法を「選択する」ことの重要性を強調してきました。

本章では、「心理療法をデザインする」ときに肝要となる「治療構造・設定」について考えてみたいと思います。なかでも私が特に注目したいのはセッションの**頻度**という要素です。

従来から日本で行われる心理療法は「週一回五〇分」をベースとしてきました（最近では二週に一回がベースになりつつありますが）。その経緯については、たとえば日本の精神分析の始祖ともいえる古澤平作が最初に（本来は週四日以上で行われるはずの精神分析を）週一回ではじめたゆえといった見解や、一九五〇年代から六〇年代にかけて中心となったロジャーズ流のカウンセリングモデルがその形を取っていたからなどの言説があるようですが、私には確たることはいえません。あるいは、なぜ週二回や一〇日に一回や三〇分や七五分ではなく、「週一回五〇分」なのかも、そうであることにどのような治療的効果があるのかも、確たることはいえません。

ただ、この「週一回五〇分」という枠組みは、私たちの生活スタイルにすこぶるマッチしてきたとは思います。多くの人は月曜日に学校や仕事を開始して、週末の休みに入るという形で「一週間」を生活の基本サイクルにしていますし、テレビ番組や大学の講義等も週一ペースとなっています。また、小中学校の授業はおよそ五〇分ですし、多くの習い事も五〇～六〇分を基本単位としています。この枠組みは私たちの生活スタイルに根差しており、スケジュール調整もしやすいものです。心理療法という特殊な文化的営為を導入するうえで、こうした馴染み深い時間サイクルを採用したことは、その啓蒙に随分寄与してきたように思われます。

しかし、ここには弊害もあったと感じます。というのも「週一回五〇分」をオーソドックスなスタイルとしたことで、「治療構造や設定がもたらす作用」を十分に考慮する視点が失われてきたように思えるからです。月一回、週一回、週四回といった頻度の違いは、そこで展開するセラピー関係や心理療法プロセスにやはり何らかの影響を及ぼすはずです。単純接触効果という概念をもちだすまでもなく、日常的な対人関係を思い起こしてもらえればこのことは如実に感じられるはずです。この頻度の差異はユーザーの話題やユーザーのセラピスト体験にも何らかの作用をもたらすはずです。たとえば、月一回の場合と毎日に近い頻度で会う場合とでは、セラピストに対する依存具合にやはり差が出るでしょうし、頻度が密になればなるほど日常生活に関する体験内容よりも、心理療法体験そのものに関する話題のほうが語られやすくなるでしょう。そして、このことは転移－逆転移関係をより輪郭づけ、その関係のありようから理解を深める精神分析的心理療法等の手法にとっては、より効果的な設定となるように思われます。逆に、セッションで考案した「問題に対する対処法案」を日常生活で試み、その成否を検討していく心理療法ならば、むしろ一定のインターバルを設けたほうがよいでしょうし、そこでの適度な分離期間の付与は自ずとユーザーの自助能力の賦活に寄与することになるでしょう。

水が容器によってその形を変えるように、治療構造という容器はその中身に作用します。ですので、私たちはこの容器からの作用を前提として支援方針をデザインする必要があります。治療構造は支援方針とその方針に則した介入法とセットにして考えられるべきものです。鮨職人の包丁や画家の筆のように、治療構造や設定は私たちがその支援のために活用する「道具」であり、その目的に応じて使い分けられるべきものです。しかし、「週一回五〇分」を基本スタイルにしたことで、治療構造がもたらす作用に関する思考が曖昧となり、それを遵守することの意義だけが語られ続けている印象があります。

さらにいえば、その意義についても再考する必要がありそうです。時折、「設定や枠とはクライエントのこころが十全に展開されるための自由にして保護された時空間であり、その維持のために枠を守る必要がある」という言説を耳にします。この見解自体は一定の真実を示しているとは思いますが、しかし、これはあらゆるタイプの設定に共通する見解であり、「週一回」であることや「五〇分」であること、あるいは「二週に一回」であることの意義やそれを維持する理由の説明にはなっていません（「週一回五〇分」であることが、なぜ自由にして保護された時空間となりうるのか、という問いの解答にはなっていません）。

もっといいますと、そもそもユーザーは必ずしも治療構造をそのように体験しているとは限りません。たとえば、ある人は面接室を「盗聴器まみれの部屋」として体験しているかもしれませんし、別のある人は「毎週赴かねばならない牢獄や懺悔室」として体験しているかもしれません。あるいは「どれだけ親密になろうとも、時間がくれば必ず自分を見捨てる冷酷な場」として体験されている場合もあるかもしれません。そして、ユーザーが治療構造をどのように体験するのかは、それこそユーザーの自由です。

また、前章でもふれたように、治療構造や設定とは「誰のため」に設えられるものなのか、ということも再考しておきたいことです。もちろん、ユーザーのために準備されるものではありますが、それは間接的な話です。**治療構造や設定は一次的にはあくまでセラピストのためにある**と私は考えます。私たちは時間が区切られているからこそユーザーの語りを丹念に聞くことができますし、場所が定まっているからこそ余計な刺激を排して理解を進めることができます。さらにいえば、週複数回の設定にすることで転移を触知しやすくなる可能性が高まりますし、抱えの機能の増強によってユーザーの行動化をマネジメントしやすくなるかもしれません。

それだけでなく、一定の構造は理解のための参照枠にもなります。時間が定まっているからこそ、時間の終わりを超えて話し続けようとするユーザーの想いや、遅刻の意味や、頻繁に来談日の変更を要求してくるユーザーの心境について考える視座が生まれます。

ゆえに支援法のタイプについてはその主訴とニーズに則してユーザーと相談しながら決定していくべきですが、**その支援法に応じた治療構造や設定についてはユーザーと相談して決めるのではなく、あくまでセラピストが決めるべきものだ**と私は考えます。繰り返しになりますが、鮨職人が客の望むネタをうかがいはしても、そのネタを捌くための包丁については客と相談して決めるわけではないのと同じ理屈です。

たとえば、アセスメント面接を経て精神分析的心理療法への取り組みが奏功しそうだと見立てたならば、私自身は最低でも週一回の頻度を、できれば週複数回の頻度を導入しようとします。それ以下の頻度では、私自身がユーザーのこころの機微を察し、分析的に思考していくことが困難となるからです。もちろん、ユーザーのなかには何らかの事情により週一回以上の頻度を確保しえない人もいます。その場合はふたたび支援方針そのものから見直します。彼らが二週に一回や一カ月に一回の来談を望むならば、その頻度に見合ったプランを練り直します。

治療構造とはセラピストがその能力をフルレンジで発揮するためのアイテムであり、私たちの専門性を活かして策定するものです。治療構造は戒律ではなく支援の道具です。

ただ、治療構造を私たちが意図的に決めることのできない場合もあります。最初から「二週に一回三〇分」という枠組みが定められている支援機関もあるようです。このことは私たちの専門的アイテムの活用範囲があらかじめ制限されていることを意味しますので、私たちの機能を限定するハンデとなります。無論、そのハンデを自覚しつつ、与えられた枠組みに見合った介入法を模索していくことは大事なことですし、そのような努力のなかで蓄積されてきた技法的知見は価値あるものです。ですが、その一方で、私たちは自分たちがより有効に機能できるための枠組みを主張し、**私たちこそがユーザーに見合った治療構造を主体的に選択することの重要性を啓蒙していくこと**も同じくらい大切なことだと思います。そのためには、どのような治療構造がその内部にいる人間やプロセスにどのような影響を与えるのかを再考し、その重要性を周囲にインフォームドしていかねばなりません。

とはいえ、頻度をめぐる論考はそれほど多くはありません。本邦での先行研究としては「精神分析研究五六（一）」（二〇一二）の「セッションの頻度から見た日本の精神分析」という特集記事や藤山（二〇一五）による「週一回の精神分析的セラピー再考」と題された論考、二〇一七年に刊行された『週一回サイコセラピー序説』という著書や栗原（二〇一九）の『臨床家のための実践的治療構造論』、拙著『心的交流の起こる場所』（上田、二〇一八）の第七章に記した「低頻度設定について」などがあげられますが、まだまだ各々の臨床経験をもとに知見を蓄積している段階です。ゆえに本稿での検討もパーソナルな思考の域を出ませんが、今後の議論の礎石となることを願い、以下に私の考えを提示してみたいと思います。

Ⅱ　高頻度設定について——週二回、週三回、週四回、それ以上の頻度

初心のころからずっと疑問に感じてきたことがありました。

それは「心理療法が有効なものならば、なぜその営みを毎日取りもとうとしないのだろう?」という疑問です。実際多くの心理療法はセッション間のインターバルの設置を暗黙の前提としています。「ブリーフセラピーにおいて三回で改善を示した」というとき、それは三日ではなく三週間を意味していることがほとんどです。頻度について検討することはセッションとそのインターバルとの比率について考えること、すなわち実際にセラピストとユーザーが出会って何らかのやりとりを行っている機会とそうではない分離の期間との比率について考えることでもあります。週一回ならば一対六の比率ですし、週四回ならば四対三、二週に一回ならば一対一三となります。

普通に考えると、日常生活に対するセッションの比率が上がれば上がるほど、ユーザーのこころはセッションやセラピストの影響を受けやすくなるはずです。ユーザーの生活は心理療法によって構造化されやすくなります。私たちが日々の生活をいつのまにか学校や職場などの毎日通う場所に合わせて構造化しているのと同じ理屈です。頻度が上がるほど、ユーザーは意識的にも無意識的にもセッションと切り離した形で自

分自身を思いえがくことが困難となります。

探索的な心理療法、とりわけその個人の意識的・無意識的なこころやその個人の生きかたそのものと対峙していこうとする精神分析もしくは精神分析的心理療法のような営為においては、このことはとても大切な要素となっています。もっといえば、精神分析はユーザーの生活が精神分析的に構造化されるところにその治療機序をみています。この構造化により、生活のなかでユーザーが感じ、考え、行ったことは、転移を介して精神分析的な文脈に組織化され、「そのことによってセッションの外の人生をセッション内部で扱う」（藤山、二〇一二）ことが可能となります。

再三述べてきたように、治療構造や設定は一義的にはセラピストのためにある（その機能を十全に発揮するためにある）と私は考えますが、高頻度設定がセラピストにもたらす恩恵を一言でいうならば、それは「抱え機能の増強」です。特に月、火もしくは月、火、水などの連続した二日間ないしは三日間を設定した場合、このことはより明確なものとなります。月曜のセッションで強烈な不安や苦痛に満ちた心的内容に直面し、そのままセッションを終了したとしても、翌日私たちはふたたびユーザーと会うことができます。無論、ユーザーは二三時間のあいだ苦境の渦中に取り残されることになりますが、週一回ペースの場合の一六七時間の分離とはその体験の質が変わってくるように思います。

その違いは単に分離期間の短さによってその種の苦難へのフォローがしやすくなるということに限りません。むしろ**高頻度設定のポイントは、その不安や苦痛の濃度がそのまま維持された形で次セッションにもちこまれやすくなる**ところにあります。その結果、セラピストもまた彼らの心的な苦境をより生々しく味わうことになります。私たちの思考や情緒やパーソナルなこころは彼らの心的体験に色濃く影響され、私たちのこころはユーザーのこころに侵食され、巻きこまれ、狭窄化していきます。この侵食され、狭窄化した分だけ、私たちはパーソナルな自己部分やセラピストとしての機能を失い、その分ユーザーのこころを生きることになります。そして、精神分析や精神分析的心理療法は、このようにセラピストがユーザーのこころに巻きこまれながらも、その体験の内実をさまざまに想いめぐらせ、解釈の形にしようとする（セラピストとしての機能を回復させる）試みのなかに治療機序を見据えています。

高頻度設定による「抱え機能の増強」は、このときのセラピスト側の体験の幅や奥行と関係しています。高頻度になればなるほど、私たちはより十全にユーザーに巻きこまれ、より十全にユーザーのこころを生きることになります。このことはセラピストを大きく深く揺さぶりますが、その動揺もまた高頻度設定という強固な枠組みによって抱えられることになります。そして、セラピスト個人の人為的な力による「抱え機能」が、高頻度設定という物理的な「抱え機能」によって抱えられることで、ユーザーの苦難を自身のこころに迎え入れるさらなる余地が生まれます。私たちのこころにユーザーのこころが息づく余白が広がります。こうしたセラピスト側の余地や余白の拡張により、ユーザーもまた自身の本質的な苦難をセッション内によりもちこみやすくなります。週一回やそれ以下の設定においては、セッションの外側（ユーザーの日常生活）で生じ、ある種の「話題」として括弧括りの形でもちこまれがちであった彼らの苦難が、セッション内でダイレクトに展開されやすくなります。結果として、ユーザーの退行が自然に促進されます。そして、とりわけ探索的心理療法においてはこの退行状態への対応が重要な鍵となってきます。

先述したように、高頻度設定はユーザーの連想内容にも影響を与えるようです。ユーザーとセラピストの人生上の時間の重なりが増すために、日常生活での体験内容よりも、昨日の、もしくは最近のセッション内容に則した語りが多くなります。彼らが私たちとの時間をどのように体験したのかが自ずと話題の焦点となっていきます。あるいは、たとえ直接的に昨日のセッションでの体験について語られなくても、直近の日常生活でのエピソードを用いて間接的にセラピー関係にまつわる体験を伝えようとする機会が増えます。たとえば、私たちが前日のセッションで話を十分に受け取れなかった感覚をもっていると、彼らのほうも当日のセッションで「昨日、夫に話をしたが、自分のなかの肝心なしんどさをこの人はわかってくれないと思った」といった連想が提示されたりします。そして、たとえ間接的でも私たちのほうも「心当たりがある」感覚になりやすいので、実感のこもった転移解釈がしやすくなります。

また、設定や構造が私たちを強固に抱えてくれることで、私たちはより自由に事を考えやすくなります。セラピストがしばしば経験する「何か意味あることをせねばならない」「良い体験を供給せねばならない」「鋭い理解を提示せねばならない」「ユーザーを不安定な状態にしてセッションを終えてはならない」といった種々の圧力は「セラピストこそがユーザーとユーザーを取り巻く状況をマネージし、うまくコントロールしなければならない」という意識的・無意識的な要請からきているように思われますが、高頻度設定によって私たちはこうした力業的な作業をある程度免除されます。このことはセラピストが事をより自由に感じ、考え、体験すること、すなわち「もの想い」に十分に浸る余地をつくりだします。より体験に則した表現をさせてもらえるならば、セラピストは自身の頭やこころを「空っぽ」にしておくことができます。そして、セラピストのこころにスペースが生まれることで、その分ユーザーのこころがその空間に息づくことになります。そのことはユーザーとセラピストの双方がより濃密な、より生々しい転移－逆転移関係を生きることに貢献しています。精神分析を主とする探索的心理療法が保証や助言といった直接的なサポートを棚上げしているのは、高頻度設定という強固な枠組みの賜物といえるのかもしれません。

このことと関連して、高頻度設定になるほど沈黙の時間が長くなる傾向があるように思います。高頻度により、沈黙のなかで事をじっくりと味わう時間的ゆとりが生まれるからですが、その結果、高頻度設定では総じて心理療法の進行スピードが緩やかになる傾向があると感じます。「時間をかけて」事に臨む感覚が増大します。

精神分析的な営為がなるべく高頻度設定を維持しようとするのは、この「沈黙の時間の保証」という要素がとても大きいのではないかと私自身は考えています。ユーザーが何かを語り、もの想いと熟考のための沈黙が訪れ、セラピストが何かを語り、場はふたたび沈黙へと帰っていく。この静と動が織り成すリズムは、たとえば支持的心療療法を供給しているときや、低頻度設定にて行っている心理療法のリズムとは明確に異なっている印象があります。これらの心理療法では、基本的に沈黙はユーザーの語りとセラピストの語りの隙間に生じている感覚があり、互いの語り合いが主で沈黙は従という感じがします。互いが互いの発言にたえず反応し合い、ふたりの絶え間ないやりとりによって事が進行していく印象があります。そして、ときに沈黙はその種のやりとりのリズムやインタラクションを崩しかねない不穏な事態として体験されることもあります。しばしば「沈黙をもちこたえる」という表現がなされますが、「もちこたえねばならない沈黙」が生じやすいのは、具体的なやりとりこそが主となる支持的心理療法や低頻度設定による心理療法ならではの特性であるように私には思えます。

しかし、高頻度設定における精神分析もしくは精神分析的心理療法においては、語り合い（ユーザーの自由連想とセラピストの解釈）という「動」は「静」のなかから、すなわち「沈黙」のなかから醸成されてくる感覚があり、沈黙のあいだのもの想いと熟考の時間が主となり、実際のやりとりが従となっている印象があります。また、カウチ設定はこの傾向をさらに強調する仕掛けとなっているように思います。そして、互いがそれぞれにひとりになって思考する時間が十全に確保されることで、ウィニコット（一九五八）のいう「誰かといながらひとりでいられる」という感覚が増していきます。この言葉は、人が他の誰かと情緒的に深くふれ合っていながらもプライバシーの感覚を保つことができているときに、より創造的なこころを賦活させていくことを示したものです。

ただし、もちろん、頻度を上げるほど、ユーザーの時間や料金等のコスト負担が増加することも確かな事実です。また、高頻度設定が望ましい精神分析的な営為を主とする探索的心理療法は、多くの場合ユーザーに苦しい道程をもたらすことになりがちですので、このタイプの心理療法を選択するときこそ治療契約を慎重に吟味する必要があります。

Ⅲ　週一回設定について

日本の心理療法が一対六設定、すなわち週一回設定を基調としてきたことは異論のないところでしょう（ただ、いまではこの頻度も確保し難くなっているようです）。

週一回設定は学派を問わず採用されており、それぞれの介入法にマッチした設定となっています。週一回設定をめぐる国内外の議論については、筒井（二〇二〇）による緻密な総論がありますので、そちらをご参照ください。

冒頭にも記しましたが、週一回設定の最大のメリットはスケジュール調整のしやすさにあると思います。さらにいえば、この設定は市場原理的にも理に適っています。ひとりのユーザーに週三回、四回のセッションを供給すると、フルスロットルで稼働しても、そのセラピストが引き受けられるユーザーは一〇人前後となりますが、週一回設定ならば、数字的にはその三倍のユーザーを引き受けることが可能です。

また、「セラピーの日常生活への侵襲度」という観点からいっても、週一回という頻度は絶妙なバランス感覚をそなえた設定であると感じます。

先に紹介したように、高頻度設定において行われる精神分析的心理療法では「日常生活を分析的に構造化すること」に治療機序をみているのですが、裏を返せば、これはきわめて侵襲度の高い介入法でもあります。しかし、週一回設定は高頻度設定ほどに日常を侵食することはありません。このことは毎日通う学校や職場が私たちの生活を丸ごと構造化（もしくは侵食）したとしても、週一回の習い事は生活の主になるわけではないことと似ています。週一回設定は、基本的には生活が主となり、心理療法は従となりやすい設定です。いいかえれば、ユーザーにとって「自身の生活のために心理療法を〝活用する〟」という感覚になりやすいのが週一回設定です。この設定はユーザー自身が心理療法による影響をマネジメントしやすいという意味で、一定の自我支持的な作用をそなえていると思われます。

そのうえでなお、週一回設定はある程度の「支援の連続性」を体験しうるペースにもなっています。連続性が体験できるということは、前回のセッション内容やその影響を踏まえて当日のセッションに取り組めることを意味します。問題に対する対処法を考案したり、変化を志向した戦略的な介入を試みたならば、一週間のあいだにそれらの方策がどのような効果を発揮したのか、しなかったのかを細かく検討することができますし、自由連想を主とした精神分析的な営為の場合でも、前回の語りの内容やそのときの体験を踏まえて（前回までに提示されたテーマの続きが語られるのか、語られないのか、語られないとすれば、その連続性の途絶がなぜ起こったのかを考えながら）現セッションに臨むことができます。

ただし、私自身はこの自由連想と解釈による交流を軸とした探索的なセラピーを週一回で行うことは、これまで考えられていた以上に難しい問題がはらまれているとも感じています。

というのも、週一回設定における六日間のインターバルは、私たちが想定している以上に長い分離の期間であると思えるからです。探索的心理療法においてもっとも重要な素材はユーザーとセラピスト双方の「セラピー内での体験」と「その関係性（転移‐逆転移関係）」になりますが、週一回設定ではその分離期間の長さにより、この種の体験や関係性の展開にどうしても歯止めがかかってしまう可能性があるからです。

たとえば、防衛組織の発達したユーザーはこの分離期間の長さを鑑みて自身のこころの展開を無意識裡に抑制し、知的な連想や洞察に終始するかもしれません。逆にセッション内に収納しきれなかったものが実生活に溢れ出し、混乱状況を引き起こすユーザーもいることでしょう。また、セラピストのほうもセッション後の行動化を危惧して支持的な言葉がけへと偏向するかもしれません。このことは分離期間の長さを思えば必要な配慮といえますが、ユーザーが自身の考えたくはない考え、見たくはないこころの事情を見ていく局面においては、プロセスを停滞させる要素となる可能性があります。

さらにいえば、高頻度設定時と比較すると、ユーザーの連想に対して「心当たりがある」という感覚が薄まることにより、そこでなされるセラピストの介入はどうしても「実感に根差したもの」よりも「知的にひねり出したもの」となりやすい気もします。ひとつの場にいるふたりの人間が何らかの事柄を十全に体験し、その体験を何とか言葉にしようと苦闘することに重きを置いた心理療法においては、この種の知性化はやはりプロセスの阻害因子となるでしょう。

私自身は週一回設定にて精神分析的心理療法等の探索的心理療法が何らかの成果をあげていくことは、これまで考えられていた以上に難しい条件下での作業であると感じています。基本的には週一回設定は、問題に対する具体的な対処法・解決法を模索していく支持的心理療法がマッチしているような気がしています。

とはいえ、週一回の頻度であるに**もかかわらず**、探索的な心理療法が一定の成果をあげてきたのも確かな事実です。
それがなぜなのかを改めて考えてみたいところですが、このお題はまた別の機会に譲りたいと思います。

Ⅳ　低頻度設定について――二週に一回、一カ月に一回、それ以下の頻度

二週に一回となると「支援の連続性」はかろうじて保たれても、設定自体がもつ「抱え機能」は相当に脆弱なものとなります。この設定にて私たちがもっとも慎重になるべきことはユーザーの退行状態です。

先述したように、退行とは自我の部分的な防衛解除を意味します。自我はエス、超自我、外界に対応し、調整を図る心的機関ですので（防衛はそれぞれの事柄に対する対処法略といえます）、自我の機能低下はユーザーの内的・外的な適応を揺さぶります。その結果、種々の行動化が生起する可能性が高まります。しかし、一三日ものインターバルはその行動化に対する私たちの対応を妨げます。ゆえに、低頻度設定において支援を安全に進めるには、いかにユーザーが退行しないように事を進めていけるかが鍵となります。

退行が促進される要件のひとつは、自我がその対応範囲を超えた事態に直面することです。探索的心理療法においては「私の知らない私」の探索を目指しますので、自我の範疇を超えた体験との出会いが治療機序となりますが――だからこそ、その際の動揺を抱える強固な枠組みが必要となるわけですが――二週に一回設定では常に事態を「自我が取り扱える範疇」に収束させる工夫が求められます。ゆえに必然的に支持的心理療法が介入法の中心となります。

その工夫については「毎セッションの目標の明確化（アジェンダの設定）」「取り組むべき問題や語られる

話題の限局化」および「ユーザーの自助機能の積極的促進」があげられます（これらのことは行動療法・認知行動療法を専門とするセラピストならば、設定に関係なく当然視していることだと思います）。この三種の観点はすべて連動しています。

「目標の明確化」とは「この心理療法もしくはこのセッションが何のためになされているのか」をクリアにすることですが、低頻度設定の場合は特にこの目標を「ユーザーが実行可能な形」にする努力が求められます。「対人関係をうまくこなせるようになる」という大雑把なものではなく、現時点で誰と良好な関係を築く必要があるのかを明確にし、その是非を検討し、その人物との関係がなぜ難しくなっており、その解決のためには何ができるのかを具体的に検討するという話です。

そして、この「目標の設定」と「解決法・対処法案の策定」という作業をなるべく一回のセッションで成し遂げることが肝要です。それはインターバルの長さから一回のセッションを具体的に意義あるものにする必要があるという理由だけでなく、セッション後の一三日間にその解決法や対処法を試してもらい、翌回にその成否を検討するというスタイルを**なるべく早く確立するため**でもあります。

「心理療法とはどういうものなのか」「それは何のために行われ、どのような効果があるのか」を具体的に実感することで、ユーザーは「この心理療法を自らの手で活用できている」という感覚に至りやすくなります。「自分がセッションを活用している（使用している、マネジメントしている）」という感覚は彼らの自助機能を賦活すると同時に退行抑制的な作用をもたらします。

また、その解決法・対処法の成否を検討する際には、その対処行動を試みた際に生じたユーザー側の「認識の変化」に着目することも大切です。そのときに得られたユーザー自身の新たな認識を次なる対処法案の素材にすることで、ユーザーのなかでセラピストは「適切な行動方略を教えてくれる人」ではなく「問題解決のための協働作業者」として位置づけられやすくなるからです。

まとめると、低頻度設定の要諦は自我の防衛解除ではなく、自我機能の再活性化にあります。「ユーザーが自分のことを自分で行えるように支援する」という視座です。毎セッションを問題解決方略の提起に特化するというデザインも、「取り組むべき問題や語られる話題の限局化」という視点も、すべては自我を支持し、自我機能の再活性化を目指すための技法となっています。

自由連想法では頭に思い浮かんだことをすべて話してもらうことになるわけですが（これはユーザー側に課す「心構え」のようなものであり、そのようなことがいつでも十全にできるわけではありません。人は人に対して、あるいは自分自身に対してさえもすべてを話すことなどできません。ときに自由連想は停滞します。そして、フロイトはこの停滞のなかに「転移」の生起をみとめました）、このことは話題を限局しないことを意味します。その狙いはユーザーを「自分が思ってもいなかったことをいつのまにか語っている（考えている、感じている）状況」へと誘うところにあるわけですが、これは無意識（自我の範疇を超えた内容）を浮上させるうえでは有効な手段であっても、自我支持的な観点からはリスクをはらむ手法となっています。また、「思ってもいなかったこと」を誰かの前で話すことは、その相手への依存を高め、退行促進的な作用をもたらします。繰り返しになりますが、低頻度設定はこの種の退行を抱えられる構造にはなっていません。

このように考えると、低頻度設定の場合は、むしろ面接時間を五〇分よりも三〇分に留めたほうがよいような気もしてきます。五〇分という時間はユーザーが事前に準備していた範囲を超えた語りが展開しやすい時間配分となっていますが、三〇分ならば話題は自ずと限定され、そのセッションで検討すべき内容のみが提示されやすくなると思われるからです。私たちはどのユーザーにどれだけの時間を供給するのかについても十分に考慮する必要があります。

いずれにせよ、自由連想法スタイルの導入にはもっと慎重を期すべきだと私は思います。この種のスタイルではじめるならば、それ相応の設定を準備するか、「自由に話してもらうことの意味」を明確にしてユーザーとシェアしてから事に取りかかったほうがよいでしょう。

さて、最後になりましたが、一カ月に一回や数カ月に一回などの「超低頻度設定」についても検討しておきたいと思います。

この場合は心理療法というよりもコンサルテーションの色合いが濃くなります。支援の連続性を活かすことよりも、「一回一回のセラピストからの提言をもとに、ユーザーが生活をよりよいものにしていく」ことが支援の眼目となります。必然的にセラピストの介入はアドバイス（助言）やマネジメントが中心となります。

しばしば「心理療法（心理的支援）ではアドバイスはしない」という言説を耳にしますが、これは心理療法や心理的支援の有効性を制限する言説となっているように私には感じられます。無論、アドバイスが一筋縄ではいかない介入法であることは間違いありません。単にセラピストの専門知の披露になるならば、わざわざユーザーに来談してもらう必要はないでしょう。専門書に目を通してもらえば事足りるからです。

ここでなされるアドバイスはそのユーザーに見合ったオーダーメイドなものでなければなりません。ですが、一カ月に一回やそれ以下の頻度になると彼らの詳細を知ること自体が困難です。この場合、じっくりとアセスメント面接の段階を設けることもできません。そのようなことを悠長にしていれば、本セラピーに入るのに数カ月かかることになります。関係の重なりや理解の機会が極度に乏しいなかで、セラピストはその多くの部分を推測や想像に頼りながら、そのうえでユーザーの核心的なテーマをつかみ、変化を引き起こせそうな要点を見いだす技術を要請されます。この超低頻度設定こそがもっとも成熟した――「アクロバティックな」とも表現できそうな――技能を要する支援形態となっています。

有効なアドバイスを行うには、当然アセスメント力が物を言います。その際に「アドバイス」という単語がもつ意味合いについて考えてみるとよいかもしれません。advise という動詞は ad（〜に）という接頭辞と vise（見る）という単語で構成されており、合わせると「〜に目を向ける」という意味になります。ユーザーのなかに準備されていながらも、未だ目を向けられていない部分への着目が、そのユーザーに則したアドバイスを提供するためのコツとなりそうです。

そのうえで私が特に参考にしているのは、ブリーフセラピストたちが提起している理論モデルや介入法とウィニコット（一九七一a）の「治療相談面接」の手法になりますが、詳細は別の機会に譲りたいと思います。

V 結 び

本章は特に頻度に着目して治療構造について検討してきました。

無論、治療構造には他にもさまざまな要素があります。空間的な要素もありますし、A－Tスプリットや親子並行面接等の人員的な要素もあります。後者については第八章にて改めて取り上げる予定です。

何度もいいますが、私は心理職が自らの手で支援に必要な治療構造を設えることがとても大切だと考えています。このことは確実にユーザーの益となり、同時にこの分野のさらなる発展につながるものと信じています。

しかし、現実はそうではありません。多くの心理職がその相談機関の実情や社会的に規定された枠組みでの支援を余儀なくされています。今日では「週一回五〇分」の維持すら危うくなっています。

しかし、だからこそ私たちは自分たちがよりよく機能しうる枠組みについて啓蒙し、その意義を訴えかけていかねばならないと思います。そのためには設定や構造に関するさらなる知見の提出が望まれます。

第六章　支持的心理療法

Ⅰ　支持的心理療法とは

本章以降は、私たちが策定しようとする支援方針の内実について詳細に検討したいと思います。ここでもこれまでの記述と重複するところが多々あることをご容赦ください。

まずは支持的心理療法からです。

読者のみなさんのなかには、この「支持的」という言葉遣いに疑問を感じた人もおられるかもしれません。というのも、あらゆる心理療法・心理的支援は「支持（サポート）」を前提としているに違いないからです。

「支持的心理療法」という用語は、元々は精神分析の領域から派生してきたもので、精神分析の特質である表出的（expressive）、探索的（explorative）、洞察志向的（insight-oriented）な介入スタイルにはマッチしないユーザー――精神病理の重篤さや生活事情や経済的事情等の何らかの事情によって精神分析および精神分析的心理療法をそのままの形では導入しえないユーザー――に対する支援法として登場してきました。このように書くといかにも窮余の策といった印象がありますが、現在はそれ自体独自の意義をそなえる療法として位置づけられています。

その定義はさまざまで、たとえばウィンストンら（Winston, A., Rosenthal, R., Pinsker, H., 2004）は支持的心理療法を、①セラピストの目標、②患者の目標、③その方法的特性という三軸から定義づけ、それぞれ、①患者の自尊感情を維持し、高めること、症状の再発を最小限に抑え、あるいは予防すること、患者の適応能力を最大限に引き出すこと、②パーソナリティ、生得的能力、生活環境の限界を考慮しつつも可能な限り最高レベルの機能を維持すること、もしくは獲得すること、③心理療法から表出的療法の要素を差し引き、助言、奨励、勇気づけといった技法を積極的に活用していくこと、という形でまとめています。また、岡野（二〇〇二）は表出療法（たとえば精神分析や精神分析的心理療法）が「患者の持つ葛藤や防衛についてそれを分析し、解釈することで無意識内容を明らかにすること」を目的とするのに対して、支持的心理療法は「むしろ防衛を強化し、無意識の葛藤を鎮め、退行を抑制する役割をもつ」と記し、その方法として共感的な評価（empathic validation）、肯定（affirmation）、勇気づけ（encouragement）、アドバイスや示唆（advice and suggestion）、説明（explanation）、説得（persuasion）などの介入をあげています。

繰り返しになりますが、私自身は支持的心理療法を**ユーザーとセラピストの双方が積極的に問題の解決法および対処法を模索していく心理療法**として捉えています。

先述したように、ここで「支持」の対象となるのはユーザーの自我です。自我とはエスから湧出される本能衝動や超自我からの要請や外的な現実状況に対応し、それらとうまく折り合いをつけながら自身を成立させていくための心的機関であり、その自我を「支持する」とは、**ユーザーが自らの手で自身の衝動性に折り合いをつけたり、自分をうまく励ましたり、許したり、外的な困難に対応していったりする力を支える**ことを意味します。ポイントは「自らの手で」という箇所です。自助能力の具体的な賦活が支持的心理療法の眼目であり、この点がユーザーの自然な退行（と防衛の解除）を引き受けていく探索的心理療法とは質を違えるところです。特に悪性の退行を抑制させるための技法的工夫に満ちているのが支持的心理療法の最たる特性だと思われます。

私の理解では、認知行動療法やブリーフセラピー、これらの療法から派生した種々の介入法がこのタイプの療法に該当します。無論、これらの介入スタイルにも探索的な要素はふくまれていますが、そこでの自己の探索はあくまで適切な解決法や対処法を見いだすための**手段**であり、それ自体が**目的**にはされません。ときには「無意識の意識化」は禁忌となる場合さえあります。自我の範疇を超えた心的内容への気づきは、自我を強く揺さぶり、自我支持の原則に反する可能性があるからです。支持的心理療法では未知の新しい心的内容をつかもうとするよりも、**「すでに意識化されている素材の組み合わせを変えることで新たな理解を構築し直す」**という**リサイクル的な発想**が求められてきます。

自我の揺さぶりを最小限に留め、問題の解決法・対処法を積極的に模索し、退行抑制的な手法を用いながら事を安全に進めようとする志向は、ほとんどのユーザーが望むところでしょうし、実際、支持的心理療法は多数のユーザーに何らかの具体的な成果をあげることになるはずです。常にその適応可能性を吟味すべき探索的心理療法とはこの点で対蹠的です。また、自我の揺さぶりや侵襲性が少ないという特性から、この種の心理療法は工夫次第でそれほど強固な枠組みを準備できなくとも（二週に一回の低頻度設定や一回三〇分の短時間設定などでも）実施できます。その意味で、支持的心理療法は現場感覚に見合った形にデザインしやすい療法でもあります。

とはいえ、もちろんここで各々の療法に優劣をつけるつもりはありません。世の中には探索的心理療法こそが奏功する人も確かに存在するからです。ある特定の療法に対するむやみな貶めはそのユーザーをも卑下することになるでしょう。この両者の差異はあくまでデザインの違いにすぎません。

さて、以上のことを踏まえて、これから支持的心理療法における技法的工夫について検討していきたいと思いますが、ここに記した内容の多くが認知行動療法やブリーフセラピーの介入法に、そして個人的に支持的療法の大家に据えている神田橋（一九九七）の提言に依拠していることをあらかじめことわっておきたいと思います。

Ⅱ　支持的心理療法における技法的工夫

一　目標の明確化と行動実験という視点

探索的心理療法と比して、支持的心理療法ではより具体的な変化を志向します。通常、変化とはある状態から別のある状態への移行を意味しますので、**支持的心理療法においては「現状」と「目標（到達点）」をどれだけ明確にできるかが問われます。**現状把握のための観点に関しては次項に譲り、まずは目標の明確化について検討したいと思います。これは第三章、第四章、第五章においてもふれてきた考えかたです。

目標の明確化とは、変化の到達点をクリアにすると同時に、この心理療法が何のために行われているのかをたえず明示しておくことでもあります。その際目標を「大局的な目標」と「局所的な目標」とに分類すると事をより進めやすくなります。要はスモールステップのことです。

「大局的な目標」とは最初の主訴に応じた目標であり、「不安障害の改善」「抑うつ気分の緩和」「対人関係が良好になる」などが該当します。ですが、これらの目標はそのままでは解決に至りません。具体性を欠くゆえに、実行可能な解決案を模索しえないからです。

「対人関係が良好になる」には、まずは誰との関係が良好になるとよいのか、その理由は何なのかを細かく定めていくことが大切です。「抑うつ気分」によって生活が障害されているならば、その気分の生起によって当面もっとも困っている生活場面を同定し、その局面を乗り切る方法や乗り切れないときの代替案を検討していきます。このように「大局的な目標」を「局所的な目標」へと細分化する作業が支持的心理療法の基本的な手続きとなります。「主訴内容の限局化」のところでも述べましたが「困難は分割せよ」の格言通りです。

ちなみに、ここでの目標に関しては、「ある症状がなくなる」というような「ない」という否定形ではなく、「～ができるようになる」という肯定形にするのがコツです（上田、二〇一八）。というのも、人はたえず活動する動的な生命体ですので、「ない」に向けられた志向は事を抽象的な方向へと進ませがちとなるからです。「帰宅後の洗浄強迫を消失させる」ではなく「三〇分の手洗いをまずは二〇分で収める」、「パニック発作に陥らないようにする」ではなく「発作時に自分が落ち着ける手続きについてイメージ学習を通じて練習し、本番時に実行できるようにする」などがその一例です。また、肯定形での対処法案の模索は、よりよい近未来を希求する営みにもなりますので自我支持的な作用を帯びます。

そして、こうした局所的な目標設定とその解決案・対処法案の検討という作業を、なるべく一回のセッションで行えると理想的です。そこで模索した解決案・対処法案を次セッションまでに日常生活内で「実験」してもらい、その結果を次の回で報告してもらうためです。

セッション内で考案された解決案・対処法案は、その時点ではあくまで「案」であり、ひとつの仮説にすぎません。その案が有効性をもつか否かは実体験（＝実験）に則して考えられるべきです。その案で標的課題にうまく対応できたならば、その状況や要因を検討した後に（成功例の詳細な分析は次なる対処法案の産出に寄与します）、次の局所的な目標を立ち上げて同様の手続きをとっていくことになりますし、うまくいかなかった／実行できなかったときには、再度現状を分析し、異なる対処法案の構築を目指します（うまくいかない／実行できない案が構築された要因は、大抵の場合、現状把握の不十分さにあります）。

このような行動実験を媒介として、**一回一回のセッションを仮説生成と仮説検証のための場にしていく**と、次第にユーザーのなかの「この心理療法を自身の生活が実りあるものになるよう〝**使用**〟できている感覚」が膨らんできます。この感覚の強化はユーザーの自助機能を高めます。

ここで鍵となるのは「実験」という言葉にふくまれるニュアンスです。「実験」には「試しにやってみる／体験してみる」というニュアンスがあり、自ずとその対処法案がうまくいった／いかなかったという行動水準の評価ではなく、その行動を試みたことで生じたユーザー自身の「気づき（認識）」に注意が集まりやすくなります。そして、対処法案の失敗は単なる失敗ではなく、そこでの気づきが次なる対処法案のための貴重な素材となります。貴重というのは、その気づきが実体験にもとづく知となっているからです。ある景色を写真で眺めるよりも、実際にその場に赴いて味わうほうがより豊かなデータを得られるように、セッション内でのシミュレーションにて得た情報よりも、実体験に則したデータのほうがはるかに豊穣であるのは当然です。さらには、この「実験的に事を進めていく姿勢」は何らかの正解を専門家から享受する姿勢ではなく、ユーザー自身の試行錯誤学習の力を育みます。

行動の是非に注意が偏ると、ユーザーにとってセラピーの場は「セラピストから適切な対処行動を処方される場」としてのみ機能するようになります。このような関係性が増進すると、ユーザーがセラピストのマリオネットになるだけでなく、セラピスト自身もユーザーのマリオネットとなってしまいます。なぜなら、ユーザーは「どうすればよいか」をたえずセラピストに問いかけ、この「自分に命令せよ」という「命令」をセラピストはユーザーからたえず投げかけられることになるからです。スキナー風にいえば「マンドがマンドを呼ぶ」事態です。それは相互依存的な事態であり、セラピーを退行抑制的な方向とは真逆の方へと向かわせることになります。

二　現状把握におけるコツ

次に現状把握時のコツについて紹介します。

通常、セッションは最初に主訴と現状を聞き、ニーズ（どうなりたいか）をうかがい、解決法・対処法を模索していくという流れで進行していきますが、当然ながら私たちはユーザーの現状すべてを知ることはできませんので、そこでなされる現状把握はあくまでユーザーのニーズとその解決案・対処法案に則して行われることになります。裏を返せば、やみくもに現状を把握するのではなく、**解決案・対処法案が組み立てやすいように現状に関するデータを収集する**のが支持的心理療法のコツとなります。

このとき私自身は以下の観点をもとに現状把握に努めるようにしています。

㈠事実と解釈の分別

当初のユーザーの現状に関する語りは、「事実（出来事そのもの）」と出来事に対するそのユーザー自身の「解釈・推測（出来事に対する意味づけ）」が混在した形で提示されがちです。ユーザーの現状を把握する際に、この両者を仕分けし、極力「事実に近いデータ」を抽出できるように進めていくと、解決案・対象法案が生まれやすくなります。というのも、事実には多様な解釈が可能であり、ある出来事に対してこれまでとは異なる意味づけができるようになると、よりバラエティに富んだ対処法案を模索しやすくなるからです。

ある保護者が「子どもが反抗的だ」と語るとき、この「反抗的」という表現はその保護者の「解釈」となっています。もしかすると、そこで生じていることは「反抗」ではなく「（もっと十分な言語化能力があったならば）子ども自身の意志表明や意見交換の試み」として解釈しうるかもしれないからです。

このとき、具体的に子どもがいかなる言動を為し、対して保護者がどのように応答し、さらに子どもがどのような反応を示したのか……というように、出来事の推移を詳細に尋ねていくと、出来事についての「事実に近いデータ」を抽出しやすくなります。「なぜそうなったの?」ではなく「それでどうなったの?」と時間軸を後ろへ後ろへと進めていく問いかたです。「なぜそうなったの?」という問いに対する応答はどうしても「解釈・推測」の成分が多くなりますが、後者の問いかけならば「事実に近いデータ」が得やすくなります（ここで、事実に「近い」データという書きかたをしたのは、厳密にはその出来事の描写すらも、そこに生起している数多の事柄からユーザー自身が取捨選択したデータとなるからです。究極私たちは「事実」そのものにはふれえません）。

ちなみに、「なぜ」という問いかけによって事象の要因を探りたいときには、その作業がユーザーとセラピストの双方にとって興味深い共同謎解き作業となるように進めるのがコツです。「なぜ」という問いは、ややもすると非難や責任追及の文脈へと流れていきやすいからです。

このような介入にはさらなる利点があります。それはユーザー自身の観察能力（モニタリング機能）の向上です。

私たちが「事実」とユーザー自身の「解釈・推測」とを区分しながら、ユーザーの現状が私たち自身の脳内にクリアに描かれるように話を聞いていくと、その問いに答えるためにユーザー自身もまた「事実」と「解釈・推測」とを区分していく作業を求められることになります。

先の例に戻ると、とにかく「反抗的だ」と思っていた子どもが実際には何を語り、何を行い、保護者自身の応答に対してどのように反応したのかに保護者の注意が集まるようになります。すると、保護者は日々の生活のなかで「次セッションでセラピストはきっとこういうことを聞いてくるだろう」と予測するようになり、出来事それ自体の性状と、それに対する自身の心境や考えを極力正確につかもうとしはじめます。自ずと保護者自身の観察眼が精緻化されていきます。その結果、セッションに提示されるデータが豊かとなり、対処法案の構築がよりスムーズになります。

裏を返せば、**いかにユーザーの観察機能が精緻化されるように質問していけるか**が、セラピストに求められるスキルのひとつといえます。

(二) 資質の発掘と活用

先述したように、現状把握の際に大切なことは、問題に対する解決案や対処法案を構築しやすくなるようなデータをどれだけつかめるかという視点です。このときポイントとなるのが、現状に潜むユーザーの「資質（リソース）」です。完全に外側から与えられた対処法よりも、ユーザー自身の「資質」に沿って構築された対処法のほうがユーザーにとって使い勝手がよいからです。

ただし、多くの場合、ユーザーの資質は何らかの事情によって（多くは環境との齟齬によって）埋もれた状態になっています。むしろ、持ち前の資質が活用しえないからこそ、彼らは行き詰まっているといえるのかもしれません。この資質の発掘と再利用を目指します。

その方策としては、神田橋（一九九七）の「主訴を対処行動として捉えてみる」「一見ネガティブな対処法の末尾に〝能力〟という言葉をつけてみる」という提案が有効です。ユーザーの資質は**主訴内容や問題視されている行動**のなかにこそ埋もれている場合が多いからです。

たとえば、「対人関係がうまくいかず、自室にひきこもっている」というとき、この「ひきこもり行動」が「対人関係のうまくいかなさ」への対処行動となっています。自傷するでもなく、憤りを巻き散らすでもなく、過食するでもなく、「ひきこもる」という反応を示しているところにそのユーザーのユーザーらしさが示されています。ここに資質の芽があります。

この「ひきこもり能力」をさらに検討すると、たとえばそこには対人関係に付随する侵襲性から自身のパーソナルな感覚を保護する機能があるのかもしれませんし、他者のことなど考えずに済む、唯我独尊状態の維持に貢献しているのかもしれません。

その機能をある程度同定できたならば、今度はこれらの機能の「隣」に配置できそうな、その機能の代替となる対処法案を検討していきます。「隣」にというのがポイントです。「ひきこもり」という要素を最大限に活かしつつ、しかしながらそれとは少しだけ異なる要素を取り入れた代替案を構築するということです。

対人関係にまつわる侵襲性から自身を保護するためにひきこもり能力を活用しているならば、たとえば「人と表向きは関わりながらも、なるべく親密にならない、薄い、社交的な関係を維持するための方法」を模索してもよいでしょうし、唯我独尊状態の維持を目的としているならば、「自身の自己愛をある程度満たせそうな交流様式を模索する」「そのような対人関係サークルを探してみる」「自己愛の傷つきを覚えたら、うまく距離を取る方法を考える」などの対処法案を検討してみてもよいかもしれません。いずれもが「ひきこもり的要素」や「自己愛的要素」を保存しつつも、「人と交流する」という要素を少しだけ取り入れた案になっています。

無論、いつかは十全に他者との交流を楽しみ、そこから豊かな経験を享受することができるようになれば理想的です。しかし、改善というものは常に部分的・段階的に進行していくものですし、「表層的な関係」や「自己愛を満たせる関係」がすべからくマイナスであるとは限らないことを私たちはこころに留めておく必要があるでしょう。

もうひとつ提案しておきたいスキルが「主訴内容の細分化」です。これは先の局所的な目標の設定とも関連するものです。

たとえば、抜毛やリストカットが問題となっているとき、その内実を「毛を抜くこと／腕を切ること」と「毛を抜かれる皮膚／切られる皮膚」とに分割し、どちらに焦点が当たっているのかを検討し、仮に前者を「能動的破壊行動」、後者を「受動的身体感覚」などと名付けてみて、それぞれの目的に沿った代替案を考えてみるという進めかたです。

他には主訴内容にまつわる時間的推移を細分化するやりかたもあります。

「登校渋り」が主訴となっているケースを例にしましょう。一口に「登校渋り」といっても、その子どもの心境はなかなか複雑です。多くの子どもは「登校したい／すべきだ」という想いと「登校したくない／できない」といった想いの両者を抱えており、その時々の状況に応じて、一方の想いが膨らんだり、萎んだり、一方の想いが他方の想いを圧倒したり、かき消そうとしたり……といった複雑な力動が展開しています。この複雑な動きを細かく追っていくのです。前日の夜は「明日は行ってみよう」という想いが膨らんでおり、起床時点ではまだその膨らみが維持されていたが、ソファに座って他の家族が支度している姿を眺めていると次第にその想いが萎えていき、それでも気力を振るい立たせて歯磨きをしたときにはまた少し「行ってみよう」が膨らんできたが、制服に手をかけると萎んでいき……といった具合にです。このように「行ってみよう」という想いの膨らみを維持しうる状況と萎んでいく状況とをユーザーと共に仕分けしていくと、何らかの対処法案が浮かびやすくなるはずです。

㈢過去の取り扱いかた

基本的に人は「過去が○○だったので、現在このような状態になっている」という因果論的な思考スタイルを採用しやすいものです。

しかし、過去の体験そのものは変えられません。変えられるのは過去に対する認識や意味づけのみです。そして、この意味づけを行っているのは現在のその人であり、そこで語られる過去は現在の状態に依拠しています。現状が苦痛にまみれていれば、想起される過去も苦しみに満ちたものとなりがちです。ゆえに、たとえ語られている話題は過去のことであったとしても、「そのような過去を語る目前のユーザーは、いまどのような心境にあるのか」という視点をたえず維持しておくことが大切です。

逆にいえば、過去をポジティブな形で扱うことができれば、現在のユーザーのポジティビティにつながる可能性があります。ただし、これは「過去のよい体験」を無理に想起させるという話ではありません。そうではなく、よかった体験も悪かった体験もふくめて、過去を「膨大な行動実験結果のアーカイブ（貯蔵庫）」「よりよき未来に向けて現在取りうる対処法を構築していく際のヒントが詰まった体験群」（神田橋、一九九七）として捉えてみるということです。過去の話にはさまざまな事態に対する対処行動の成功例、失敗例が溢れています。とても豊かな情報群です。失敗体験や苦痛に満ちた体験の想起は苦しいものですが、その体験を貴重なデータとして現在と未来のために活用していく姿勢です。歴史から学ぶ姿勢です。

このとき大切なことは、どれだけ苦痛に満ちた過去があったとしても、ユーザーはその体験を何とかやりくりして、いま私たちの目前にいるという現状へのまなざしです。ユーザー自身は過去をまったく乗り超えていないと感じているかもしれませんが、実際にはその体験を生き残り、いまこうしてふたたび支援に取り組もうとしているその人がいるわけです。この観点からなされる「どのようにしてその体験を生き延びてきたのでしょうか」という問いはユーザーのレジリエンスの発掘に寄与します。

三　話題の構造化

支持的心理療法においてはセラピストのほうが積極的に面接の「中身」を構造化していく姿勢が望まれます。ここでいう「中身」とは「語りの内容（話題）」「セラピー関係のありよう」「セラピー内に生起するさまざま事態」を指しますが、このなかでもっとも人の手を加えやすいのは「語りの内容」です。探索的心理療法、とりわけ精神分析的心理療法では、面接の外枠を厳密に構造化し、その中身に関しては自由な展開を促すわけですが、支持的心理療法においては、そこで扱われる話題を限局化することで「セラピー関係のありよう」や「セラピー内に生起するさまざまな事態」に関しても極力ユーザーとセラピストの両者の手中に収まりやすい形になるよう努めます。話題のむやみな拡散は具体的な対処法案の構築を困難にしますし、何よりも退行促進的な作用をもつからです。

前章でも述べましたが、自由連想風に事を進めると、人は自ずと退行していきます。どれだけ話題をあらかじめ準備してきたとしても、どこかの地点で「自分では想定していなかった内容」を語ったり、思い浮かべたりすることになるからです。それは自我の範疇を超えた体験となりますので、自然にアンカバリングを促し、自我の防衛を緩めます。この緩みは退行を促進させます。

一方、話題を限局し、セッション内で取り扱うテーマの範囲を限定することは退行抑制的な作用をもたらします。私たちが歯医者に通った際に歯以外のことでその医師に頼ろうとはしないことと理屈は同じです。

ですので、セッションの開始方法にしても、たとえば精神分析的心理療法においては「はじめましょうか」とだけ伝えて、あとはユーザーの初動を待ちますが、支持的心理療法においてはセラピストが積極的に今回のセッションで検討すべきテーマを定めるスタイルをとります。

しばしば、「一週間どうでしたか？」といった問いかけからセッションを開始するケースを見聞きしますが、支持的心理療法においてはそのやりかたは望ましくないと思います（ちなみに精神分析的心理療法においては逆の理由で望ましくないと思います。私たちはユーザーに自由連想を課しているわけですから、一週間のあいだの出来事を語るようにサジェストすることは分析の原則に反します）。インターバルのあいだの様子を聞きたいのならば、「本日は〇〇について検討したいと思いますが、その際にこの一週間の様子を教えていただくと、今回の話し合いに必要な情報が得られるかもしれませんので、まずはそこから教えていただけますか」というように、その問いかけの意図を明示すべきです。

ちなみに、とりあえず「一週間どうでしたか？」という問いから切り出すのが功を奏すのは、第八章で紹介する「マネジメントにもとづく心理療法」です。このタイプの療法では、ユーザーの状態像の変遷を見極める必要があるからです。

四 対話構造の二種

これはあらゆる心理療法に共通することですが、支持的心理療法では特に対話の構造が「三角形の構造」になるよう努めるのが定石です。この「三角形」のそれぞれの頂点には「ユーザー」「セラピスト」「語りのテーマ（話題・検討内容）」が位置づけられます。

これも神田橋（一九九七）がすでに提唱していることですが、対話にはふたつの水準があります。ひとつは「関わりの水準」です。これは「私－あなた」の二者関係水準の対話であり、「私がどうなのか（私にとってのあなたはどうなのか）」「あなたはどうなのか（あなたにとっての私はどうなのか）」をめぐってやりとりされます。「あなたを愛している」「私も好きよ」などの恋人間のやりとり、「お母さん好き」「お父さん嫌い」「あなたがダメなの」といった親子間のやりとりに頻発する対話構造です。

他方、三角形の対話は「～について語り合う」「～について二人で観察し、意見を出し合う」というように、「私」と「あなた」が「話題・テーマ」について話し合うという構造によって成り立っています。この対話構造の成立を目指すと場が安定します。ちなみに、先の項で述べた「話題の限局化」は三角形の対話構造の構築に寄与しています。

ユーザーが「関わりの水準」をもちかけてきたとしても、できるだけ三角形の対話にもちこめるように努めます。たとえばユーザーが「前回のセラピストの○○という発言に深く傷ついた」と述べたとき、その発言に対してセラピストが強く動揺して言い訳したり、誤解を解こうしたり、反省の弁を述べたりするならば、その対話は「関わりの水準」に留められます。その際に「深く傷ついたのですね。今後の協働関係の維持のためにも、その発言に傷ついた理由をもう少し詳しく教えていただいて、なぜ傷ついたのか、どのような言葉を必要としていたのかを検討していきたいのですが」と応じると、対話は三角形の構造へと向かいます。

この両構造はどちらが正しいというものではありません。そこにあるのはあくまで作用の違いです。関わりの水準の対話は関係を深め、関係を揺さぶる作用をもち、他方、三角形の対話は関係の共同作業的な側面を強め、関係を安定させます（神田橋、一九九七）。ユーザー側から関係の深化と揺さぶりが行われるのは、往々にしてそのセラピー関係が何かしら膠着していると感じられているときです。「その膠着の打破を目指して、いまユーザーはこのような形の対話をもちかけている」という視点をもって、それを話題・テーマ・検討事項へと変形することができれば、協働関係はより強固なものとなります。

このことと関連して、支持的心理療法ではユーザーの陰性感情や陰性転移をなるべく早く取り上げて、話題・テーマ・検討事項にしていくことが肝要です。協働作業関係を安全に維持するためです。むしろ、最初に「セラピーの進行方法やセラピストの言動に不満や憤りが生じたときには積極的に報告してもらう」よう伝えておくとよいかもしれません。各々が率直に意見を出し合いながら事を進めていく営為であることを知ってもらうためです。

五　ホームワークについて

最後に行動療法や認知行動療法、システムズアプローチなどでしばしば活用されている「ホームワーク」について検討しておきたいと思います。本稿で述べた「行動実験の提案」もホームワークのひとつです。

ホームワークには「ユーザーの生活をその療法の目的に則した形で構造化していく」という狙いがあります。精神分析が高頻度設定を準備することで、そのユーザーの生活全般を精神分析的に構造化（藤山、二〇一二）していくように、行動療法や認知行動療法ではその構造化をホームワークの実施によって達成しようとしているように思います。

個人的にとてもうまく進行していると感じる行動療法・認知行動療法的なセラピーやブリーフセラピストの手によるセラピーは、一様にこのホームワークの提案がうまいと感じます。それらのケースをよくよく観察すると、**そのホームワークがユーザーの日常生活に与える影響の度合いが――日常生活の構造化の程度が**

――とても丁寧に吟味されているように思います。

ここでいう構造化の程度にはスペクトラムがあります。ユーザーの既存の生活に馴染みやすいように（日常生活という母屋を乗っ取ることがないように）デザインされたワークから、これまでとはまったく異なる行動パターン、関係パターンの実践を促すショック療法的なものまで、その種類は千差万別ですが、やはり大切なことはユーザーの主訴、ニーズ、状態像、現環境に応じてデザインすることです。

スペクトラムといいましたが、ホームワークがうまく機能しているセラピーには共通項もあるようです。それはユーザーが興味をもちながら、ときに楽しみながらそのワークに取り組んでいるということです。ショック療法的なワークにおいても、たとえ最初は戸惑いながらの取り組みであったとしても、数日経てばユーザーはそのワークに興味津々で取り組んでいるようにみえます。

興味を覚えるのは変化の手応えを感じるからでしょうが、鍵は「数日経てば」にあるのかもしれません。「三日坊主」という言葉がありますが、いくら改善に有効な手立てであったとしても、その有効性を感じるのに数週間、数カ月かかるとなると、「トレーニング感」や「修行感」が増して、取り組みが億劫になる可能性があります。裏を返せば、その効果の程度は小さくても、取り組みはじめて数日で効果を体感できるようなワークをデザインすることがホームワーク作成のコツなのでしょう。

Ⅲ　結　び

以上、支持的心理療法のコツについて述べてきました。

精神分析や精神分析的心理療法がまさにそうですが、多くの探索的心理療法は技法のバラエティをほとんどそなえていません。精神分析においては、どのようなユーザーに対しても基本的には自由連想を課し、セラピストは解釈するというやりかたで事を進めます。

一方、支持的心理療法では多様なスキルが活用されます。各々のユーザーに則したオーダーメイドな介入法がデザインされます。三田村（二〇一七）によれば、そこにはプラグマティズムの理念があるようです（ちなみに、引用した三田村による『はじめてまなぶ行動療法』は支持的心理療法に活用できるアイデアの宝庫となっている著書です）。

やはり大切なことは、私たちがそれぞれの療法の差異と共通項に自覚的になっておくことです。そのことがユーザーへの適切な支援の選択と供給につながるからです。

第七章　探索的心理療法

I　探索的心理療法

本章では探索的心理療法について検討していきたいと思います。

支持的心理療法が主訴や問題の具体的な解決法、対処法の模索を軸として進められるのに対し、探索的心理療法はその名の通り「自身を知ること」に特化した療法です。

無論、支持的心理療法においても「自身を知る」という要素は多分にふくまれています。ギャバード（二〇一四）がいうように、あらゆる心理療法は表出－支持（もしくは探索－支持）の両要素をそなえ、それぞれの強弱によってスペクトラムが敷かれるものとなっています。そもそも問題に対する解決策や対処法をこしらえるには、自分が何を考え、何を体験しているのかを知る必要がありますし、逆に探索的心理療法であっても、ユーザーは心理療法の中途過程で自分なりにさまざまな解決法や対処法を編みだしていきます。ここにある差はあくまでセラピスト側の志向性の差です。セラピストのほうが解決法や対処法の模索よりも、「自身を知ること」に重きを置いているという話です。

代表的な探索的心理療法としては、精神分析や精神分析的心理療法、ユング派による分析的心理療法などがあげられます。クライエント中心療法や芸術療法などもここに該当しそうです。ただ、このなかで私が検討できそうな療法は精神分析的心理療法のみです。ゆえに、本章での探索的心理療法に関する言及は主に精神分析的な知見にもとづくことになります。

先に探索的心理療法が志向するのは「自身を知ること」だと述べましたが、当然ながら、すでに熟知している自分について知ってもほとんど意味はありません。**この療法がターゲットとするのは「未だ知られざる自分」です。**なぜ、自身のこころに「未だ知られざる部分」があるかといえば、それを知ることが自己全体を強く動揺させ、苦痛をもたらす恐れがあるからです。探索的心理療法はこうしたこころが拒む部分に目を向けようとしますので、その道程は自ずとリスクをはらみます。多くの場合、苦痛を喚起します。そうまでしてその内実を知ろうとするのは、症状やカレントな問題状況がそのように志向していると考えられるからです。精神分析的な見地では、症状や問題状況は、その人の既存の枠組みでは立ち行かなくなった末に生じた事態と捉えられます。その人のこころの器に中身が見合わなくなってきたということです。ゆえに器の拡充が求められます。その手段がその内実について知ることです。フロイトが Wo Es war, soll Ich werden と称した作業です。この格言は「イドあるところにエゴをあらしめよ」と訳されていますが、werden には be becoming の意がありますので、本来的には「それがあったところに私がなりつつある」という訳になります（Ogden, 2001）。ここには「知っていくこと」「考えていくこと」それ自体がこころの器を拡充させていくというニュアンスがあります。

しかしながら、この作業は多分に苦痛をともないます。ユーザーの大きな動揺が予想されます。そのため導入には慎重を期すべきです。大半のユーザーはいまある困難の解消を望んでおり、ただでさえ苦しい状況下で心理療法においてまで苦痛を味わいたくはないはずです。それは一概に回避や抵抗とはいえず、人としての自然な感覚だと思います。その意味で、支持的心理療法はユーザーの自然なニーズに適した療法といえ、逆に探索的心理療法はむしろユーザーの方がその志向性に適しているかどうかを問われる療法となっています。だからこそ治療契約が肝要となります。治療契約をないがしろにしての実施は厳しく戒めるべきです。

しかし、日本の心理臨床文化はあまりにもむやみにこの種の療法にユーザーを誘ってきた歴史があったように思います。序章で述べた「個人心理療法の危機」という事態には、この歴史が深く関与しているように思われます。

私たちはいま一度「自分たちが何を提供しており、その営みがユーザーにいかなる影響を及ぼしているのか」を熟考する必要があります。

Ⅱ　精神分析的心理療法の適応とその判断について

では、精神分析的心理療法が適しているユーザーとはどのような人なのでしょうか。

主訴に関しては特に適否を判別する基準はないように思いますが、やはり生きかたの問題や人生の根幹に関わる課題を有している人が向いているような気はします。

病態に関しては、統合失調症の中核群や反社会性パーソナリティ障害、物質誘発性精神病性障害、深刻な自殺企図の恐れのある患者等には導入を差し控えたほうがよいといわれています（Gabbard, 2014）。基本的には私も精神病水準の患者や行動化傾向の激しい人への適用は難しく感じます。ただ、これらの消極的基準は一概にはいえないところもあります。実際、一九〇〇年代中期には精神病圏の患者に対する精神分析事例が多数報告されており、現代でもその伝統は脈々と受け継がれています。

ニーズに関しては、やはり具体的な問題の解消や周囲の変化を望む人よりも、自分自身を深く知ること、考え直そうとしている人が適していると思います。

主訴、病態、ニーズを鑑みたうえで、私の場合はさらに下記の条件について合意を得ようとします。

①この療法は体験を可能な限り思考や言葉に変えようとする営為であること。
②だが、その結果、いかなる体験を味わい、何を知ることになるのかはわからないこと。
③明確な目的を定めるわけではないので、数年の時間を要する可能性があること。
④なるべく高頻度設定で行うこと（少なくとも週一回、願わくば週二日、三日）
⑤経過のなかで問題が解消されることはあるが、解決に向かってリニアに進もうとする営みではないこと。
⑥ユーザーが行うことは自由連想（思い浮かんだことを可能な限り話してもらう）であり、対してセラピストのほうは解釈を提示すること。その営為を延々と繰り返すことが、この療法での実際上のやりとりとなること。

さらにここに「カウチへの横臥」という条件を加える場合もあります。私の理解では、カウチ設定を導入する最大の理由は「プライバシーの感覚の維持」です。これは一次的にはセラピストのためのものですが（フロイト（一九一三）はカウチ設定を導入した理由として「一日中患者の視線に晒されることへの耐え難さ」をあげました）、実際にやってみるとこの感覚はユーザー側にも適用されていることがわかります。プライバシーの感覚を重視する理由については後述します。

また、④にあるように、頻度に関しては最低でも週一回、できれば週二回以上の頻度を条件としています。理由はそれ以下の頻度になりますと私自身がもちこまれた素材の内容を、すなわち分析的な営為が軸としている転移−逆転移の諸相をつかみ難くなるからです。ひとえにこれは私の技能上の限界ゆえです。

これらの条件に合意が得られたら取りかかっていくわけですが、その前にもうひとつ考えておかねばならないことがあります。それは私たち側の選択と判断にまつわる問題です。

先に種々の消極的基準について紹介しましたが、たとえユーザーのニーズが探索的心理療法に向けられていたとしても、私たちのほうが異なる介入法を模索したほうがよいと判断することはありえますし、逆にユーザーは主訴や問題の具体的な解決を望んでいても、「この人には精神分析的心理療法こそが功を奏す」と考える場合もあることでしょう。これまでの章で述べてきたように、ユーザーのニーズと私たちの選択に齟齬が生じた場合は、私たちがそのように判断した理由を説明し、そのうえでユーザーの意向を再度確認し、合意形成を図っていくことになります。

それよりも私がここで検討したいのは、私たちが「精神分析的心理療法こそが功を奏す」と判断し、それを提案しようと思うユーザーとはいかなるユーザーなのかという問いです。

たとえばコルタート（一九九三）は分析的セラピーが適している人がもつ資質として以下の資質をあげています。

①自身が無意識の精神生活を有しており、それが自身の考えや行動に影響を与えていることを明に暗に認識できる能力。
②必ずしも年代順である必要はないが、自覚的に成育史を述べることができる能力。
③自身の人生上の出来事やその意味について情緒的な関連性をもって語れる能力。
④記憶をそれと釣り合った情緒をともなって再生できる能力。
⑤ときに自身の物語について距離をとって眺め、熟考できる能力。
⑥自分自身と自身のパーソナルな発達に責任を持とうとする能力。
⑦イメージ、比喩、夢、他の人々への同一化、感情移入等で表現される想像力を有する。
⑧微かであっても希望を抱くことができ、同時に現実的な自己評価が可能であること。
⑨セラピストとの関係性を発展させていける能力。

他にも「欲求不満耐性の高さ（行動化傾向の低さ）」「退行を利用する力（適度に退行し、そこから適切に回復できる力）」「現実検討の維持（一定の社会生活を続ける能力）」（Bachrach, H. M. & Leaff, L. A., 1978）といった基準も提示されています。

これらの基準は私たちの選択の指標としてきわめて有益なものです。ですが、その一方で私自身はこの判断は究極のところ**セラピストの個人的な感覚に大幅に依拠している**とも感じています。その感覚は精神分析や精神分析的心理療法に関するセラピストのパーソナルな体験に――これまでにユーザーとこの営みに取り組んできた経験、それに準じたスーパーヴィジョン体験、本やセミナーや学会での学び、自分自身の分析体験（訓練分析、パーソナルセラピー）にもとづいていますが、このときに大切なことは、それらの経験を通じて**「精神分析的心理療法とは何か」を自分なりにつかんでいること**です。このパーソナルな感覚こそが精神分析的心理療法の導入を判断する、あるいは決断する、最大の根拠であると私は考えます。エビデンスベースドな臨床観とは真逆の世界観です。

この判断もしくは決断にはそれ相応の責任が付随します。長い年月を費やすことが予想されますので、この責任はひとえに重いものです。この責任をどれだけ引き受けられるかは、私たちがこの療法にどれだけ**誠実な信頼**を寄せているかにかかっています。それは信奉や信仰とは異なります。私の理解では、精神分析的心理療法が「良い」ものであるゆえにそれを選択するのではなく、そのユーザーにこの営みが「必要」だと判断したゆえにそれを選択するのです。そこにはある種の切実さがあります。

とはいえ、やはり「結局は信奉や信仰と同じだ」と感じられた読者もいるかもしれません。そうであるならば、それは私自身の説明能力の限界に起因しています。

さて、もうひとつ述べておきたいことがあります。先の①～⑥の分析的な営為に入っていく際の条件・説明事項についてです。

これらの事項は普通に考えればとても厳しい条件です。これに合意するユーザーは、その時点ですでにある種の「従順さ」を示している可能性があります。私自身はこれらの要件は精神分析的心理療法を行ううえで必要な道具立ての説明にすぎないと考えますが、その要件を受け入れること自体に何らかのバイアスがかかっている可能性は否めません。そして、この指摘を覆すロジックはいまのところ私には思い浮かびません（ただ、この「従順さ・コンプライアンス」のテーマは何もこの療法に限られたものではないとも思います）。

ひとつだけ確かなことは、精神分析的心理療法においては、この「従順さ」のテーマはそのプロセスのどこかで必ず俎上に載せられてくるということです。分析的臨床家はこのテーマが意味するところを取り扱う準備を整えています。

Ⅲ　精神分析的心理療法一論

「精神分析的心理療法とは何か」という主題については、これまでに数多の論考が提示されてきましたが、ここでは現時点での私の理解を紹介しておきたいと思います。

一　共苦的プロセス

精神分析もしくは精神分析的心理療法がひとつの「療法」として機能する根拠は、「転移神経症」という概念に集約されています。そのユーザーが抱える困難や病理がダイレクトに心理療法関係やセラピー状況にもちこまれて展開するという考えかたです。

この「ダイレクトに」という言葉遣いは、フロイト（一九一四）の「人は想起する代わりに行為として反復する」という指摘に依拠しています。対人関係のうまくいかなさをもとに開始された心理療法では、そのうまくいかなさを括弧括りにして検討するだけでなく――「うまくいかない自分」をモニタリングしているユーザーの自己部分と語り合うだけでなく――まさにそのセラピストとのあいだでも「うまくいかない関係」が展開します。倒錯的な問題がテーマとなる心理療法では、その心理療法自体が倒錯化し、人生の不毛さに苦悩する人との心理療法では、その心理療法自体が不毛に覆われます。分析的臨床家が想定する心理療法状況とは、ユーザーの抱える苦難が単に「話題」として提示されるだけでなく、その心理療法の場の「出来事」として立ち現れてくるというものです。

認知行動療法やスキーマ療法などの手法は、こうした「出来事」として立ち現れてくるものを、それでもなお「検討事項」や「話題」という形に**対象化**しようとする努力と工夫に満ちた療法のように感じられます。

一方、精神分析的心理療法はそれをダイレクトに引き受けます。人生の行き詰まりを体験しているユーザーとは、セラピストもまた「心理療法の行き詰まり」という形で彼らの行き詰まりを直に味わいます。無論、分析的臨床家もその種の困難をあえて引き起こそうとしているわけではありません。そうではなく、この療法は**必然的にそうなるようにデザインされている**のです。**セラピストの介入が基本的には――あらゆるユーザーに対して――解釈のみに限局されている**ことがその主な要因となっています。

解釈とはその場に生じている「事実と思しき事柄」を音声言語にする行為です。この療法では、ユーザーを励ましたり、安心させたり、助言を与えたりすることなく、「いまここ」に生起している事柄を言葉にし、提示することがセラピストの役割となります。精神分析的心理療法が明示的な方法論として準備しているのはこれだけであり、この営みは明らかに直接的、能動的な変化を意図的に引き起こせるようにはできていません。裏を返せば、セラピストがこうしたあまりにもシンプルなやりかたで事に対峙することによって、ユーザーの苦難はよりダイレクトに、より十全に、より純粋な形でその場にもちこまれやすくなります。

その結果、ユーザーが生きる隘路をセラピストも生きることになります。それは共感的というよりも、むしろ**共苦的なプロセス**です。しかし、この共苦的な歩みのなかで、それでもいつしか活路は見いだされます。それがなぜなのかを精神分析は一〇〇年以上の歴史をかけて臨床素材を軸に論じてきました。ただ、私がみるところ、まだ明確に「これ」といった機序論は提示されていないようです。しかしながら、それでもなお活路は見いだされてきます。それは確かな事実です。

そのために不可欠な私たちの姿勢が次に述べる「もちこたえる」ことです。

二　もちこたえること

通常、変化とはある状態から別の状態への移行を意味します。

しかし、精神分析的心理療法は「ユーザーが到達すべき望ましいこころの状態」をあらかじめ想定しているわけではありません。「無意識の意識化」「抑うつポジションのワークスルー」「遊べること」など、一見到達点と思しきテーゼが語られてはいますが、厳密にはこれらはあくまで何らかの心的状態を生みだすための**手段**を示した言葉です（詳細は第一一章で検討します）。「自身を知ること」も同様です。セラピストはユーザーのこころがいかなる状態になればよいのか、どのような理解をつかめばよいのかをあらかじめ知っているわけではありません。それらはすべて最終的にはユーザーに委ねられています。

ゆえに、セラピストはこの療法のなかでユーザーが進むべき道筋を明示できません。到達点が未知である限り、活路を意図的に切り拓くこともできません。活路はセラピー内の「出来事」に一つひとつ対峙していくなかで自生的に現れるものです。その契機を「待つ」ことが私たちの仕事です。その状況に付随するさまざまな圧力を「もちこたえ」ながら「待つ」のです。精神分析的心理療法における種々の技法、設定、理論は、すべからくこの「もちこたえること」のために用意されたもののように私には思えます。

以下に、そのためのいくつかの方策について言及しておきましょう。

㈠解釈について

解釈はユーザーのこころの歪みや抵抗を適切な方向に整え、正しい理解を届けようとするものでも、自由連想や夢などのテクスト内に隠された真実を解読した結果でもなく、そのユーザーとそのセラピストのあいだに生起している「もっとも切迫した事態（事実と思しき事柄）」について、**まずは**セラピストが言葉にしてみようとする行為です。

ユーザーの何らかのこころの内実がいまその場に生じている「切迫した事態」として捉えられたならば、「あなたは〜と感じているのですね」という理解が口にされます。ですが、解釈は何もユーザーのこころの内実のみに焦点づけられるわけではありません。たとえば「いまここに生じていることは、あなたを一方的に傷つける虐待的な関係と同様ですね」というように、場の状況それ自体を取り上げる場合もあります。

ここで取り上げられる「切迫した事態」は、いまここに生じている数ある「出来事」のなかで、何がもっとも「リアル」と感じられ、何がもっとも「生きている」と感じられるのか（Ogden, 2001）というセラピストの内的感覚に依拠しています。ですので、セラピストはそのユーザーと共にいることで感じられる自分自身の体験とどれだけ真剣に語り合えるかが問われます。

しかし、ここには悩ましい問題があります。というのも、セラピストが自分自身の体験を利用しようとしても、その体験の多くが最初のうちは意識的なものになっていないからです。その大半は無意識のうちに進行しています。ユーザーと同様に、セラピストもまた多くのことに気づけずにいます。ゆえに、セラピスト自身も、ある事柄を考えたり、解釈したりする以前に、その事柄（出来事）をそのまま「生きてしまう」ことを余儀なくされます。私たちは「自身がユーザーによって迫害的な両親のように体験されていること」を理解するのではなく、まさに迫害的な両親と**「なって」**しまいます。そして、この「なって」しまっていることに自体にもしばしば気づけなくなります。

気づくためには、その事態を直接的に「生きてしまっている」自分を、一定の**距離**をもって眺める視座を生成しなければなりません。そのための努力がスーパーヴィジョンを受けることや「こころのなかのスーパーヴァイザー」（Casement, 1985）を自身のなかに設える作業となります。解釈はこうした距離や空間を生成しようとする努力のなかでつくりだされるものです。ゆえに解釈は単にその内容だけでなく、このような体験を言葉へと変形するそのプロセス自体を暗に伝達しているのだと思います。

ただし、こうして提示された解釈が即座にユーザーの変化に結びつくわけではありません。むしろほとんどの解釈は目に見える変化を引き起こしません。解釈はいまここに生起している「事実と思しき事柄」の記述にすぎず、変化のための有効な助言やユーザーを鼓舞する言葉ではないからです。

しかし、いつしか事は動きます。ある解釈が有効性を発揮する瞬間が訪れます。（トートロジーと思われるかもしれませんが）私の理解では、その瞬間とは**「解釈が有効にはたらく場」が醸成されたとき**です。そのような場、状況、空間、雰囲気が醸成されたときに、ユーザーとセラピストの双方がある理解、ある思考、ある解釈の意義を具体的に享受します。そして、そのような場の構築に貢献しているのが、その瞬間に至るまでの日々のセッションで行き交わしてきたユーザーの自由連想とセラピストの解釈の**蓄積**です（上田、二〇一八）（ちなみに「**解釈**が有効にはたらく場」と書きましたが、新しい局面を拓いていく理解は必ずしもセラピストが先に生みだすとは限りません。ユーザーが先にその種の理解を口にすることは大いにありうることです）。

もうひとつ大切なことは、解釈とはあくまでセラピスト側の「仮説」にすぎないという点です。「事実と〝思しき〟事柄」にすぎません。先に「何がもっとも〝リアル〟と感じられ、何がもっとも〝生きている〟と感じられるのかというセラピストの内的感覚に依拠」すると記しましたが、それはあくまでセラピストの感覚であり、ユーザーのそれではありません。もちろん、その「リアル」や「生きている」と感じられる素材がユーザーにとってもそうであればそれに越したことはありませんが、必然的にそこには大なり小なりズレが生じます。しかし、だからこそ重要な意義をもちうるのです。

仮説ということは、そこには「遊びの余地」があるということです。この営みにおいて大切なことはユーザーが私たちの解釈を「遊べる」(Winnicott, 1971)ことです。その理解を自由に変形したり、鵜呑みにしたり、反発したり、無視したりしながら「遊べる」ことが肝要です。ですので、もしかすると解釈は「伝えるもの」というよりも、ユーザーとセラピストのあいだに「置く(提示する)もの」と表するほうが実際的かもしれません。

そこにはユーザーがその解釈を手に取ってもよいし、取らなくてもよい自由があります。

(二)転移－逆転移の理解について

状況をもちこたえるための重要な方策として「転移－逆転移の理解」があります。

当初、転移は過去の対人関係のありようを現在の対人関係上に展開する現象として捉えられていましたが、内的対象関係という概念が提出されてからは、ユーザーの内的世界そのものの現れとして理解されるようになりました。また、転移がセラピストとの関係性によって規定される関主体的な事態であることが認識されて以降、転移と逆転移はセットで考えられるようになってきました。

ですが、どうも転移の理解が誤解されている印象が私にはあります。

たとえばユーザーが迫害的な母親に対する不安を語ったときに、それを「セラピストに対する不安でもある」と直線的に置き換えたり、あるいは自分のことをないがしろにする上司の話をそのユーザーの父親に関する話として理解したりすることを「転移の理解」と称しているケースを時折見聞きしますが、私の理解ではそれは転移の理解とは異なります。これでは単にセラピストが自身の理解に則してユーザーの語りのなかの登場人物を配置換えしているにすぎません。「置き換えの解釈」をしているにすぎません。

定義上、転移は無意識的な動きであり、想起される前に「出来事」として反復されるものです。転移は「満たされなかったリビドー」（Freud, 1912a）がセラピストに向けられた事態ですので、こころのなかに存在はしても、未だ十分に中身を意識化しえない（リビドーが備給されず、明確なコンテンツをもちえない）対象関係として理解しうる事象です。ゆえに、いま何かが起こっている切迫感は感じられても、それが何かを容易には言葉にしえず、まずはそれを「出来事」として味わうしかありません。ユーザーとセラピストの双方が転移－逆転移の渦中に投げこまれ、そのなかで何とか心的な距離を獲得し、事を考えるための視座を確保することで、ようやくこの事態は理解へと結実します。

この種の苦闘やもがきを通過していない転移の理解は原理的にいってありえないと思います。

㈢カウチ設定、もの想うこと、夢見ること

精神分析独特の道具立てとして「カウチ設定」があります。ユーザーにカウチに横臥してもらい、セラピストはその背後にいるという設定です。この設定も事態をもちこたえるための方策となっているように思われます。

先述したように、この設定の最大の意義は視覚刺激の遮蔽による「プライバシーの感覚の維持」にあると私は考えています。

ここまで述べてきたように、この療法で営まれることはユーザーの苦難をダイレクトに引き受け、それを言葉に変える作業です。言葉にするのは事態を取り扱い可能な「思考」へと変形するためです。この「引き

受ける」と「言葉への変形」のあいだには「もちこたえる」「体験とのあいだに距離を生みだす」という作業がありますが、このさらに手前に「もちこまれたもの（生起しているもの）を感知する」という作業があります。フロイトの局所論と重ねると、「言葉への変形」は意識領域の作業であり、「もちこたえる」「体験とのあいだに距離を生みだす」は前意識と意識の狭間で取り組まれる作業となりそうです。そして、この「感知する」は無意識と前意識の狭間で行われる作業となります。

無意識と前意識の狭間とは夢見ともの想いが生起し、遊びと創造性が生まれる場所です（Ogden, 2001）。ここでいう「感知する」はもの想い、（起きていながら）夢見ることと同義です。それはふと脳裏をよぎる空想、わずかな身体感覚、束の間の知覚、反芻的な思考、ささやかなイメージの流れに身をまかせ、自らのこころを場に漂わせる営為であり、フロイト（一九一二b）が「自らの無意識を受話器のように差し出す」と記した活動です。これが無意識的な事象を感知する（前意識水準へと招き入れる）ための手続きとなっています。

ですが、これらの営為はあまりにも儚いものです。睡眠中の夢は「入眠」という外的刺激を遮蔽する「枠」によってその形を維持されますが、もの想いや夢見ることは、たとえば（視線を合わせたり、話の一つひとつに首肯したりといった）ユーザーとの社交的関係等の外的要素によってややもすると霧散します。ゆえに「プライバシーの感覚」を要するのです。入眠と類似した遮蔽状況をカウチ設定によって人工的に構築することで、この儚き営為が保護されます。それは否応なしに相手との交流を余儀なくされるセラピー状況において、「ひとりでいること」（Winnicott, 1958）を許された安息の場となります。

興味深いことに、カウチ設定がもたらすこの恩恵はユーザーにも適用されるようです。この療法に一定期間身を置いたユーザーの多くが、対面設定以上に自由にもの想いに耽り、何かを自由に語り、気兼ねなく沈黙に浸れることを教えてくれました（このことは私自身の分析体験からも同意できます）。確かにカウチ設定になると、ユーザーは無論のこと、セラピストからもユーザーの表情は案外見えなくなりますし、そもそも「話し合うときには視線を合わさねばならない」などの社交的要請を免れますので、さほどユーザーのことを注視しなくなります。

さらにいえば、カウチ設定では「対話をしている」という感覚自体が薄まります。相手の語りに応答するというよりも、各々が各々にいまここに生じていることと内的に語り合い、その語らいの成果を場に提示し合うという感覚が強まります。

端的にいえば、この設定が生みだすのは「ゆとり」の感覚です。この「ゆとり」のなかでさまざまな事柄が感知されていきます。そして、この感覚は「共苦的過程」「苦難をダイレクトに引き受けること」といった要素とのあいだに鮮やかなコントラストを創出しています。

この「ゆとり」の感覚こそがこれらの苦難を「もちこたえる」ための余地を生みだしているのです。

㈣退行について

事態をもちこたえることの方策として「ユーザーの退行状態を抱える」という姿勢も重要なものとなっています。

精神分析的心理療法はユーザーを自然に退行させます。高頻度設定により物理的な接触が増えることで依存が促進されることと、この営みが問題に対する具体的な解決法や対処法の獲得を志向しているわけではないことがその主な要因です（問題の対処法の模索は自ずと「自分の課題に自分で対処する能力」の賦活に寄与しやすくなるからです）。

精神分析の世界でも学派によって意見が分かれるところですが、私自身はこの自然な退行をいかにセラピューティックに取り扱えるかが鍵になると考えています。退行により既存の防衛方式が解除されることで「未だ知られざる心的部分」が浮上しやすくなると同時に、ユーザーが生きてきたこれまでのさまざまな体験と生き生きと遭遇することができるようになるからです。この営みがその個人が生きてきた歴史もふくめて、その個人全体と出会い、関わり、何かを成そうとする取り組みである限り、退行はとても重要な心的事象であると私には思えます。

ただし、ここで行うことは過去の傷つきに対して良い対人関係を供給するような、いわゆる「育て直し療法」とは異なります。そもそも人は過去の意味づけを変えることはできても、過去そのものをやり直すことはできませんし、精神分析は彼らの苦難をセラピストが思う「良い物語」によって書き換えることを志向しているわけではありません。

ここで行われることとは、過去から現在にまでもちこされているユーザーの苦難と共に、そして、その苦難を生きる目前のユーザーと共に、セラピストがその場に「居続ける」(Casement, 2018) ことです。その苦難と共に私たちが「居続け」ようとすることで、ユーザーはそれと対峙し、その苦難を自分自身の物語として捉えることが可能となります。特に具体的な問題解決のための方法を提示されなかったとしても、ただ傍に誰かが居続けてくれるだけで、その困難を何とか乗り越えることができたという体験は、多くの人が得心するところではないでしょうか(無論、事が緊急を要するリスクをはらんでいるときは話は別です。マネジメントの実施を考慮すべきです)。

ですが、もちろん退行による防衛の解除はユーザーを不安定な状態に置きます。実生活での行動化が危惧されます。それをカバーするのが高頻度設定となるわけですが、私たちはこの種の療法の実施が常に行動化のリスクと隣り合わせにあることを十分考慮しておかねばなりません。

Ⅳ　結び

本章では精神分析的心理療法をもとに探索的心理療法の特性について考えてきました。その個人の本質的な苦難をワークしていくには、やはり「時間をかける」必要があります。この「時間をかける」ということ、時間をかけて、その個人の人生の一部を心理療法という特殊な営みに費やすことが、さまざまな病理や問題に対する治療機序の一要素になっていると私は考えます。

心理療法はそれが開始された瞬間に終わりに向かって進んでいきます。ここで紹介した技術や姿勢は、その一つひとつがこの営みをいつか終えるためのものです。ただその一方で、これらの技術は「時間をかけて」この営みを続けるための方策にもなっています。**容易に終えてしまわない**ための方策にもなっているのです。このような見解に批判的なまなざしが向けられることは承知していますが、私自身はそのように思います。

そして、だからこそ、この療法にユーザーを誘うときには慎重を期すべきです。見たくはない心的部分にふれていくという意味でも、高頻度設定で行うという意味でも、「時間をかける」という意味でも、この種の療法は常にユーザーの生活や人生に侵襲的な作用を及ぼす可能性をはらんでいるからです。

私たちは探索的心理療法を導入することの意味をたえず考慮し続ける必要があります。

第八章

マネジメントにもとづく心理療法

Ⅰ　マネジメントとは

本章ではマネジメントにもとづく心理療法および心理的支援について検討したいと思います。マネジメントという用語は経営組織論やビジネス領域で頻用されていますが、この概念を心理的支援の文脈で活用したのが英国の精神分析家ドナルド・ウィニコット（一九四八）です。彼にとってマネジメントはその個人を抱える環境の調整作業を意味していましたが、そこには主に二種の文脈がありました。

ひとつはユーザーを取り巻く外的環境が治療的・援助的なものとなるように調整するという文脈です。入院治療の導入や施設措置といった適切な生活環境の供給、福祉制度の活用による生活の再建、ユーザーと関係する人々への支援や助言や関係性の調整、各支援スタッフや各支援機関との連携をふくむ社会資源の活用などがここに該当します。

もうひとつの文脈は、私たちとユーザーとの支援の場それ自体が適切な形となるように整備するというものです。ウィニコット自身は患者の病態に応じて精神分析設定をどのように設えるかということに注意を向けていましたが、現代的には、医療におけるA－Tスプリット（Administrator〔管理者〕とTherapist〔心理療法家〕が役割を分担して診療を進める治療形態）や児童臨床における親子並行面接・親子合同面接の導入、あるいは本書で強調してきた「心理療法の形態をデザインする」「治療構造を整える」といった事柄がこの文脈にあたります。その意味で探索的心理療法や支持的心理療法の導入もマネジメントの一環といえます。

マネジメントはあらゆる臨床的支援における基本アイテムです。心理療法の場の調整という文脈は無論のこと、先の「外的環境の調整」なくして探索心理療法や支持的心理療法は成り立ちません。さらにいうと、たとえば医療ならば、マネジメントを基盤としてそのうえに薬物療法やその他の生物学的療法や作業療法や心理療法が置かれますし、学校では教師による教育環境と保護者による家庭生活の供給というマネジメントが基盤となり、そのうえにスクールカウンセリング等の専門的支援が配置されているといえます。このようにマネジメントはあらゆる支援の土台となっています。

では、こうしたマネジメントの要素を軸とする心理療法とはいかなる心理療法なのでしょうか。以下の項で検討していきたいと思います。

Ⅱ　マネジメントにもとづく心理療法の目的と方法

ウィニコット（一九四八）がマネジメントの意義として強調したのは、①安全で安定した環境の保証、②個々に見合った支援環境の提供、③支援環境の連続性という三つの要素です。この理解を踏まえ、私自身はマネジメントにもとづく心理療法の目的を**「安全に現状を維持すること」**に据えています。大なり小なりその個人の**変容**を目指してデザインされている支持的心理療法や探索的心理療法と比して、マネジメントにもとづく心理療法では、ユーザーをダイレクトに治そうとしたり、変化のための解決策を積極的にこしらえようとしたり、こころの真実にふれようとしたりすることよりも、あくまで**「これ以上の悪化を防ぎながらユーザーの状態を安全に維持すること」**が主たる目的となります。

ただし、これは何もユーザーの変化を志向しないという話ではありません。そうではなく、**ユーザーを取り巻く外的環境を治療的な形に設え、そのなかでユーザーのポジティブな変化や成長が生じるのを「待つ」ということ**です。ユーザーを軸に考えたとき、探索的心理療法や支持的心理療法はどちらかというとユーザー個人（内）の変化がユーザーを取り巻く環境（外）にも作用するというモデルで捉えられますが、**マネジメントにもとづく心理療法では、「外」の変化が「内」に作用するというモデルをより重視します**（無論、この「内」と「外」のモデルには「卵が先か鶏が先か」という性質があり、探索的心理療法や支持的心理療法においても「外」から「内」への作用は重要な治療機序となりえます。これまでも述べてきたように、ここで述べた区分はあくまでセラピスト側の志向の違いにすぎません）。

そして、当然ながら環境調整の方向性はその時々のユーザーの状態に則して決定されますので、心理療法内で示されたその時々のユーザーの状態像を正確に読み取る力、すなわちアセスメント力が物を言います。また、通常はA－TスプリットにおけるAdministratorや親子並行面接における親担当セラピストがこの役割を担いますが、この種の心理療法が単独で行われる場合もあります（ちなみに、私自身はAdministratorの役割は必ずしも医師が担うものだとは考えていません。医師のほうがマネジメントを講じやすいのは確かですが、心理職がAとなり、医師がTを担うケースも十分考えられます）。

このタイプの心理療法は原理的にはあらゆる人に適用可能です。探索的心理療法はその適応が限定されますし、支持的心理療法も基本的にはその方針に対するユーザーの同意が運用の前提条件となっていますが、マネジメントにもとづく心理療法・心理的支援は直接的には変化を望まないユーザーにも適用可能です。さらに極端なことをいえば、マネジメントそのものはユーザーが私たちの前に姿を現さなくても何らかの形で供給することができます。子どもが来談を拒否した際の保護者面接などがその一例です（そして、だからこそ私たちはこの種の支援を行う際には特に「支援することの意味」を深く考えておく必要があります）。

さて、外的な環境調整を進めるうえでの留意点については後述することにして、まずはこのタイプの心理療法にて求められるセラピストの姿勢について検討してみましょう。

といっても、その姿勢についてはすでに『精神療法面接のコツ』（神田橋、一九九〇）の第二章に余すことなく記されています。すなわち、**各セッションにおけるユーザーの状態像や彼らを取り巻く生活状況の推移を読み取りながら、彼らの治療や生活に対する意欲と彼らの自助能力および資質の開花を「妨げない」「引き出す」「障害を取り除く」という姿勢**です。なかでも、マネジメントにもとづく心理療法においてもっとも大切な姿勢は「妨げない」だと私は考えています（ただし、緊急時に優先されるのは「障害を取り除く」になります）。その個人の生体としてのありように則した形でセラピストが機能していく姿勢です。事例をあげてみましょう。

以前に私はある統合失調症の老婦人と病院心理職として関わっていました。その患者は妄想のなかで私を「宗教的に由緒正しい家系の子息」と認識しており、週一回二〇分の面接内の冒頭で毎回私を拝んでから（その患者なりの儀式がありました）、その後に世間話をしました。当初の患者は病院スタッフに妄想的な不信感を抱いていましたが、徐々に穏やかな表情で入院生活を送るようになりました。このような援助スタイルは彼女がある身体疾患によって転院を余儀なくされるまで維持されました。その間、私は彼女の妄想内容に介入しようとも、話の内容を治療的に構造化しようともせず、変わらぬ話に耳を傾け続けました。そして、彼女の状態像を注意深く観察し、状態悪化の兆しが見えたときには適宜看護スタッフや医師と連携して生活環境の調整に努めました。

また、ある重篤な気分障害の既往をもつ男性患者に関しては、毎回インターバル（一週間）の様子を尋ねながら、気分変調の動きをふたりで観察していきました。この患者は心理療法の初回時に自分に関する分析結果を綴った大量の資料を持参してきており、私はこのセルフモニタリング能力を活かさない手はないと考えました。うつ期に入ったときには、とにかく養生に徹するようアドバイスし、その際にはさまざまな機能が低下するなかで、自身の心身にとって「心地よいもの」と「よくないもの」を感知する能力だけは鋭敏になることを互いに了解し合っていたので、その感覚に沿って生活するよう助言しました。そして、状態がもち直してきたならば「少しだけ実験的に頑張ってみる」を合言葉に行動範囲を拡張していく支援を続けました。患者は社会復帰を望んでいましたので、その意欲を妨げない関わりが大切だと考えたゆえです。逆に躁転したときには、医師や看護師と連携しながら、活動の一時休止を勧めました。このような関わりを数年続けていると、次第に患者は自ら気分変調の揺れを掌握し、それに応じた生活を行いながら遂には就業へと至りました。これはマネジメントの要素を主としながら、少しだけ支持的心理療法のエッセンスを織り交ぜた事例といえそうです。

マネジメントにもとづく心理療法の導入は、こうした重篤な患者のみに限られるわけではありません。スクールカウンセリングにおける不登校支援においても奏功します。

積極的に再登校を望むことなく、かといって大人側の働きかけを頑なに拒んでいるわけでもない、ある思春期の不登校生が私のもとにやってきました。本人はカウンセリングにおいて特に何かを考えたいわけでも、再登校への動きをつくりだしたいわけでもなく、保護者や教師が勧めたので仕方なく来談しているだけでした。保護者や教師は彼の再登校を強く望んでいましたので、私はその依頼を受けて関わろうとしている旨を彼に伝え、そのニーズに応じるために彼にも協力してもらえないかと尋ねました。具体的にはカウンセリングに週一回来てもらえないかと依頼しました。彼が雑談するだけならかまわないと応えたので、そのような契約を結びました。ただし、保護者や教員は彼の再登校に向けて働きかけたいようなので、彼らに対してはその方向で助言してもよいかと尋ねると、彼は「無理強いしないようであれば」と了承してくれました。

以降、彼と私は彼の家での生活や彼の趣味嗜好について話し続けました。傍からみれば、ほとんど「雑談」といってよいようなやりとりを続けました。その一方で、彼の再登校への確率が少しでもアップするような生活状況の構築を目指して、保護者面接と担任へのコンサルテーションを継続しました。まずは担任と彼との交換ノートがスタートしました。そのうちに担任と彼は放課後に体育館で運動するようになりました。別の不登校生もその時間に加わり、噂を聞きつけた数人の他生徒もその取り組みに参加しはじめました。そのなかに彼が好きなオンラインゲームに熱中している生徒がおり、家でもオンライン上で級友たちと関わるようになりました。そして、級友の「学校に来ないか」という誘いに応じる形で彼は再登校に踏み切りました。この間、私と彼とのあいだでは特に再登校のための具体的な方策を考えたり、不登校の理由を探索したりすることなく、ひたすら雑談を続け、時折状況の変動に応じた彼の心境の変化を明確化するような関わりを続けるのみでした。

以上、ユーザーの意欲と資質の開花を「妨げない」「引き出す」「障害を取り除く」支援の実例をあげてみました。

ちなみに、この三要素は探索的心理療法や支持的心理療法においても基盤となる要素だと思われます。解釈の提示や問題に対する解決法・対処法の考案という介入を、この三要素の上に配置される特殊技法として位置づけると私たちの臨床センスはより細やかなものになるはずです。というよりも、むしろこれらの介入はこの三要素のどれかを、あるいはそのすべてをさらに膨らませたものであり、たとえば精神分析や精神分析的心理療法における内容解釈は「引き出す」を拡充するための技法といえそうですし、抵抗解釈は「引き出す」と「障害を取り除く」の拡充と考えられます。また、対処法の積極的な構築も「引き出す」と「障害を取り除く」を膨らませた技法といえるでしょう。このような視点にもとづくと、各療法における介入案の妥当性をより緻密に検証することができるように思います。

Ⅲ　外的環境の整備に関する留意点

次にユーザーを取り巻く外的環境の整備について、すなわち、そのユーザーと心理療法を行っているセラピストから見て「外側」にある支援環境の調整時に重要となる留意点について検討してみましょう。

繰り返しになりますが、マネジメントの基本姿勢はユーザーの状態悪化を防ぎ、現状を安全に維持できるように、そして、少しずつでもユーザーが変化しやすいように、彼らを取り巻く環境を整えることです。といっても、私たちは「環境」なるものに直接介入するわけではなく、マネジメントの対象となるのはあくまで「人」です。ユーザーを取り巻く人々がいかにユーザーを支え、状態を悪化させず、状況をポジティブな方向へ変えていけるようになるかが主眼となります。そのための重要な手続きが「連携（cooperation）」です。

ここでいう「人」は「専門家」と「素人」に大別されます。マネジメントを講じようとする人が心理職の場合、対象となる「専門家」とは、病院においては医師、看護師、福祉士、作業療法士、理学療法士等になりますし、学校ならば教師、養護教諭、管理職、教育委員会の先生方となります。A－Tスプリットが実行されている場合は、Tを担う心理療法家、親子並行面接が採用されている場合は子担当セラピストが該当します。また、この専門家は同機関のスタッフと他機関のスタッフに分類されます。

一方、「素人」とはユーザーの家族、親族、友人、恋人、職場の上司、同僚等が当てはまります。ここには「関係性の距離の遠近」や「親密さ」を軸としたスペクトラムが敷かれます。

これらすべてのケースについて細かく検討したいところですが、紙幅の都合上、本章ではまず「連携」に関する私論を述べた後、A－TスプリットのAや親子並行面接の親担当になった際の留意点、同機関・他機関の他スタッフとの連携時の留意点について吟味し、そのうえで支援状況に難しい問題が生じた際のマネジメントについて検討してみたいと思います。

一　連携について

最初に述べておきたいことは「連携とは単なる情報交換ではない」ということです。

無論、各支援者が情報をもち寄り、各々の所持データ量が増えることには一定の意義があります。しかし、連携にはそれ以上の効用があります。

連携はそれ自体きわめてセラピューティックな営為です。相手が専門家にせよ、素人にせよ、そこには**相互学習プロセス**があるからです。連携時に互いの情報を交換し合うとき、私たちは単に新情報を得るだけでなく、医師や看護師や教師やケースワーカー独自の専門的視座と事態に対する対処法略の構築過程を学びます。そして、彼らもまた私たちの視座や対処法略の構築法を学んでいきます。そこには互いが互いの専門的視座を自らに取りこんでいく相互学習プロセスが存在しています。

たとえば、教師と連携することで、そのスクールカウンセラーは「集団における個」という観点に注目し、ユーザーのパーソナルな心的体験とその観点とを対話させながら事に臨むようになるかもしれません。一方、教師はカウンセラーの視点を取り入れることで「そのユーザーのパーソナルな心的体験」への感受性を高めることになるかもしれません。その結果、スクールカウンセラーはユーザーの心境をより幅広い視点から捉えるようになり、他方、教師はいま対象になっている児童生徒に限らず、その他の潜在的な問題を抱えた（未だ問題を顕在化させていない）児童生徒への感度を高めていくことになるかもしれません。

また、医師の生物学的な視点を学ぶことで、その心理職は目前のユーザーの語りや心境が器質的な影響を被っている可能性に注意を向けやすくなり、他方、医師は薬物の処方に際しても、よりセラピューティックな要素を重視しはじめるかもしれません。あるいは、親としての心情を保護者から学ぶことで、私たちはいま生じている事態の複雑さとその深淵に想い馳せるようになり、他方、保護者は私たちの専門的視座を取り入れることで、生活内で事を客観的に省察する力を発揮することになるかもしれません。いずれにせよ、こうした相互学習プロセスはその支援状況全体を底上げすることになるはずです。パートナーシップ性の連鎖がもたらす支援環境の向上作用です。

本項の冒頭に「連携は単なる情報交換ではない」と記しましたが、無論、関係者各自が新情報を得ることで、各々がこれまでになかった理解を構築し、支援内容をより豊かなものにすることは十分ありえます。情報交換それ自体にも一定の効用があるのは確かです。

重要なのは情報の提示方法です。当然ですが、連携時の情報提示は、**その相手が行っている支援がより実**

りあるものとなるように――その反作用として自身の支援も実りあるものとなるように――なされなければなりません。裏を返せば、私たちは自分が獲得した数多の情報のなかから「相手の支援行為がより実りあるものとなるような情報」を選択して提示する、もしくは相手がそうなるようなやりかたで情報を提示する必要があります。これは情報交換時の原則です。

しかし、残念ながら、情報交換や連携の機会を自らの支援内容の優位性を示すために利用する支援者の話を時折耳にします。確かに相手の支援内容が明確に事態を悪化させている場合もあるでしょう。ただ、相手の落ち度を指摘したくなったときこそ、先の原則を思い出してもらいたいと思います。その課題をポジティブな方向に変換していくための情報伝達法を模索していきたいところです。

情報交換と関わることとして、守秘義務についても再考しておきたいと思います。

最近では随分と減ってきたようですが、かつては守秘義務の名のもと、そこで行われている心理療法やカウンセリングの内実を外部の人が一切知りえない支援状況が構築されるケースがありました。いわゆる「閉ざされた相談室モデル」です。

無論、守秘義務は依然として私たちが守るべき重要な倫理的事項です。しかし、心理療法が支援環境内で完全に孤立するならば、それはときに支援の大きな弊害となる可能性があります。

ここで思い出してほしいのは先程の原則です。相手の支援が実りあるものとなるには、多くの場合、ユーザーの語りの内容そのものよりも、その内容から構築される「理解」の交換こそが肝要となりますし、そもそもユーザーと支援状況全体に対して不利益をもたらしそうな内容をあえて交換する必要はないはずです。このことはネガティブな情報は交換しないという話ではありません。虐待の事実や自死の危険性のように、ユーザーにとってはネガティブな情報であったとしても、その情報の交換が支援に不可欠となる場合は当然ながら関係者が円滑に情報共有できるように状況をマネジメントすべきです。

また、その語りの内容を他スタッフと共有することの是非をそのユーザー自身と検討していくとよいでしょう。セラピストがその話を他スタッフと共有したほうが有益だと判断した理由をユーザーに説明し、彼らの意見をうかがうやりかたです。このことは単に内容公開の許可を得るだけでなく、「情報共有の是非」をテーマとして彼らと話し合い、その内容が他スタッフに渡るといかなる事態に至りそうかを検討することで、ユーザー自身が自らを取り巻く支援環境の性状を把握することに寄与します。第六章で述べた「三角形の対話」の活用です。

マネジメントを講じるセラピストは、さまざまな点で高度なアセスメント能力が求められます。先に「不利益をもたらす内容をあえて交換する必要はない」と述べましたが、一見マイナスの作用を与えかねない情報が、実は支援の鍵となる場合があります。その峻別はひとえにセラピストのアセスメント力にかかっています。

さらには、その情報やそこから構築された理解が他の支援者にどのように受け取られるのか、支援状況全体にいかなる作用を及ぼすのかを読み解く力も問われます。そのためにはユーザーを取り巻く関係者各自の内的照合枠（物事の理解の仕方や体験様式）をアセスメントできなければなりません。第二章の「主訴の捉えかた」で述べた技術の応用が求められます。

こうしたアセスメント能力をはじめ、情報を理解に変形する力、伝達することがもたらす種々の作用を考慮する力をもってして相互学習プロセスを進めていくという意味で、連携はそれ自体セラピューティックな営みであると私は考えます。

では、先にあげたさまざまな連携形態について検討してみましょう。

二　多様な連携形態

㈠　A―Tスプリット時のAや親子並行面接の親担当になった際の留意点

これまでにもA―Tスプリットや親面接のありかたについてはさまざまに検討されてきましたが、私自身はAdministratorや親面接担当者に求められる最大の機能は、**T（Therapist）による心理療法や子どものセラピーが終結を迎えるまで、その支援状況を可能な限り「維持すること」**にあると考えます。

たとえばAには支援環境やユーザーの生活状況を整える役割、連携を主としたスタッフマネジメント機能、Tの心理療法から「漏れ出すもの（行動化や対象のスプリッティング）」を抱える機能やユーザーの行動化にもとづく対象操作性のマネジメント（栗原、二〇一九）、支援状況の各所に（転移を介して）展開されたユーザーの心的内容を見定める機能などさまざまな役割が付与されますが、そのすべてがここでいう「支援状況の維持」に向けてなされることであると私は考えます。

親面接においても事情は同じです。安村（二〇一九）は親面接の機能を、①治療構造の設定と維持のための親面接、②環境調整のための親面接、③親自身の個人カウンセリングとしての親面接、④家族システムへのアプローチとしての親面接の四種に分類していますが、私自身はこの②、③、④を基本的にはすべて①に奉仕する機能として捉えています。

ここで注目しておきたいのは③と④の要素です。私の考えでは、③によって親自身の自己内省が進展した際には、その進展によって得た理解が最終的には子の理解や子のセラピーに寄与する理解へと還元される必要がありますし、④の介入が子のセラピーの存続を侵襲しないように親担当者はたえず気を配っておく必要があるという話になります。

ここで強調しているのは、Tの心理療法や子のセラピーに対する**保護的機能**です。外的要素の直接的・侵襲的な干渉からTの心理療法や子のセラピーが守られ、その心理療法の純粋な展開が促進されるような配慮がAや親担当者に課せられた最大の使命です。ですので、当然ながら、Aや親担当者自身の影響がそれらの心理療法に侵襲的な作用を及ぼす可能性にも常に注意を払っておくべきです。

ケースメント（二〇一八）は「スーパーヴァイザーがスーパーヴァイジーの代わりに、自分がその患者のセラピストに取って代わろうとする事態」を懸念していますが、この指摘はAや親担当者もこころに留めておくべきことだと思います。

㈡同機関・他機関の他スタッフとの連携時の留意点

同機関にせよ他機関にせよ、他スタッフとの連携においてもっとも大切なことは「連携する目的の明確化」と「つなぐ作業」です。

最近私が気になっているのは、目的が不明瞭な連携やリファーの横行です。同機関内に勤めるスタッフとの連携に際しても、ある情報をやりとりすることがどのような意味をもち、どのような作用を及ぼし、どのように支援環境を向上させるのかを常に考慮する必要がありますし、他機関との連携を図る際には尚更そうです。これらの事柄について、ユーザーに対してだけでなく、関係者全員に公共性を帯びた説明が可能となるように、私たちはその目的と意義をたえず明確にしておく必要があります。

たとえば、スクールカウンセラーが医療と連携する（ユーザーをリファーする）主な目的は薬物療法の必要性と診断の取得にあると思われますが、その方向で支援を進めるならば、なぜ薬物療法が必要だと判断したのか、なぜ診断を得たほうがよいと考えたのかをユーザーや保護者や学校職員にはっきりと説明できねばなりません。その説明のない連携や情報交換はユーザーのたらい回しや単なる情報漏洩へと成り下がるでしょう。

ちなみに、時折、「医療機関にて診断を出してもらえれば、学校はその子どもを特別な支援ニーズをもった子どもと捉え、特別な支援を開始できる」という事案を見聞きしますが、これはとても苦しい話だと感じます。その子どもが特別な支援ニーズを有していることを学校として感知したならば、その時点でその子に必要な支援を供給すればよいはずです。診断を得て「特別な子」に位置づけねば支援が開始できないのはなぜでしょうか。そうしなければ、支援量の不均衡が生じ、他児や他の保護者が納得しないからでしょうか。本人やその家族が納得しないからでしょうか。この種のエピソードにはその学校の窮状が反映されているのではないでしょうか。

一方の「つなぐ作業」に関してですが、マネジメントを講じるセラピストは先の相互学習プロセスとパートナーシップ性にもとづき、他スタッフの専門性を尊重しつつ、彼らの内的照合枠を鑑みながら、自身の支援内容とユーザーを取り巻く支援環境とをつないでいきます。その最大の目的はユーザーが支援環境全体によりよく抱えてもらえるようになることです。

と同時に、**マネジメントを講じるセラピスト自身が支援環境によりよく抱えてもらえるように――そのセラピスト自身の心理療法がより進めやすくなるように――マネージできると理想的です。**「つなぐ作業」は、他スタッフのみならず、私たち自身にも益があるように行うのがコツです。その益は最終的にはユーザーに還元されることになるからです。

とはいえ、支援環境全体が危機に陥る場合もあります。次項では、その一例を示してみましょう。

三　マネジメントの困難について

支援環境が危機に陥るケースはさまざまですが、ここではスタッフ間に「大規模なスプリッティングが生じているケース」について検討したいと思います。

これは精神科病棟や学校現場等でしばしば生じる事態です。あるユーザーの状態理解や支援の方向性についてスタッフ間で意見が割れ、その齟齬がスタッフ間の争いの火種になっていく事態です。

病棟を例にすると、スタッフAはその入院患者の苦しみと寄る辺なさに深く感じ入り、保護的な支援を心掛け、その想いが強まるほどに他スタッフのその患者に対する「無理解」や「冷たく機械的な対応」に不満を募らせていき、一方、スタッフBはその患者の過度な依存傾向を察知し、Aの退行促進的な関わりを懸念するようになり、こうした齟齬が潜在的・顕在的にスタッフ間の分裂を助長させる事態がここでいう「大規模なスプリッティングが生じているケース」となります。さらにユーザーがより積極的にAを良い対象、Bを悪い対象と区分するならば、事態はますますエスカレートしていくでしょう。

学校では、たとえばある不登校生徒に対して、教員Aはその生徒の「登校できない苦しみにこころを沿わせるべきだ」と感じ、他方、教員Bは「もっと積極的に登校を促すべきだ」と感じ、その意見の齟齬により競合的な関係が構築されていくケースがあります。あるいは保護者対応をめぐってこのような分裂が生じる場合もあります。

こうした事態をマネジメントするうえで考えておきたいことは、Aの体験的思考も、Bの体験的思考も、そのいずれもが**ユーザーとの関係性のなかで生起した思考である**という点です。一見、Bの考えはユーザーの状態像に反し、自身の考えの押しつけにすぎないようにみえますが、さすがに重篤な状態像を示すユーザーに対しては「自立的な動きを棚上げして、過度に依存しようとしている」「甘えて登校していない」とは考えないはずです。そのユーザーと接していて、彼らのなかに何かしらの自立的な動きや再登校の可能性を感じたからこそ、そのような見解に至ったと考えるほうが自然です。つまり、Aが感じ取ったことも、Bが感じ取ったことも、その両方がユーザーのこころの一部を反映していると考えられます。双方がそれぞれにそのユーザーの心性の一部を感知し、その体験に従ってそれぞれの対処法案を構築している事態として捉えられそうです。

ただし、その感知した心性には強弱があります。Aが感知した心的部分のほうがユーザーのなかで大きな割合を占め、Bが感知した心的部分はユーザーのなかでもまだまだ小さな芽にすぎないか、忌避しておきたい部分である可能性が高そうです。すると、ユーザーにとってはAが良い対象となり、Bは自分の意に沿わない悪い対象として捉えられやすくなるでしょう。いずれにせよ、ここで考えておきたいことは、AとBの対立構造はそのユーザー自身の心的世界の対立構造を反映している可能性です。

精神分析では、ユーザーが自身のこころに棲まう内的対象を実際の関係者にキャスティングする動きを転移として理解し、同様に自身のこころのある心性を実際に相手にも体験させる現象を投影同一化と呼び、その個人のこころの顕現をインターパーソナルな文脈からつかんでいく道を示してきました。この視点にもとづくと、スタッフ間の分裂はそのユーザー自身のこころの分裂を示していると考えられます。この仮説にもとづくと、スタッフのまとまりこそが彼らのこころのまとまりに寄与する可能性が生まれてきます。

具体的には、スタッフミーティングをもち、各々のスタッフが「いま自分はどのような配役をあてがわれているのか」「ユーザーのなかのいかなる心的部分をキャッチしているのか」を確認し合うことでユーザーのこころの全体像を把握し、ときには「悪い対象をキャスティングされている人は関わりを控え、ユーザーへの助言や指示は良い対象をあてがわれている人が中心になって行う」などの戦略的な介入を考えてもよいかもしれません。大切なことは、AとBのどちらが正答かという視点ではなく、それぞれがユーザーの**何を体験しているのか**を理解し、**つながっていく**ことです。

支援環境の危機は連携することそれ自体がセラピューティックな効果を発揮するチャンスでもあるのです。

Ⅳ 結び

ここまで探索的心理療法、支持的心理療法、マネジメントにもとづく心理療法および心理的支援について紹介してきましたが、私の理解では、この最後のタイプの療法・支援こそがもっとも多くの思考作業と幅広い専門的視座をそのセラピストに要請します。「雑多な思考作業」を求められるのがマネジメントにもとづく心理療法・心理的支援であると思います。

裏を返せば、探索的心理療法や支持的心理療法は、とりわけ精神分析的心理療法をはじめとする探索的心理療法は、こうした「雑多な思考作業」への取り組みを棚上げし、より純粋にユーザーのこころの作業を進めていけるようにデザインされた療法として捉えることができそうです。

今後、「連携やマネジメント」を軸とする臨床家養成を推し進めるうえで、私たちはこれらの営みに不可欠な熟練度と探索的心理療法や支持的心理療法がもつ構造的利点をいま一度見直しておく必要があると思います。

第九章　日本流心理療法再考

Ⅰ　日本流心理療法について

ここまでのところで、セラピストがユーザーの主訴、ニーズ、状態像に応じた介入法を策定し、アセスメント面接にてその選択の妥当性を確認し、明確な治療契約を結ぶこと（仮に方針が不明瞭ならば、当面不明瞭なままに進めていくことを明示すること）の重要性を強調してきました。そのなかで、私たちが策定する支援内容を「支持的心理療法」「探索的心理療法」「マネジメントにもとづく心理療法」の三種に分類し、その内実を示してきました。

これらの主張は序章で示した**「クライエント・センタード的な介入姿勢をベースとして、事を力動論的（精神分析的もしくはユング心理学的）な視点から考えていく」タイプの心理療法**に対する批判的検討から生まれたものです。東畑（二〇一七）はこの種の心理療法を「認知行動療法をトッピングした精神分析もどきのユンギアンフレイヴァー溢れるロジェリアン」と述べ、「ありふれた心理療法」と称しています。認知行動療法的でありながら、精神分析的でありながら、ユング派的でありながら、厳密にはそのどれでもなく、ロジャーズ流（厳密にはクライエント・センタードでもないのかもしれません）の姿勢をベースとして事に臨む心理療法が今回俎上に載せようとしている心理療法です。

このタイプの心理療法が日本において発展してきた歴史について、東畑（二〇一七）は「欧米の心理療法を日本社会にそのまま導入することができない」ことを前提に「日本の文化的文脈に合わせて、欧米の心理療法のある部分を無視し、ある部分を付け加え、妥協を重ねていくことで、文化に適した理論や技法の改変を行ってきた」結果であると述べています。

私もまた、このタイプの心理療法が大勢を占めてきた歴史があり、そしていま斜陽を迎えつつあると感じています。八〇年代から二〇〇〇年代初頭にかけて、心理職の大手学会である日本心理臨床学会での発表事例やその学術誌である心理臨床学研究に掲載された事例の多くがこの種の心理療法事例となっていました。その一方で、現在書店の棚を見渡すと、特定の介入法を表題にした書物が席巻し、この手の療法を主題にした本は随分と減ってきた印象があります。

繰り返しになりますが、本書はこのタイプの心理療法——ここでは便宜的に「日本流心理療法」と呼ぶことにします——に対するリアクションとして生まれたものです。序章で述べたように、いま個人心理療法はさまざまな課題を突きつけられています。他職種やときには同じ心理職からもなされる「相談室に籠っているだけのカウンセラー」という揶揄、「単に話を聞いてくれただけだった」「通っていることの意味がわからなくなった」「よくわからないけれど絵を描かされた」といったユーザーからの不満の声、こうした指摘にふくまれる個人心理療法に向けられた課題に取り組むうえで、私はこの日本流心理療法の再考が必要だと考えました。そして、個人心理療法が依然としてユーザーや社会にとって価値ある営みであり、心理職の根幹となる技能のひとつであることを再確認したいと思いました。

そのために私がとってきた方策は**「さまざまな水準で個人心理療法の輪郭を明確化する」**という手法です。支持的心理療法、探索的心理療法、マネジメントにもとづく心理療法といった形で各々の介入法が志向することとそのスタイルを明確化し、各々の介入法を選択した理由を明示することの重要性を示唆し、そのための手続きを――初回面接とアセスメント面接の目的と手続きを、治療契約を結ぶことの意義を――明確化してきました。セラピストが目前の相手に対して自分が何を行おうとしており、そうすることにどのような意図や根拠があるのかを明確化することの意義を示してきました。今回取り上げようとする日本流心理療法はやはりこの作業が不十分であったと感じます。

とはいえ、本書を執筆するプロセスのなかで私の理解も変わりつつあります。結論からいうと、**この種の心理療法はその輪郭が曖昧であることにこそ、つまりはその範囲を明瞭に輪郭づけないことにこそ臨床的な価値があり、セラピューティックな作用があるのではないか**と考えるに至りました。

このような結論に至った私の思考の道筋を以下に示してみたいと思います。

Ⅱ　日本流心理療法の内実

まずは、本章でいう「日本流心理療法」の内実をもう少し詳しくみていきましょう。

この種の心理療法では、基本的にはユーザーの語りを受容的に聞くことが中心的なワークとなります。無論、ユーザーの語りに耳を傾けることはあらゆる心理療法に通底する姿勢ではあるのですが、この療法に特徴的なのは実際的な介入が極端に控えられている点です。精神分析的心理療法のように何らかの解釈を積極的に提示するわけでもなく、行動療法や認知行動療法や解決志向セラピーのように問題に対する具体的な解決法や対処法を模索し、シェアしようとするわけでもなく、とにかくユーザーの語りや表現を促進し、それを受け入れ、共に「味わう」ことに尽力します。そのため、時折なされる介入はその語りや表現の促進を目的とした質問や明確化が中心となります。ちょうど対象者に上手にインタビューする感じでしょうか。ですので、事例検討会に提出される資料も、セラピストが重要だと感じたユーザーの語りの記述が紙幅を占め、セラピスト自身の介入はほとんど記されません。

また、折にふれて箱庭療法や描画法などの表現療法、夢分析などが取り入れられます。その導入はユーザーの意向に沿ってのこともあれば、セラピストの勧めによる場合もありますが、ここで重視されるのはその表現内容とそれを表現する行為それ自体です。「それを行った理由」についてはさほど問われず、おおむね「表現の促進」としてプラスに評価されるようです（たとえば、〝そのタイミングで箱庭にユーザーを誘ったこと自体が何らかの心的事項に取り組むことへの回避行動になっている〟、〝夢を大量に提示することで、いまここにあるセラピー関係に生起していることから目を背けている〟といった理解はなされにくいようです）。そして、表現内容の解釈はなされても、その理解をユーザーとシェアすることは稀で、やはりそれを共に「味わう」ことが重視されます。

始めかたも特徴的です。本書で強調してきたような明確な治療契約を結ぶこと（介入法を明示し、その方針を策定した根拠と意図をユーザーとシェアする）やアジェンダの細かな設定などはほとんど行われず、「その問題について一緒に考えていきましょう」という言葉で支援がスタートされます。また、アセスメント面接のような準備段階が設けられることも稀で、初回面接の翌回から本セラピーが始動する場合がほとんどのようです。

このことと関連して興味深いのが『カウンセリングの実際問題』(河合、一九七〇)にある記述です。その書のなかで河合はクライエントの期待とセラピストの目的とに食い違いがある場合について言及し、クライエントがそのズレを示唆する態度を示したときには率直にそのことを話し合い、こちらの狙いについて説明することを推奨しています。

ですが、次の段で彼は「ところが、一般的にはこのような説明をする必要はあまりありません」と述べ、セラピストがじっくりとクライエントの語りに耳を傾けるならば、クライエントは「知らず知らずのうち」に心理療法の軌道に乗り、その目的を「体験的」に理解していくものだと記します。さらには「このような説明は少なければ少ないほどよい」「体験的にわからせる方がはるかによい」と続けます(括弧内はいずれも河合の記述)。

現代的には「一見すると受容的な態度に潜むパターナリズム」と形容できそうな主張です。本書が問題視してきたのもこのようなセラピストの態度です。心理療法という場にユーザーを誘い、そのなかでセラピストがセラピストとして機能すればあとは何とかなるのだという、いかにも援助者側の理屈が先行した論旨に思えるゆえです。

しかし、その一方で、私自身はこうした河合の姿勢に強く惹かれてもいます。もっといえば、そこに真実味さえ感じています。なぜ彼はこれほどに傾聴と受容がもたらす効果を、ある特殊な状況下におけるふたりの出会いがもたらす作用を、そのまま信じきることができたのでしょうか。

いま、河合の言葉を紹介したわけですが、私はこの日本流心理療法の源泉のひとつとして河合の心理療法論に着目しています。日本流心理療法について考えるには、河合の心理療法論との対峙は避けられないと思っています。とはいえ、彼の論考はあまりに広大なため、その対峙はきわめて困難です。ここでは「私が思う」河合の心理療法論に取り組むことしかできません。

私自身は河合理論の神髄を『ユング心理学と仏教』（河合、一九九五）にみています。以下に本書の内容を紹介し、そこから日本流心理療法の意義を再考してみようと思います。

Ⅲ　理事無碍法界と心理療法

とはいえ、いきなり出鼻を挫くことを記しておく必要があります。

先に「神髄を……みています」と書きましたが、『ユング心理学と仏教』のなかに河合の臨床論そのもの――その本質――があるわけではありません。そこにあるのは**ただの言葉**です。河合の実体験と思索を取り巻く形で示された言葉にすぎません。河合の論を捉えるうえで、この前提はとても重要だと感じるゆえにあらかじめことわりを入れておきました。

さて、本書の前半には河合の人生史が語られています。日本の敗戦後、当時一七歳であった彼は西洋合理主義に傾倒し、「神風」のような日本特有の非合理的、神話的発想に嫌悪感を覚えたそうです。その後、高校教師となり、生徒のさまざまな相談に応じるために臨床心理学を学びはじめました。その流れでロサンゼルスへ、次いでチューリヒへと留学し、ユング派分析家の資格を取得します。

帰国後、彼はまずロールシャッハテストの研究で注目を集め、それから箱庭療法を各地で紹介し、当時全盛を誇っていたロジャーズ流カウンセリングにまつわる講義を重ねます。そして、機が熟したころにユング派の心理療法論を徐々に展開していきました。

その啓蒙活動が軌道に乗っていたころ、河合はあるひとりの女性クライエントと出会います。とても困難な事例でしたが、あるときに彼女は箱庭を作成しました。河合はその作品の意味を察したときに「よかった。これで治すことができる」と感じたそうです。

しかし、翌回も河合が箱庭を勧めたときに彼女は次のように言いました。「この前、箱庭をつくったとき、先生はこれで治せると思ったでしょう」「私は別に治して欲しいわけではないのです」「ここに来ているのは、ここに来るために来ているだけです」。

このエピソードが河合のなかで大きな方向転換の機となりました。彼はこの言葉を抵抗や心理療法の倒錯的使用といった文脈から理解するのではなく、「治るとは何か」「治す人、治される人とは何か」といった本質的な問いとして受け取りました。そのなかで彼は「心理療法においてもっとも大切なことは、二人の人間が共にそこに〝いる〟こと」であり、治癒とは「いる」ことに伴われる副次的な結果であると考えるに至りました。

「いる」は「する」とは異なります。必然的に言葉が出なくなります。寡黙になります。クライエントに差し出す理解や解釈に己の欲望が見え隠れしていることに気づくからです。しかしながら、「いる」ことがなぜ人を変容させるのかがわかりません。そのことを考えるうえで、河合はその欲望を押し殺すのでも、それに操られるのでもなく、それと対峙する道を選びます。そのモデルとなったのが鎌倉時代前期の華厳宗の僧である明恵上人でした。

本書の題名にある「仏教」とは華厳思想のことです。仏典にしても、華厳経にしても、碧巌録にしてもそうですが、これらの書物に記されているのは世界や主体や絶対的存在を論理的に認識し、思考していくための視座です。しばしば宗教は科学的思考と対比するものとして揶揄されますが、本来宗教が志向するのはきわめて科学的な思考であることを教えてくれる記述です。

華厳経ではその認識論的視座を四つの段階に分けて考えます。事法界、理法界、理事無碍法界、事事無碍法界の四つです。

事法界とは私たちが普通に認識している世界観を指します。AとBというように異なる存在があるとき、AにはAの本性があり、BにはBの本性があり、それらは明確に区別されるという世界観です。英語でいえばindividual（divide〔分ける〕の否定形。事物を分けられるところまで分けていき、それ以上分けられない最終単位がindividualとなります）と表現される世界です。

理法界では、こうした個々の事物事象を区分する境界線が取り外されます。自性が消失した「一切皆空」の世界観です。自性とは「それ自体の定まった本質」であり、私や事物事象の固有性、その本質として想定されるものですが、それを消失させた世界が理法界です。

代わりに、この段階ではその個々の事物事象を支える「理」をみようとします。「理」とは奈良時代には毘盧遮那仏として、後に大日如来として、すなわち「仏」として捉えられてきたものです。ただ、「捉えられて」と記しましたが、大日如来自体は言葉を発さず、歯の隙間から光を放つのみで、そこにあるのは基本的には「空」となります。しかし、完全な「無」ではなく、無限なる「有」の可能性を秘めたある種のエネルギー体（光）としてあらゆる事物事象に作用するものです。

この「理」が分節化され、現実化されたものが私たちの経験世界にある事物事象であるという世界観が理事無碍法界です。

それはちょうど「海」と「波」のような関係といえるのかもしれません。一つひとつの波は絶えず生みだされ、形を取り、そのうちに消えていきますが、海自体は変わらずその基底に満ちています。個々の波が姿を失おうとも、海自体は不生不滅としてそこにある。この海のように「理」は「事」を生みだし、「事」は自在に「理」を体現し、差異化を図りながらも「理」そのものでもある。このような「理」と「事」の自在無碍のありようが理事無碍法界となります。

個々の事物事象が無限の可能性を秘めた「理」の一部を realize したものであるならば、それはちょうどユングのいうセルフ（海）と自我（波）の関係を彷彿とさせます。私たちは何らかのこころや形態を生きますが、そこには生きられていないこころや形態も同時に存在します。私はたまたま男性を生きていますが、そこには依然として女性を生きる可能性、両性を生きる可能性、どちらでもない性を生きる可能性も同時進行しています。ドゥルーズ（一九六八）はこのような「実現されてはいないが同時進行的に潜伏し続ける可能性」を virtualite と呼びました。主に潜在性と訳されるタームです。

ドゥルーズはこの virtualite を possibilite（可能性）とは区分して考えています。たとえば、「ドングリの実はいつか樫の成木になるだろう」というように、possibilite がすでに現実化したものから回顧的にその未来の可能性を追うときに用いられるのに対し、virtualite は現実化を顧慮せず、それ独自の実在性を有する可能性のことを指します。ドングリの実という「卵」は、もしかしたら突然変異を起こしてまったく見知らぬ新種になるかもしれませんし、植物とは異なる何かになる可能性だってあります。こうしたまったく予想だにしない可能性は、未だ実現はせずとも――たとえそれがどれだけナンセンスと評されたとしても――その実のなかに潜在しています。

このような virtualite を「理」と捉えたとき、あらゆる心理療法はその「理」の一部として切り取られ、いまユーザーが生きている「事」とは**異なる可能性**をつかもうとする試みとして理解できそうです。私たちが言葉にできるものはほんの一握りにすぎません。大部分は言葉にされず、沈黙（潜在性）のなかに息づいています。フロイト（一九一二ａ）は自由連想の停滞の先に転移が生じると述べましたが、そこに生起するものは、未だ十分に輪郭づけられない、コンテクストをもちえない、ユーザーのこころに作用するvirtualiteであるゆえに自由連想の停滞、つまりは沈黙に浸されるのかもしれません。あるいは、箱庭や描画に表現されたものを沈黙のなかで「味わう」ことも、virtualiteとしての「理」が「事」として形を取る瞬間を**待つ**ためにそうされているのかもしれません。

そもそも「私のこと（表現）が、あなたに伝わる」という事態は考えてみれば不思議なことです。そこに「私」でもあり、「あなた」でもあるものがなければ――個の差別化を超えた何かがなければ――そのようなことは不可能です。その何かを「理」と捉え、ドゥルーズのvirtualiteとしてみるならば、理事無碍法界は心理療法論と深い結びつきを有することがわかります。

ただ、華厳経にはさらにその先があります。事事無碍法界です。そこでは「理」をも外した世界観が展開されます。それは「本質」を想定しない世界観です。

Ⅳ　事事無碍法界と非個人的心理療法

「理」が差別化されることで「事」になると同時に、「事」は一切無差別である「理」の顕現でもあるということは、Ａ、Ｂ、Ｃ……とそれぞれの自性をもつ「事」は同時に無自性でもあることを意味します。ここには絶対的な矛盾があります。この矛盾をどう考えればよいのでしょうか。

事事無碍法界では、A、B、C……と分けられた個々の事物事象をそこにある「関連性」から追及しようとします。Aという事物事象の存立にはB、C、D……という他の事物事象が関わっています。それぞれが互いに関連し、その関連なくして個は存在しえません。Aが変われば、B、C、Dも変わり、B、C、Dが変わればAも変わります。すると、Aは自性をもたずとも、他のすべてのものとの関連においてAとなります。「Aの内的構造に他の一切のものが隠れた形でふくまれている」（河合、一九九五）ということができます。「各事に摂された理の無際限性を媒介とすることで、各事はそれぞれ他の一切の事を自らの内に摂することが可能」（遠藤、二〇一二）となります。AにはB、C、D……と他のすべての「事」がふくまれますが（そして、BにもCにも他のすべてがふくまれますが）、日常においてはたまたまAという要素が前景に出ているにすぎないという理屈です。華厳経ではこれを「縁起」と呼びます。

現在私はたまたま「私」を生きていますが、そこには未だ生かされていないB、C、Dが同時に潜在（virtualite）しています。私はBという他の誰かと同じ性質を帯びる可能性がありますし、Cという一輪の花と同様の生を生きる可能性もありますし、Dという石のなかに私がふくまれている可能性もあります。

その意味で、この人間社会に根差した現実にある「私」は「欠けた主体」にすぎません。残りの部分は「理」のなかに、あるいは私とは異なる「事」（たとえば他者、あるいは草木、あるいは物、あるいは海）のなかに潜在しています。ゆえに私だけでは何も表現しえません。たえず他との関連性において、事後的に「私」という表現が浮かび上がることになります。表現しているときにはすでにそこに他者がいます。そして、その相互作用において表現されるものが「理」と通じます。

不登校という問題は単に「学校に行けない」という問題ではないのかもしれません。セラピストとの出会いによって、それは「生きて死ぬとはどういうことなのか」という潜在する問いを浮かび上がらせる可能性があります。その子どもは「海」について問うているのかもしれません。さすれば、一つひとつの「波」をみていても何の答えも得られません。

『ユング心理学と仏教』の後半部で、河合は西洋個人主義と対比する形で「非個人的関係」という概念について語ります。冒頭のディヴィッド・H・ローゼンによるまえがきには、河合が「非個人的心理療法」についてレクチャーしようとしたエピソードが示されています。ここまでお読みいただいた読者のみなさんには、河合の言わんとすることが何となく理解できるのではないでしょうか。少し長くなりますが、河合の記述を引用しましょう。

「華厳の説く縁起の教えが、治療者とクライエントの関係に深い示唆を与えてくれたのです。私が一人の人にお会いするとき、そこには茫々とした世界がひろがり、そこに展開する関係と共に私は浮遊しているようなことになってきました。その関係は日常的な人間関係とは異なり、極めて非個人的（impersonal）なものになります」（河合、一九九五）。

「私」が他の事物事象との関連性のなかでようやく「私」になり、「私」を生きるとするならば、それは確かにもはや「個人」心理療法とは言い難いでしょう。

すべてが作用や関係の流転のなかで自ずと浮かび上がってくるということならば、あるいは絶対的な本質（真実、悟り）などないとするならば、はたまた本質はすべての「事」にあるとするならば、確かに心理療法における解釈や理解について再考せざるをえなくなります。通常、解釈や理解には各々の学派固有の説明モデル（支援者それぞれが抱く病者のプロセスに関する理論的思考）（Kleinman, 1980）が関与しているからです。

河合はユングの「何をしてもいいが、夢を理解しようとだけはしてはならない」という発言を引き、禅の「離言真如」をもちだし、「心理療法のなかでは沈黙を守るしかない」と説きます。日本流心理療法が解釈や介入を極端に控えることの一端はここにありそうです。心理療法の中心には――一言も話さず、光のみを発する大日如来のような――**「沈黙」**が置かれ、その「沈黙」からの顕れとして言葉があると河合は述べます。

河合は離言真如の公案を提示しましたが、日本流心理療法はさらに「不是心仏」の公案からも読み解けるように思います。「いままで説かれたことのない法はあるか、あるとしたらそれはどういうものか」というある僧の問いかけに対して、南泉和尚が「こころでなく、仏でなく、物でもないもの」と答えるあの公案です。

東畑は日本流心理療法を「認知行動療法をトッピングした精神分析もどきのユンギアンフレイヴァー溢れるロジェリアン」と称しましたが、私はこれを裏から読み解きたく思います。すなわち、日本流心理療法の価値は、認知行動療法的でも**なく**、精神分析的でも**なく**、ユング派的でも**なく**、ロジャーズ流でも**ない**、こうした――否定神学とも通じる――否定的命題によって語られる**アモルファス性**（鑪、二〇〇七）にあるのではないでしょうか。このアモルファス性は各々の説明モデルをもつ学派という「事」同士の関連性のなかで、心理療法や心理的支援の中核的な意義を浮かび上がらせる余地をつくりだしているように思います。しかし、では、その中核的意義とは何かと問うても、それは「〇〇療法のようでありながら、〇〇療法ではないもの」としか答えようがなく、そこにあるのは「空」ということになります。

ゆえに、日本流心理療法は、セラピストがあらかじめ想定する理論的参照枠や志向性のなかで事態が展開するという発想ではなく、むしろ**目前の来訪者との作用や関係性や関連性のなかで、それ固有の新たな理論**

的参照枠や志向性、あるいは心理療法それ自体が生まれてくるのを「待つ」という形にデザインされているといえるのかもしれません。そして、それは virtualite への道筋となっているのかもしれません。

絶対的な「本質」を同定しないこと。私はここに日本流心理療法の真価があると考えています。

V　日本流心理療法の息づく場所

しかし、この種の心理療法にはさまざまな批判が寄せられています。

そのひとつは、精神分析にせよ、認知行動療法にせよ、クライエント・センタードにせよ、その本来的な技能や理論や訓練課程が十分に浸透していないなかで——本来的な形で十全に実践されていないなかで——多元的であることの価値を称揚するのは単なるご都合主義ではないか、否定的命題などというが、それは単に can not を意味しているだけではないかといった批判です。

この批判は至極まっとうなものだと思います。『ユング心理学と仏教』において、河合もまた華厳経や禅の公案を用いて心理療法を論じるうえで、自身が禅僧のように厳しい修行を経ていないことについて自問していますが、私も同様の想いを抱いています。さらにいえば、これまで支持的心理療法、探索的心理療法などと論じてきましたが、私自身は精神分析や認知行動療法に関する組織的な訓練を通過してきたわけではありません。そのような私がはたしてどれほどの妥当性をもってこれらの療法について、あるいは「〜ではない心理療法の価値」について論じることができるのだろうかという疑問が確かにあります。

訓練とは何でしょうか。おそらくそれはさまざまな理論や技能によって体系づけられたある特殊な文化体系に全面的に身を委ね、と同時に、その文化と全面的に対峙し、ときに対決し、自身とその文化とを厳しく検証していく、そうした過程のなかで自らがその文化に支えられていることを体感していく営為ではないかと私は考えます。

本来的には日本流心理療法はこうしたある特定のディシプリンを生き抜いたその先に息づくものなのでしょう。守破離の世界です。日本流心理療法が極端なアナキズムに堕しないためには、むしろある特定の（特定の本質や理を有した）学派的文化体系に没頭する過程を要するのかもしれません。どこかから出るためには、まずはそのどこかに入らなければならないのです。

もうひとつの批判は市場原理との相容れなさです。

日本流心理療法があらかじめ本質を想定せず（それ自身の明確な説明モデルを準備せず）、輪郭の不明瞭なものであるならば、それは必然的に市場原理との絡みを難しくします。市場においては、その支援が何を意図しており、どのように実行され、結果がどのように実現されていくのかを、すなわち、そのサービスの「形」を明確にすることが要求されます。特に近年はその傾向がますます助長していると感じます。

本書は市場原理を相当に意識してきました。患者・クライエントを「ユーザー」と呼び直し、契約的な考えを重視し、心理療法という営みを「（商品）サービス」の観点から捉え、各々の療法の「売り」を明示しようと努めてきました。現代の社会的潮流に個人心理療法を位置づけ直そうと努めてきた結果です。

ですが、こと日本流心理療法においては、**その価値は市場原理との相容れなさにこそある**のではないかと私は考えます。

敗戦後、日本は工業化社会へと舵を切りましたが、一九六〇年代から七〇年代にかけての米国の鎖国的経済政策により内需拡大を求められ、今度は国をあげての商業化政策へと走り出しました。結果、国内マーケットは多様化し、他とは異なる個性的な商品開発が追及されるようになりました。この傾向はそのまま現代にも通じています。

そして、この傾向は人に対しても当てはまるような気がします。個別的であること、個性的であることがある種の「売り」として求められる時代となり、「賢さ」「愛らしさ」「頼りがい」「柔軟性」「ひとつのことへの集中力の高さ」「協調性の高さ」「指示理解のスムーズさ」などの性質は市場的価値の文脈から語られ、各人が自身の商品価値を把握してそれを企業に売りこむ「就活」、異性に売りこむ「婚活」が浸透してきました。個人が市場のメタファーで記述される時代の到来です（そして、これらの性質が市場に沿わないとき、それは「知的ナルシシズム」「ヒステリー性格」「過剰適応」「自分のなさ」「こだわりの強さ」「発達障害傾向」と名打たれるのかもしれません）。「働くことと愛すること」はいまや売買のメタファーで語られるものとなりました。

しかし、当然ながら市場原理は人の文化形態のひとつにすぎません。そして、たとえば哲学や宗教学がときに市場原理や社会的・政治的文脈と交わりながらも、それ独自の道筋を見失うことなく発展してきたように、臨床心理学や心理臨床学もまた本来そのような文化体系であると私は思います。

このような本を執筆しておいて卓袱台返しをしている感じもしますが、私は心理療法や心理的支援の射程は市場原理をはるかに超えていると考えています。この営みは「サービス」や「ユーザー」という言葉で表される世界をはるかに超えた展望をそなえています。日本流心理療法の輪郭づけられなさは、ひとつの原理では語りえない人間の複雑さとその多様性を受け取る容器として機能しているのではないでしょうか。

ここでひとつの臨床的エピソードを提示したいと思います。

かつて私はある精神科のデイケアに勤めていました。駆け出しのころの職場でした。そのなかに、若く不器用だった私をいつも遠巻きに見守ってくれていた初老の男性メンバーがいました。彼は何十年も入院生活と院内のデイケアとを往来している人でした。

あるとき私は自身の未熟さから退職を余儀なくされ、最後のデイケア勤務に臨むことになりました。全体への別れの挨拶の後、その男性メンバーが近づいてきて、私にそっと手を差し出しました。私はその手を握り返しました。最後の握手でした。

そのときに彼は「労働をしていない手だな」と言ってにやりと笑いました。それから「だけど、あたたかい。それでいいじゃないか」と言いました。手はふれ合うことで初めてそのぬくもりを感じられることを彼は私に教えてくれました。

このエピソードは心理療法事例ではありません。しかし、日本流心理療法の息づく場所はこのような関係性のなかにあると私は思います。

第一〇章　オンラインセラピーをめぐって

Ⅰ　第三項による構造変更

二〇一九年冬からはじまったＣＯＶＩＤ‐19の猛威は、本書を執筆している二〇二二年六月の地点でも依然として持続しています。このおよそ三年半のあいだに私たちの生活は大きく様変わりしました。この流れは心理療法・心理的支援のありかたにも大きな変化をもたらし、人同士のダイレクトな接触が忌避されるなか、多数の臨床家がZoom等を用いたオンラインセラピーの実行に踏み切ることになりました。

無論、これまでにも電話・メール・ビデオ通話を用いた遠隔心理療法（Telepsychotherapy）は実践されてきており、一定の研究知見も蓄積されてきました。二〇〇八年にはMohrらによってうつ病患者に関するオンラインセラピーのＲＣＴを検討したメタ分析の結果が報告され、二〇一九年にはBerryhillらがビデオ通話システムによる心理療法の効果研究を提示し、対面設定の心理療法と効果に遜色ないことを示しています。また、ＡＰＡ（American Psychological Association）は二〇一三年の時点で遠隔心理療法のガイドラインを提示しており、二〇二〇年には日本の精神医学・心理関連諸学会もこのガイドラインをもとにオンライン設定における援助指針と倫理要綱を明示しました。

今回の本業界における大きな変化は、二種の文脈から捉える必要があるように私には思えます。ひとつはこの変化が「私たちの範疇を超えた大きな力によって突然にもたらされた」という文脈であり、もうひとつは「オンライン設定それ自体がもつ特性」からの理解です。

これまでの私たちは、心理療法や心理的支援を行ううえでユーザーと対面することを前提としてきました。ほとんどの心理療法・心理的支援は、ユーザーかセラピストのどちらかがその支援の場に自らの身体を運んでくることを基盤として発展してきました。

ひきこもりや不登校状態による当人不在の支援が一様に難しい実践となるのは、やはり「実際に会う」という要素を欠いているゆえだと思います。そして、これらのケースも家族面接を主とした周囲の人々へのサポートやアウトリーチの活用のように、「会う」ことにもとづいた支援方針の提起が中心となっているようです。

私たちの多くはオンラインセラピーという手法を支援の選択肢として準備してきてはいませんでした。治療構造を構成する要素のなかでも、おそらくはもっとも肝要となる「実際に会う」という要素を欠いた構造への変更はあまりにも唐突に去来しました。

これまでにもユーザーの生活事情の変化や管理医もしくは他スタッフによる支援方針の変更等の外的要因によって、自身が設定した治療構造の変更を余儀なくされた経験はあったと思います。しかし、今回の出来事はこれらの外圧とは質を違えています。というのも、ユーザーや他スタッフによる設定変更の要請には（たとえ、それが心理職にとっては不本意なものであったとしても）その人たちなりの事情、考え、ニーズというものがあり、これらの事情を汲み取ったうえで事にあたり、交渉する余地がありました。その要請の是非を「私とあなた」の関係性の文脈から取り組むことができました。

しかし、今回、治療構造の改変を迫ったのはウイルスであり、そのウイルスへの対処を余儀なくされた社会です。個々人の範疇を超えた完全な第三項からの要請です。そのため、変更それ自体の是非について話し合う余地は乏しく、私たちに可能なことは構造を変更した「結果」の検討に留められることになります。

このことにより、ユーザーも支援者も等しく揺さぶられたと思うのですが、より強く動揺したのは支援者のほうだったのではないでしょうか。そして、その動揺は妥当なものだと思います。「実際に会う」という私たちにとってもっとも重要な道具立てを取り上げられてしまったからです。野球選手が正規のバットを欠いたままバッターボックスに立たされたようなものです。無論、「打つ」という根本的な動作そのものを見直せば、テニスラケットでもある程度「打つ」ことは可能でしょう。しかし、やはり難しい事態であるのは確かです。ラケットの網は野球の硬球に耐えられないかもしれません。

私たちは急速に遠隔心理療法への適応を要請されました。ビデオ通話システムの使用法からして危ういセラピストもおられたでしょうし、たえず接続の途切れを不安視せねばならなくなりました。ユーザーのほうも個室を準備できなかったり、オンライン上できわめてプライベートなやりとりを展開することによる情報漏洩の不安に悩まされた方もいたはずです。生身の身体性をともなう交流はすべて電子データ化され、開始時と終了時の余白も失われ、唐突に始まって切断するように終わっていく感覚に何ともいえないやりにくさを感じた方もおられることでしょう。

ただその一方で、この間にオンラインセラピーに関して実に多様な知見も提出されてきました。なかにはオンラインならではの利点や効用を見いだした支援者もいましたし（吉野、二〇二一：岸本、二〇二一）、オンライン設定特有の関係性を抽出しつつある支援者（堀川、二〇二一）もいたようです。また、オンライン設定と対面設定の差異と共通点を冷静に見据えた論考も提出されています（岡村、二〇二一：西野入、二〇二一）。二〇二一年六月に出版された『サイコアナリシス・オンライン』（Scharff, 2013：妙木、二〇二一）という訳書は、精神分析的な見地からオンラインセラピーについて論じた良書となっています。かつて米国にて精神分析が全盛だった時代に、さまざまな事情からその営為に入っていけない人々への支援方策を練り上げるなかで、支持的心理療法やクライエント中心療法や認知療法等の新たなアプローチが生まれてきた歴史を彷彿とさせる動きです。

こうした新たな論考に喚起されて、私自身もZoom等のビデオ通話システムを用いたオンラインセラピーの特性について自らの経験をもとに考えをまとめはじめました。この形態のセラピーはいまだけの窮余の策ではなく、今後も支援の選択肢として議論を重ねるべきだと考えるゆえです。

まだ手探りの段階ではありますが、以下にオンラインセラピーについて私的に検討したところを記してみたいと思います。

Ⅱ　ファントム論からみたオンラインセラピー

初めての緊急事態宣言時（二〇二〇年四月）に私がオンライン設定（Zoomによる面接）を導入したのは、とある相談機関で支持的心理療法を行っていた数人のユーザーに対してでした。結果として、オンラインでもそれなりに対応できることがわかりました。

しかし、私が実施したのはそれまでに対面での心理療法に取り組んできた人ばかりであり、最初からオンライン設定で行うとなると、それはとても難しいことではないかと思いました。ユーザーの状態像や雰囲気を察することの困難ゆえです。

いわゆるアセスメントの困難といえますが、ここでいうアセスメントとはケースフォーミュレーションのようなまとまった理解の構築ではなく、その瞬間瞬間に揺れ動きながら推移していく、その時々のユーザーの状態像をつかんでいく作業のことを指しています。

当然ここには「実際には共にいないこと（身体的実在性を欠いていること）」と「画面越しの交流になること（すべての交流が電子データ化されること）」というオンライン特有の条件が関与しているわけですが、私にとってはこれらの条件は想定していた以上に大きく影響しました。逆に、対面設定時の自分がいかに自然にユーザーの状態像をその場の雰囲気からキャッチしていたのかに――そして、そこで得られる膨大で細やかなデータをいかに輪郭づけることなく、やり過ごしてしまっていたのかに――気づかされました。失うことで初めてそこにあったものの重要性を知るというあの体験です。

オンライン設定では視覚と聴覚以外の感覚器官による情報受信が遮断されます。そして、視覚と聴覚ですら正確な情報を得ているわけではありません。画面越しの相手はパソコン画面の規格に沿って縮小され、届く声は機械音へと変形されます。

ユーザーの状態像を察知するとき、私たちは五感から得た情報を自動的に統合すると同時に、よりダイナミックに自身と相手とを瞬時に重ね合わせています（Keysers et al., 2004）。この重ね合わせの機序は対象の実在性の強度に相関します。私たちはテレビで見る痛ましい怪我よりも、目前の人の負傷のほうにより強く反応するはずです。オンライン設定では、どうしてもこの種の重ね合わせ機能が鈍くなります。

こうした身体性の隔絶と重ね合わせ機能の鈍麻という本設定の特性を考えるうえで、私が特に参照したのが神田橋（二〇〇六）の「ファントム論」です。このファントム論こそがオンライン設定におけるセラピストの姿勢を考えるヒントになると私には感じられました。そこで本章では、このファントム論について概観し、そこから導き出される（と私が感じた）オンラインセラピー特有の介入法について検討してみたいと思います。

一　ファントム論について

神田橋のファントム論は「いのち」の性状から話がはじまります。「いのち」には「存続の志向（保守の志向）」と「自在性への志向（革新の志向）」があり、主に「からだ」は前者を志向します。生体恒常性（ホメオスタシス）の原理です。「秩序」や「つじつま性」への志向です。しかし、「からだ」は環境からの影響を受け、環境に働きかけることで変化を余儀なくされます。その際、ヒトは脳による情報処理活動を発展させ、学習機能を駆使し、適応範囲を拡張させてきました。いのちの存続のためにいのちの自在性を活用しはじめたのです。

中枢神経系の発達は五感から得た体験のイメージ化に寄与します。五感による体験、すなわち「からだ」の体験は「いまここ」に縛られますが、このときつくられた「イメージ」は「いまここ」性からの離脱を促します。私たちは昨夜の夕食の味や昔聞いた歌をイメージのなかでいつでも想起できます。

ヒトにおいて特に発展したのが視覚イメージです。視覚イメージは絵を生みだし、文字を生みだしました。概念言語によって事象を切り取って理解することが可能となり、私たちは無限にも見える自在性を獲得しました。

この視覚由来の意識界の出現が「こころ」の誕生です。ですが、「こころ」は脳という身体活動が生みだした結果にすぎず、その意味で「こころ」は移ろう影のようなもの、すなわち「ファントム」ということになります。

従来「こころ」として概念化されてきたものは、五感での情報受信を介して生成された感覚イメージから概念言語にもとづいて思考された世界までをもふくみ、一方で「からだ」を極北とする無意識界と、他方で「概念言語による思考世界」を極北とする意識界とで構成されていますが、神田橋は五感による感覚イメージまでを「からだ」にふくめ、概念言語が文字（事象を記述する言語）を獲得したことで登場した部分を「ファントム」と命名しました。

「からだ」はヒトの動物としての部分、犬や猫とも共通している機能であり、一方「ファントム」はヒト固有のものです。ファントムは言語世界をこしらえ、世界を思考可能な形に切り取り（世界を分類し、命名し、記述的・数的に処理し）、さらには文化や文明や制度、政治や経済や法律や世論、道徳観や倫理観といった「大きな物語」を構築するに至りました。いま俎上に載せているヴァーチャルリアリティの世界はファントムの到達点といえるのかもしれません。ファントムはその個人の肉体が滅んでもなお残存し続ける力を得ました。

ファントムは元々「いのちの自在性」に端を発するので、母屋である「からだ」の保守性すらも超えんと「からだ」そのものをコントロールしようとします。ゆえに私たちはまだ眠っていたくても、体調がすぐれなくても、「仕事や学校に行く」というファントム由来の制度に則って行動します。スキナーやヘイズらのルール支配行動はファントムのこの種の性状の例です。ファントムは概念言語によって生成された物語をイメージ界へと送りこむことで、「からだ」に何らかの作用をもたらします。この動きがときに心因性の病をつくりだし、ときに心理療法となります。心因性の病と心理療法は同じコインの裏表です。

心理療法がターゲットとする病に限らず、あらゆる病はすべて「からだ」の生体恒常性のゆらぎといえます。すなわち「こころ」自体が病むわけでも、「こころ」自体に自然治癒力があるわけでもなく、それらはすべて「からだ」の事柄です。**心理療法とは「こころ＝ファントム」を活用した「からだ＝主に脳」への療法です。**こころがこころを癒すのではなく、**「患者のこころ（以下ファントムP）」と「セラピストのこころ（以下ファントムT）」が協力し、「患者のからだ（以下からだP）」に何らかの治療作用を届けようとする試みが心理療法の内実です。**

この協力が志向するのは「からだP」の自然治癒力の発動です。その発動のための最大の要件となるのが、「からだP」と「セラピストのからだ（以下からだT）」との言語以前の共振、共鳴、溶け合いの感覚です。車にひかれた猫の傷口をひたすら舐め続けるもう一匹の猫、添い寝している赤ん坊の異常にふと目覚める親が生きている関係世界です。この関係世界が援助行動の原点です。この原点にファントムを参加させていくこと、すなわち**「からだP」と重なり合う「からだT」の感覚（違和感や不快感等）を「ファントムT」がキャッチし、そこでつかんだものを「ファントムP」を介して「からだP」へとフィードバックしていくことが心理療法における治療機序ということになります。**

二　オンライン設定における技法的工夫

オンライン設定はこの援助行動の原点となる「からだP」と「からだT」の交流が乏しくなり、かつ「ファントムT」から「からだP」への介入も困難になるという二重のハンデを負っています。このハンデを補填する技法的工夫について私が考えるところを以下に示してみたいと思います。

(一)セルフヘルプへの志向

ファントム論をもとにオンライン状況を眺めると、唯一「からだP」にダイレクトに介入できる立場にいるのは「ファントムP」であることがわかります。ゆえに、オンライン設定においては「ファントムP」が「からだP」からのメッセージを尊重し、それを正確につかみ、いかに自然治癒力を発動させる介入を成しうるかが鍵となりそうです。本来「ファントムT」が担う機能を「ファントムP」がどれだけ担えるか、すなわちユーザーのなかの「セラピスト的自己部分」の賦活が支援の鍵となります。セルフヘルプへの志向です。

元々、行動療法や認知行動療法等はこの種の志向性をもとにデザインされていますし、動作法、マインドフルネス、フォーカシング等は「からだP」の声を聞くためのよりよき方法論となっています。

上記の技法群に加え、私自身はSADSやBDIにあるような質問を投げかけ、自身の状態像を得点化してもらい、その得点が「腑に落ちる」ものであるのかどうかを丁寧に吟味していく作業を提案することもあります。「ファントムP」と「からだP」をスムーズに交流させ、「ファントムP」のアセスメント能力の向上を目指した試みです。オンライン設定においては**「私たちが使用する理論や技能をユーザー自身がうまく使えるように供給する」**という姿勢が肝となるように思います。

(二)仮想的実在性の構築

オンライン設定とはファントム界の実体化です。より正確に述べると、ファントム界のなかで「からだ」が「かのように実在」する世界です。テクノロジーがつくりだしたこの仮想的実在性の活用法について考えてみたいと思います。

そのひとつが「いまここ」性への着目です。「いまここ」性は「からだ」界の主特性となっているからです。

具体的にはユーザーが何かしらの体験エピソードを語った際に、その内容の検討だけでなく、いまその内容をセラピストに語った体験それ自体に注目するという介入法です。その話に込めた想いをセラピストに受け取られた感覚があるのか否か、話してみたことで生じた心地よさや解放感、空虚感や後悔や罪悪感といった感覚への注目です。面接内のふたりにとって、いま一番手前にある事柄への注目です。これは「その時々の体験に目を向ける」ことにもなりますので、「ファントムP」と「からだP」の対話能力の向上にも寄与します。

「いまここ」性の補填という観点からいえば、Zoom のようにユーザーとセラピストの双方が並んで画面に映っている状況は利点といえそうです。互いの発言に対して、互いがそれぞれにどのように反応しているのかをたえずフィードバックされるからです。

その一方で、オンライン設定は「ふたりが交流している様相を、さらにその外側（画面越しに）から観察する」という「外部性」が強調された構造であるともいえます。対面設定では、「語りの内容として登場したユーザーを面接室のふたりが観察し、検討し合う」という二重構成になっていますが、オンライン設定は「そのように観察し、検討し合っているふたりをさらに外側から観察する」という三重構成になっており、このことは「いまここ」性からふたりをより遠ざける要素にもなりそうです。

この三重構造による観察力の向上を、いかにして「いまここ」にある事態と結びつけることができるかがオンラインセラピーの鍵となるように思われます。

㈢言葉と発話の効果への着目

オンライン設定では言葉がもつ効果にセンシティブになっておくことも重要です。「ファントム」による「からだ」への働きかけは「イメージ」を媒介にしますが、そのイメージは主に言葉（概念言語）や物語（因果論的思考）によって創造されます。ここでいま一度「言葉」の性質について考えておきましょう。

言葉は仮象界の魔法の杖です（神田橋、一九九〇）。言葉はいまここでの体験を超えて、さまざまな時空間での体験や想像や推測をイメージの形で再現します。過去や未来や別の場所での体験を目前の相手や現在の自分の脳内に浮かび上がらせ、それを自在に操作することができますし、逆に「もし〜だったら／もし〜していれば」というように「体験しなかったこと」をもイメージ化して取り扱うことができます。

一方、先述したようにイメージには五感によって生成された「からだ」由来のものもあります。昨夜の夕食の味や匂いのイメージ、抑うつ症状による身体の重々しさのイメージなどがそれに該当します。これらは感覚と不可分なものです。

当然、このファントム由来のイメージと五感由来のイメージの重なりが大きいほどに、「ファントム」による「からだ」への働きかけは有効性を増します。そのためには、セラピストがいかにユーザーの**実体験に近い言葉**を使えるかが鍵となるように思います。「焼けるような痛み」「息苦しい」「まずい」「耳をふさぎたくなる」「頭が重い」「共にいる」「楽になる」「もやもやした感じ」などの五感を模した身体言語の活用はこのことに寄与するはずです。

ただし、ここで注意を要するのは、言葉（ファントム）はややもすると実体験（からだ）から遊離してしまうという点です。

たとえば、「私たちは共にいる」というイメージはファントム由来のイメージ醸成を意図しています。しかし、オンライン設定においては、その伝達は言葉の偽物性を露呈させかねません。というのも、実際には共にいないからです。鍵っ子に対して親が「寂しいだろうけれど、六時には帰ってくるから待っててね」といった「在」を強調する手紙を残しておくことは、子どものなかの「会えないけれど共にいる」イメージを膨らませる可能性があります。しかし、これは「待っていれば会える」という事実（実体験）があるからです。

言葉が威力をもつにはそこに事実の裏付けを要します。ゆえにオンライン設定において注目しておきたいのは、むしろ「共にいない」という相互不在状況のほうです。逆説的ですが、**「共にいない」という状況を共有し、「共にいない」ことをたえず気にかけている人物イメージを届けること**が、ユーザーのなかの「共にいる」イメージの構築に寄与するように思います。

言葉の作用にさらに注目すると、ある述語や行為に対する主語を明示するか否かという判断にも繊細になっておくとよさそうです。「辛いですね」という主語を欠いた発言は体験の共有感を増す可能性があり、一方「あなたはとても辛いと感じたのですね」と主語を明確にした発言はその個人のなかの体験の分節化に寄与します。前者の話法は自他未分化な「溶け合い」の雰囲気を醸成し、後者の話法はユーザーの体験について幾分距離をもって眺める（セラピストと共同注視しながら事を考える）方向に話を進める効果がありそうです。

さらに、こうした言葉の効果だけでなく、言語のなかの非言語的要素にも感性を働かせておきたいところです。

言語のなかの非言語的要素の最たるものは「声」です。オンライン設定においては、この「声」こそが特に歪みを被ります。しかし、だからこそ私たちはそのユーザーや私たち自身の声が「どんなふうに響いているのか、誰に向けて言われているようなのか、それが何を〝して〟いて、どんな効果を創り出しているのか、話し、聴き、聞かれている最中にその声がどう変形し、変形されているのか」（Ogden, 2001）にこころを砕くことが大切です。

Ⅲ　精神分析状況からみたオンラインセラピー

ここまではオンライン設定における相互不在状況をいかに補填し、いかにつながりの感覚を醸成できるかという点に着目してきました。しかし、その一方で、私自身はこれとは**逆方向の難しさ**も感じています。その難しさについては以下に詳述しますが、この感覚は一種独特であり、もしかすると私個人のものにすぎない可能性もあります。ただ、現時点では各々のパーソナルな体験を蓄積しながらオンライン設定の特性を見極めていくことが肝要とも考えますので、以下に私自身が思うオンライン設定特有の困難について記しておこうと思います。

オンライン設定を導入してしばらくしたころに、ふと私のなかに「精神分析的な設定（カウチ設定）をオンラインで行うとどうなるのだろうか？」という疑問が浮かびました。私が精神分析的に進めているユーザーはすべて来談での取り組みを希望されたので、この問いは個人的には考える必要のない問いでした。しかし、とても気になりました。

分析的な空間はユーザーとセラピストがひとつの部屋にいながら視覚的に遮断され、物理的には各々の声のみが行き交わされる空間です。視覚と音声という要素のみに注目するなら、この種の空間はオンラインでもある程度は再現できるように思い、私は自分を被験者にして試してみることにしました。知人にセラピスト役を依頼し、自分はカウチに横臥し、枕元にパソコンを置いてZoomをつないだまま自由連想を行ってみることにしたのです。もちろん、このシチュエーションが精神分析的な状況そのものであるとは思っていません。ただ、いわゆる「試行カウンセリング」と同じ要領で、何か興味深い発見があるかもしれないと思い、とにもかくにもチャレンジしてみました。

いざやってみると、当然ながらセラピストをとても遠くに感じました。とりわけ距離を感じたのは沈黙の時間です。沈黙時の静寂がやけに気になりました。「自分はやはりこの部屋にひとりでいるのだ」という事実を突きつけられる感覚がありました。「剝き出しの孤独」ともいえる感覚でした。それゆえにセラピストの発言を待ちわびる気持ちが強まりました。

そのなかで想起したのは、私自身がカウチ設定でのパーソナルセラピーを受けはじめたばかりのころの体験でした。私のセラピストは寡黙な人であり、解釈はほとんどなされませんでした。当時は自身の発話後に訪れる静寂がとにかく苦痛で、それを埋めるように次なる連想を提示したり、ときには「この人は私のことを理解できていないのではないか」「話を聞いていないのではないか」と被害的な気持ちを掻き立てられたりしました。

しかし、数年を経て、この沈黙はさほど苦にならなくなりました。むしろ、この営みは互いが互いに何かをもの想い、思考するための沈黙こそが主であり、ユーザーの語りやセラピストの解釈という音声言語は沈黙のなかから生まれくるものだと考えるようになりました。それは互いが互いの発言にたえず反応し合い、その絶え間ないやりとりによって事を進めていく対面設定時（互いに椅子座り、向き合った設定）のインタラクションとは明らかに質を異にしていました。

対面設定においては大なり小なりある種の社交性がふたりの関係を覆います。相手が何かを語れば、受け手は言語的に応答したり、表情やしぐさを介して反応したりすることが自然です。相手の話を聞き落としたり、聞かなかったりすることは礼節を欠くふるまいとして意味づけられやすくなり、聞かなかったことそれ自体の意味を吟味する余地は失われます。また、支援者が顔をしかめたり、涙したり、退屈そうな表情を見せることも禁忌とされがちです（あるいは「自己開示を用いた介入」という「特殊」な手法として位置づけられます）。

ですが、カウチ設定における分析状況においては、こうした種々の制約からかなりの程度解放されます。私自身はセラピストとしても患者としてもカウチ設定を経験してきましたが、この自由さはどちらの立場においてもいえることだと思いましたし、実際に対面設定からカウチ設定に移行したユーザーの多くからもそのような評価を得てきました。

分析を開始して数年を経ると、そのセラピストの解釈を受け取ってもよいし、受け取らなくてもよいという、ある種の自由が保障されている感覚を味わうようになりました。イメージとしては、セラピストの理解が私とセラピストとの**「あいだ」に置かれ**、それを手に取ってもよいし、取らなくてもよい感覚でした。奇妙な表現になりますが、そこには**「交流しない自由」**がありました。

精神分析的心理療法においては、セッション中にセラピストのなかにひとりでに浮かんでくるさまざまな心的体験が、ユーザーの無意識の漂いを受け取りつつあるセラピストの無意識のありようを示すものとして考えられています。この営みはユーザーとセラピストの双方が互いに何かをパーソナルにもの想い、連想や思考を遊ばせることを基調としつつ、ときに音声言語を介した交流が取りもたれるという形でデザインされています。第七章でもふれたように、こうした遊びとゆとりの感覚を基底に敷いているからこそ、耐え難いほどの苦しみや痛みや悲しみをセラピストが――そして、ユーザー自身もまた――十全に体験しうるという逆説がここにはあります。あるいは、いままで思いえがきもしなかった自分自身とのセレンディピティ（偶発的な出会い）をつかむ可能性に開かれていきます。

そして、ユーザーとセラピストの双方がこのような**「ひとり」の感覚**を体現できるのは、逆説的ではありますが、**そのすぐ傍に相手が「共にいる」から**です。「ひとりでいること」は「誰かと共にいる」という**背景的な事実に包まれる**ことで成立しています。「誰かといながら、ひとりでいること」というウィニコット（一九五八）の言説はこのような状況を指しています。そして、この「誰かといながら、ひとりでいる」経験こそ、ウィニコット（一九六八）が「私たちの生きている場」と呼んだ心的な時空間を醸成し、人が心的に遊び、生き、創造性を発揮する素地をつくりだします。

無論、この試行的なオンラインセラピーにおいても、知人は画面向こうから「共にいる」感覚を供給しようとしていたはずですし、私もまた知人の声が聞こえると、そのときには「共にいる」感覚を味わうことはできました。そこには確かに「剝き出しの孤独」を補塡しようとする動きがありました。けれども、ここで味わう「共にいる」感覚は**自然**なものではなく、交流することへのふたりの努力によって構築された**人工的**な性質を帯びたものでした。「共にいる」ことは背景的な事実ではなく、**前景化**されていました。

実際に会っているときの分析状況（カウチ設定）では、ユーザーはセラピストが出す衣擦れの音、息遣い、頷きの気配といったノンバーバルな、人が**自然に**醸し出す音やにおいや空気の振動によって、その姿を見ずとも「セラピストは確かにそこにいる」という感覚をもちえます。「からだP」と「からだT」の実在がもたらす恩恵です。

これがあまりにも**自然**であるからこそ――私たちが普段は空気のことなど考えもしないように――このことは背景的な事柄として積極的に意識化されずに済まされていました。さらにカウチの隔離的性質（藤山、二〇〇三）がこの「ひとりでいること」を補強していました。逆に「共にいる」ことが前景化し、そのことがトピックとなるのは、大抵の場合――酸素濃度の低下という危機によって、空気の在処を全面的に意識化させせられるように――この当然視された感覚がユーザーの空想や情緒や転移、あるいはセラピストの言動や何らかの外圧によって「危機」に見舞われているときなのでしょう。

確かにオンライン設定においても「共にいる」感覚の構築はかなりの程度可能だとは思います。ですが、それはどうしても**ユーザーとセラピストの意識的・無意識的な努力によって人工的につくりださねばならないもの**となりがちです。このことは実際にはその場にいないことや身体的・物理的交流の大幅な制限というハンデを補うためのユーザーとセラピストの意識的・無意識的な努力の賜物であり、特に私たちはユーザーに沿い、彼らと「共にいる」感覚を創出するように訓練されていますので、この種のハンデをほとんど自動的に埋め合わせようとするはずです。

その結果、**「交流すること」が前景化し、その分だけ「交流しない自由」や「ひとりでいる余地」が失われます。**「ふたりでいる」感覚が優勢となり、相手に確実に反応せねばならない感覚が増します。相手の言動を聞き漏らすわけにはいかず、接続が不安定になり音声が途切れたならば、再度聞き直すことが求められ、相槌をいつも以上に意識的に返し、いつも以上に相手の言動に沿う姿勢を心掛けねばならないでしょう。

そして、このことは私たちのパーソナルな思考に（「ひとりでいること」によって創造される自由な思考に）微妙な強張りをつくりだすことになるかもしれませんし、「交流すること」が必然的に内包する「侵襲性」（Winnicott, 1956）をより際立たせることになるかもしれません。あるいは「私たちの生きている場」を微妙に侵食することになるかもしれません。

まとめると、**オンライン設定においては、「実際には共にいない」というハンデを埋め合わせるためにいつも以上に相手に寄り添おうとし、ふたりのつながりを人工的につくりださねばならないことの結果として、「ひとりでいること」の微妙な崩壊（もしくは侵食）が起こりかねないという特性がある**ように私には感じられます。

無論、これは私だけの感覚かもしれません。逆に関（二〇二〇）はオンライン設定を経験したことで「セラピストが傍にいることによる実在性に圧倒される人がいること」や「生身の存在がもつ暴力性」を再認したと述べ、オンライン設定によってこそ「くつろぎの感覚」が得られる人がいることを示唆しています。

いずれにせよ、オンライン設定では対面設定時とは異なる質の交流が生じることは確かです。以降も各人の臨床体験を蓄積し、本設定の性質を輪郭づけていくことが望まれます。

Ⅳ 結び

マクルーハンがいうように（宮澤、二〇〇八）、人はその身体器官を拡張させることで世界の取り扱い可能性を広げてきました。皮膚は服となり、家屋の壁となり、城壁となりました。足は靴となり、自動車となり、ロケットとなりました。目は顕微鏡や望遠鏡へと発展しました。そして、インターネット全盛時代に入り、私たちの受信器官には世界中のあらゆる情報が流入することになりました。たえず世界規模の情報に晒され、私たちの身体はテクノロジーの強烈な潮流のなかに放り込まれ、ややもすると、その小さな胸は押し潰されそうなほどです。

一方、心理療法という営みはこうした小さな胸を、小さな物語を、個々の身体に根差した体験を保護し、その意義を見いだそうとする営みとして発展してきました。

そして、いまオンラインセラピーの導入によって、個人の小さな物語とテクノロジーの発展という大きな物語とが交錯しました。このことは「隔離されていながらも出会っている」という強力な矛盾を私たちに突きつけました。

ですが、私たちはこの矛盾を超えて、新たな心理療法・心理的支援モデルを構築することができるはずです。なぜなら、これまでもずっと私たちはこころという深淵なる矛盾と対峙し続けてきたからです。

第一一章　精神分析的心理療法における終結について

Ⅰ　各療法の終結について

ここまでのところで、心理療法を開始する手続きとそれぞれの援助スタイルの内実について示してきました。ここでさらに、中途過程についてどのような困難が生起するのか、あるいは何が治療機序となるのかを細かく検討すべきところですが、紙幅の都合上それは叶いません。本章では一足飛びに「終結」について検討してみたいと思います。

これまでにも終結に関してはさまざまな著書のなかで検討されてきました。ただ、その検討内容の多くは「終結という事態をどのように取り扱うか」「終結時の介入に際しての注意事項」といったものになっており、私自身は少し趣向を変えて、「終結とは何か」という観点から終結について検討してみようと思います。

しかしながら、問題の解決や対処法の獲得を目的とする支持的心理療法においては、殊更このような問いを抱く必要はないのかもしれません。その目的通りに、主訴内容や症状がある程度解決に向かい、抱えていた問題に脅かされることなく日々の生活を営めるようになったときが「終結」——治療契約の解除——という話になるからです。

また、マネジメントにもとづく心理療法においては、そもそもこのタイプの療法・支援が積極的にその個人の変化を引き起こそうとするのではなく、その個人を取り巻く外的状況の調整を主とする支援となっているため、「終結」もまた外的状況の変容、もしくは外的状況と当該ユーザーとの折り合いや調和の具合によって判断されることになりそうです。

一方、探索的心理療法は「終結とは何か」という問いをダイレクトに突きつけられます。というのも、このタイプの療法は問題の具体的な解決を目指すのではなく、「自分を知ること」を目的としており、では、どこまで「自分を知る」ことができればよいのか、何を知れば終わりなのかと問われると途端に答えに窮することになるからです。

日本にて、探索的心理療法、とりわけ精神分析的心理療法の終結について正面切って論じた論考はほとんど見当たりません。その数少ない論考のひとつが松木（二〇〇四）による『終結をめぐる論考——ある強迫症者と私にとっての「ひとつの終わり」』論文です。かつて私は彼のこの論考と対話する形で『分析臨床の終わり、分析的思考のはじまり』（上田、二〇一二）という論考を提示しました。本章はその論考に若干の修正を加えたものとなっています。

このことは分析的療法に限らないのかもしれませんが、心理療法の始めかたやアセスメント、その途上で生じるさまざまな行き詰まりや転機、そのプロセスに渦巻く転移－逆転移関係の諸相に関する論考と比して、終結をめぐる論考が極端に乏しいのはなぜなのでしょうか？　そのひとつの理由として臨床家側の事情が考えられます。現に日々の臨床活動に苦心する臨床家にとって、心理療法や支援をどのように始動させ、そこに巻き起こる事態とどのように向き合うのかに関心が寄せられるのはきわめて自然なニーズと思われるからです。また、終結があくまである営為の「結果」にすぎないとすれば、その結果を導き出すためのプロセスにこそ注目が集まるのも至極当然のことだと思います。

ただ、ここにはさらに異なる理由もありそうです。

先にも述べたように、探索的な心理療法（以降は精神分析的心理療法と称することにします）の終結が問題の解決や症状の消失、心的な課題の日常生活レベルでの解消とイコールでないことは、この種の療法をオリエンテーションとしている臨床家ならば誰もが知るところでしょう。なぜなら、ユーザーの問題は転移神経症という形でセラピー関係や心理療法状況にもちこまれ、分析の主眼はそのワークにこそ置かれるからです。分析的臨床家の仕事は、転移という濃密な対人的事態を通じてユーザーが抱える課題に取り組むことにあり、この営為において、事は常にセラピスト－ユーザーという一組のカップルを軸に展開されることになります。

フェラロら（二〇〇九）がいうように、このような形態の心理療法では、終結の基準もまた必然的にこのカップルに委ねられることになります。そこでは「客観的指標」や「外的基準」を全面的に参照することはできません。分析状況にいるのはセラピストとユーザーのふたりのみであり、「客観性」という考えが滑りこむ余地がほとんどないからです。そこにあるのはふたつの主観の交錯です。

私たちが分析的な営為の終結について考えたり、語ろうとしたりするときに、私たち自身の主観的な体験、その臨床家自身のパーソナルな考え、志向、人間観、人生観と隔てられた形でそのことを語るのはおそらく不可能です。確かにフロイトやクラインは終結の指標らしきものを残してはいます。しかし、たとえば「抑圧されたものの意識化」「抑うつポジションのワークスルー」などのフレーズで表される人間存在のありかたが具体的にいかなるものかを想定するとき、その臨床家個人の人間観を抜きにそれを考えるのはやはり困難です。言葉上では他との一致をみたとしても、体験的には私たちは私たちなりの「抑うつポジションのワークスルー」しか知りえないからです。

もちろん、分析的な営為の開始や中途過程について語る際にも、セラピストのパーソナルなありようは同様に反映されます。しかし、メニンガー（一九五九）が終結に関して、セラピストの「逆転移現象がこれほど障害になり、これほどひどい危険になる場合はない」と述べたように、終結を語ろうとするとき、この傾向はより抜き差しならないものとなるように思われます。とりわけ分析的な営為においては、終結を語ることはそのセラピスト自身を語ることと直結しています。このことは分析臨床における終結の定式化を困難にし、そのことの語りにくさをいっそう際立たせている気がします。終結はその性質上「語り難い」ひとつの事態のように思われます。

先に紹介した松木による論考は、セラピストの個人的な心情、考え、人間観を前面に示した論考となっています。さもなければ、このタイプの療法における終結という事態は語りえないのでしょう。実際の終結場面においても——たとえそれが直接的ではないにせよ——私たちが自身のパーソナルな側面を場に差し出すことは避けえないように思います。ゆえに以下の論考はきわめてパーソナルな色彩を帯びたものとなっています。

本章では**私自身の**探索的心理療法、特に精神分析的心理療法における「終結とは何か」という問いへの応答を記してみたいと思います。

Ⅱ　終結基準とは何か

分析的な療法の終結について考えるうえで、ここでは三つの論点をあげて検討していこうと思います。それは「どうなれば終わるのか」「終結の意義について」「終結がもたらすこと」の三点です。

特に最初の問い、「どうなれば終わるのか」という問いは、精神分析的な臨床に携わりはじめた当初から私を悩ませる問題でした。確かに支持的心理療法のように主訴の解消を終結の目安にすれば、この問いは何ら問題にはなりません。ただ、実をいえば、分析的な営為に取り組むようになる以前から（私が精神分析的な知や実践に出会ったのは臨床家として機能しはじめてから五年後のことでした）――つまりは転移神経症という概念を知る前から――主訴の解消がそのまま終結に結びつくとは到底思えずにいました。私が経験してきた心理療法の多くが、最初にもちこまれた主訴内容を遥かに超えて展開していったからです。もちろん、それは「治療契約」の曖昧さゆえ（目標設定の曖昧さゆえ）でもあったのでしょう。ですが、いまではこのことはある種の必然のように感じています。むしろ、支持的心理療法とは「あくまで心理療法を主訴の解決のためのみに使用する」という形で、心理療法の自生的な展開をあえて制限し、プロセスの進展をユーザーの益のために（なるべく早く、心理療法を必要としない安定した日常生活を送れるようにしてもらう）コントロールしていく営為として捉えられるのかもしれません。しかし、探索的、分析的臨床はこうした手法を取ることはなく、ゆえに、この手の心理療法に取り組む限り、私たちは当初の主訴を超えて進んでいくことを余儀なくされます。そして、その行く末がどのようなものであるのかという問いはかなりの難題となっています。

先にふれたように、精神分析においても、その行く末、すなわち終結のための基準やこの営みの目標らしきものはさまざまに提起されています。その一例として、フロイト（一九三七）の「抑圧されたものの意識化と内的抵抗の除去」、クライン（一九五〇）の「迫害不安と抑うつ不安の軽減」「喪の作業の進展」、バリント（一九三六）の「新規蒔きなおしから、成熟した性器愛への移行過程」、ウィニコット（一九七一b）の「遊べること」などのフレーズをあげることができるでしょう。ここに示された状態像の達成により終結に至るということならば、精神分析的な心理療法における終結のテーマはとてもクリアなものとなります。しかし、事はそう単純ではありません。むしろ、この種の営為においては「ある基準を達成したゆえに終結する」という考えは、さまざまな齟齬を生みだすように思います。

その理由のひとつとして、たとえば分析的な療法における**終結基準の曖昧さ**をあげることができるでしょう。ここでいう基準が、ある状況における、ある行動回数の増減に見定められているならば、その基準は達成基準としての役割を十分果たしているといえます。その種の基準は測定可能であり、ある状態に達したかどうかが一目瞭然だからです。しかし、分析における終結基準はそうした明瞭さをもち合わせていません。それはもっと曖昧で、多義的で、紛れをもつ言説で成り立っています。そのために私たちはどうしてもこれらの基準を私的な水準でしか受け取れません。バリントのいう「成熟した性器愛」と私が思う「成熟した性器愛」と私の同僚が思う「成熟した性器愛」には、微妙な、場合によっては相当な食い違いが生じているはずです。それは訓練課程の差異や程度によっても異なってくるでしょう。これではある達成を測る基準としてはあまりにも恣意的にすぎます。

また、「ある基準を達成したゆえに終結する」という考えにより、私たちはさらに根本的な問いに突き当たります。それはその達成がなされたという**「判断の是非」**を誰が決めうるのかという問いです。その「判断を誰が担うのか」についてはさまざまに論じられてきました。フロイト（一九三七）の場合、それは「分析家」ということになりますし、あるいはメニンガー（一九五九）がいうような「最大限の効果が得られる時点が近づいたと感じると、患者のほうが同じような意見を言い出すのを待ちはじめ、もしそのような発言があったら、それに同意するようにする」という考えもあります。

しかし、ある基準が達成されたという「判断」を誰が担うのかは論じることができても、その**「判断の是非」**を誰が決めうるのかは容易には答え難い問いとなっています。そこでなされた判断がセラピストとユーザーいずれかの、もしくは双方の病理的心性や共謀にもとづくものではないという「判断の是非」をはたして誰が保証できるのでしょうか。ユーザーとセラピストという両当事者は終結の判断において「必然的に盲点をつくりだす」というメニンガー（一九五九）の知見を参照するならば、この問いはますます如何ともし難いものとなりそうです。

さらに考えてみると、これらの基準に記されていることは何らかの到達点や達成状態の記述とは微妙に異なっていることに気づかされます。というのも、「抑圧されたものの意識化」にしても、「迫害不安と抑うつ不安のワークスルー」にしても、「遊べること」にしても、ここに示されていることはある到達地点の記述というよりも、「人が何らかの心的状態や心的内容を生みだす」ためのひとつの「手段」もしくは「方法」に関する記述となっています。このことはクリストファー・ボラス（一九九九）が「自由連想ができること」という「手段」もしくは「方法」を精神分析の唯一無二の「目標」と捉えたこととも軌を一にしています。

このように考えたとき、精神分析や精神分析的心理療法という営みは、**ある目的地に辿り着くためのものでも、何らかの理解を具体的に獲得するためのものでもなく、何らかの目的地に辿り着くための「手段」や何らかの理解を得るための「方法」を知る営み**として位置づけることができそうです。

しかし、こうした「手段」や「方法」の習熟をそのまま終結の判断基準に据えることはできません。なぜなら、「抑圧されたものの意識化」「不安のワークスルー」などの心的な活動は、たとえば「歩行器を活用していた乳児が、ある時期を境に自立歩行できるようになった」という場合のように、何か明確な達成ラインがあるわけでもなく、また、その状態が達成されれば、以降もほぼ確実にその状態を維持しうるような類のものでもないからです。「抑圧されたものの意識化」や「不安のワークスルー」は分析プロセスの初期や中期にもある程度は行われていますし、逆にこの営為を長期にわたり継続してきたとしても、「抑圧されたものの意識化」という方法を十分に使いこなしていけるとは必ずしもいえないからです。どれだけ分析的なワークに取り組んできたとしても、相変わらず私たちは何かを抑圧し、否認し、隔離します。ときにパラノイックになり、迫害的な想いを強めたりしながら、相変わらず右往左往しつつ生きています。それが実際のところであろうと私には思えます。

精神分析的な営為の終結基準が何らかの達成を測るための客観性、測定機能を有していないとすれば、その意義はいったいどこにあるのでしょうか。

この営みが終わりを迎えようとしているように思えたとき、確かに先達が提示したこれらの終結基準が私たちの脳裏をよぎります。そのとき私たちは彼らの基準をある種の公共的な言葉として、あるいは超自我的な判断基準として体験し、そのユーザーと自分が行ってきたことの結果がその基準を満たしているか否かを問うはずです。しかし、彼らの基準を終結のためのチェックリストとして使用すれば、ここまで記してきたように、私たちはたちどころに思考の袋小路に陥ってしまいます。

彼らの基準はその種のチェックリストとして用いるようにはできていません。そうではなく、**彼らの基準は終結という事態をより分析的に思考していく**ために存在しているように私には思えます。

考えてみれば、そもそも私たちは終結基準に記された内容を何も終結に限って使用しているわけではないことに気づかされます。終結基準として示されたそれぞれの内容はそれぞれの先達の「精神分析もしくは精神分析的心理療法とは何をなそうとする営みなのか」ということへの簡潔な表明であり、無意識の意識化、不安のワークスルー、喪の作業の進展などの事柄はあたかも自明のこととして私たちに内在するひとつの基本定理となっています。たとえば、初回面接やアセスメント面接の段階で、すでに私たちはこれらの定理を少なからず意識しながらユーザーに対する分析的・力動的理解を図ったり、分析臨床の供給可能性を判断したりしていますし、心理療法の途上においても、私たちは幾度もこの定理に立ち返り、いま何が起こっているのかを考え、何をなすべきかを思い起こしているはずです。**ここに記された言説は、ユーザーがあるこころの状態を生みだすための手段であると同時に、セラピストにとっても事を分析的に思考するための手づるとなっています。**終局においても、彼らの基準を媒介として私たちがいま展開している分析的な作業の意味を考えることにこそ、これらの基準の存在意義が形を取ってくるのではないかと私は考えます。

精神分析的な営みは、自身のこころで、自身の人間的な何かを創造するために、自身を活用しようとするひとつの試みです。そうした自らをたえず更新し、創造しようとする営為に対しては、「あらかじめ想定された到達地点」や「ある状態の達成」といった制止的な観念はやはりそぐわないと思います。この営為にはこうした意味での明確な目標は存在しえず、するとこの療法をどの時点で終えるのかは、結局のところそのユーザーとそのセラピストのパーソナルな選択としかいいようがないと思います。あるいは、終結の判断はそのユーザーとそのセラピストの直観によるとしか解答しえないのかもしれません。

ただし、次のようなことはいえるのかもしれません。藤山（二〇一〇）は訓練分析の目的を私たちがよいセラピストになるためでも、もって生まれた資質以上の達成を得るためでもなく、ただ「精神分析的なセラピストに〝なる〟ためのものだと述べています。同様に、ユーザーに対する精神分析的心理療法の供給に何らかの明確な目的を据えようとするならば、それは彼らが分析的な営みを生きるように「なる」ということそれ自体にあるのかもしれません。このことは何も心理療法内に限ってのことではないはずです。ユーザーの生活や人生に精神分析もしくは精神分析的心理療法というひとつの文化を取りこんでいくこと、あるいはこれらの営為によってユーザーの生活や人生が構成されていくということ、そうした契機の提供をひとつの目的として掲げることはできるように思います。

とはいえ、私たちが分析的な生活や人生を送ったところで、やはり私たちは相変わらず不安に慄いたり、防衛したり、行き詰まったりすることでしょう。ただ、ひとつだけ確かなことは、その人が分析的な営みに身を投じたならば、そうした不安や行き詰まりは「分析的な不安」や「分析的な行き詰まり」へと置換されるということです。かつてはわけもわからず体験するしかなかった不安や行き詰まりは「分析的な素材」へと変形されます。それは分析的な視座の獲得を意味しており、このことにより私たちは、少なくとも以前よりは自身の人生を主体的に、レンジを拡大した形で生きることができるかもしれません。

とはいえ、その結果として、ユーザーが人生に希望を見いだしたり、豊かさを感じたり、ある理想的な状態に達することができるかどうかはわかりません。もしそうなれば、それはとても幸福なことです。ですが、それはセラピスト側の意図や目論見によって達成されるものではなく、ある種の願いや祈りのようなものにすぎません――あるいは、そうした願いや祈りすらも、セラピスト側の逆転移的素材として分析のターゲットにされていくことになるのでしょう。そこで何が起こるのかも、どうなれば終わるのかも、何が成し遂げられるのかも私たちにはわかりません。わからないままに、とにかくそうした「道」を、もしくは「未知」を手探りで進んでいくのが、私が思う精神分析的心理療法の実際です。

Ⅲ　終結の意義について

前項では、精神分析的な営為における終結基準の曖昧さを検討し、その内容が「人が何らかの心的状態に至るためのひとつの手段」の記述になっていることを指摘しました。そして、終結の選択は結局のところユーザーとセラピストのパーソナルな選択、もしくは直観によるしかないことを示唆しました。この項ではそうした「直観」の背景的事項について考えてみることで、この営みを終えることにともなわれる臨床的な意義について検討してみたいと思います。その意義は「症状や問題が解消されたことの証左」という文脈をはるかに超えたものであると私は考えています。

繰り返しになりますが、この種の営為は、たえず自分を更新し、創造しようとするひとつの試みです。この「たえず」というのは文字通り「たえず」であり、というのも、**分析的な探索それ自体には終わりがない**からです。このことは、**「転移－逆転移関係に終わりはない」**とするロートシュタイン（一九九四）の指摘や、そもそも精神分析が無意識の探索をその方策としつつも、その**無意識自体に限りがない**という想定にも示されています。

それでもこの営みがいつか終えられるのは、終わることにさまざまな意義が見いだされているからです。その意義として、たとえば「心理的離乳」（Meltzer, 1967）や「脱錯覚過程」（Winnicott, 1958）という言葉が示すように、ユーザーが協働探索者としてのセラピストとの分離を受け入れ、自身のこころやその生を自分で抱えて生きることに一定の価値を置く知見があげられます。これらの知見を支持したうえで、ここではさらに本来的には終わりなき性質を有するこの営みを終え、そこに区切りをつけることの意義について検討してみたいと思います。

メルツァー（一九六七）は分析のプロセスが「転移の自然史」に沿って展開することを明らかにし、分析的設定とセラピストの分析的な姿勢がその「自然史」を進展させる条件になっていることを示唆しました。彼の研究によって、私たちはある意味ではこの複雑極まりない迷宮のごとき営みの地図を手にしたのかもしれません。ですが、彼が再三にわたって忠告するのは、「その地図は実践には使用できない」ということです。「地図は現地ではない」のは無論のこと、ここにはセラピストが意図的にユーザーのこころの一素材を引き出したり、そのプロセスを操作したりすることの不可能性が語られているようです。分析プロセスはあくまで自生的なものであり、私たちセラピストが自分たちの意図や目論見によってそこに巻き起こることを展開させることはできず、むしろ私たちは**「出来事に動かされる」**形でこの仕事に取り組んでいるのです。

しかしながら、終結プロセスだけは事情を違えています。というのも、実際に終結を決め、終結日を定め、終結期を設定し、これまで連綿と続けられてきた営為をいわゆる期限設定療法に変形する作業は、明確にプロセスへの操作的関与であるといえるからです。無論、ゴールドバーグら（一九八五）がいうように、あえて終結日を設定せずに「自然に」事を終えていく終わりかたもあるにはあるでしょう。ですが、ほとんどの分析的な営為は終結日を取り決め、その設定を期限設定療法に変換することで終結を迎えようとします。なぜ私たちは期限設定療法を導入するのでしょうか？

この問いに対して、細澤（二〇一〇）は、ある達成基準を満たしたゆえに終結がなされるのではなく、「終結を通じてワークしうる素材が現れたゆえに終結が選択される」ことを主張しました。そして、「心理療法が延々と続けられる」というある患者の無意識的思考を軸とした「行き詰まり」状況に対して終結の導入を選択した臨床素材を提示しています。フロイトのウルフマン症例や先に紹介した松木（二〇〇四）の臨床素材においても、同様の「行き詰まり」のワークを目的にこの手法が採用されています。ここにあるのは「一介入法」としての終結の選択です。

このような考えかたや事例が特殊なものなのかと問うてみると、どうもそうではないように私には思えます。精神分析的な心理療法の行き詰まりに対して終結を導入するという判断は、むしろ普遍的な技法であると私は考えます。たとえば、ユーザーの心的な問題が緩和され、その分析的な営為のなかで取り組むべき素材が「さしあたり見当たらなくなった」末に終結が選択されたのだとしても、分析的な素材というものが本来永続的に生起される（「転移‐逆転移関係に終わりはない」「無意識に限りはない」）とするならば、「さしあたり見当たらなくなる」という事態もまた、ひとつの「行き詰まり」として捉えられるように思うからです。このような理解は「行き詰まり」という事象の拡大解釈だと批判されるかもしれませんが、しかしながら、どれだけ良好なプロセスを踏んだ末の終結であったとしても、そこに偽りの調和や見せかけの飽和が潜伏する可能性を完全に払拭することなどできません。分析的な営みは必然的に「分析的探索の果てしなさと不完全さをひきずったまま」（Ferraro & Garella, 2009）に終了されることになります。

では、この「行き詰まり」とは何なのでしょうか？　それは各々のユーザーによって異なるでしょう。ただその一方で、上述したフロイトをはじめとする臨床家諸氏が共通してその営為の期限を区切る技法を選択し、そこに一定の意義をみていることは、その「行き詰まり」には何らかの共通した要素がふくみこまれている可能性を示しているように思われます。分析の終結がユーザーの生を実りあるものとし、彼らのこころを進展させるという判断によるとしても、分析を継続すること自体がユーザーの病理に組みこまれ、その行き詰まりのワークを目的に終結が選択されたのだとしても、いずれにせよここでターゲットになっているのは、分析的な営為がもつ「継続性」「持続性」「連続性」の感覚です。時間を区切るということは、裏を返せば、ここで問われているのは分析状況における時間感覚やその作用です。この「時間性」こそ、いま俎上に載せている「行き詰まり」を考えるうえでの鍵となりそうです。

ひとまずここで、精神分析における時間概念について概観しておきましょう。

フロイト（一九一五）は無意識（もしくは一次過程思考）の特性として、時間感覚（時制）の喪失をあげました。時制にもとづいて体験を組織化しえないこころでは、たとえば過去の出来事、体験、対象関係はまさに「いまあること」として経験されます。それは多くのパーソナリティ障害水準の患者や精神病的な水準で機能する患者にみられる心的様式です。彼らのこころでは、過去、現在、未来はリニアな配置を確たるものとせず、渾然としたまま浮遊しています。

このような理解にさらに明確な形を与えたのがオグデン（一九八六）の議論です。オグデンは妄想－分裂ポジションと抑うつポジションの様式を比較検討するうえで、自身のこころや生に歴史性を付与しうるかどうかに着目しました。

妄想－分裂ポジションが優勢に作動しているこころでは、過去は常に書き換えられ、不断に変化していきます。過去は容易に改竄され、喪失は直ちに取り戻され、破壊したものは瞬時に再建されます。こうしたこころにおいては悲哀や苦痛を置いておくこころのスペースは生まれにくく、それらの情緒は万能的に否認され、結果として喪の作業や対象を思いやる体験から人を隔てます。

他方、抑うつポジションにおいては、過去は書き換え不能なひとつの事実としてそこにあります。この様式で機能するこころは、過去はもはや過去であり、歴史であり、その意味づけを改訂することはできても、過去の体験自体をなかったことにしたり、そこにふたたび息づいたりすることなどできはしないという認識に裏打ちされています。そして、現在が過去の蓄積の結果であり、現在が未来の礎となることを実感しています。オグデンが示唆するように、こうしたこころのありかたこそが、人が自身の情緒、思考、行為に一定の責任を負い、自身の人生をよりパーソナルに、より人間的なものにしていくことを可能足らしめます。自身の歴史性の認識は「時間がリニアである」という認識と連なっており（De Simone, 1997）、人が自己の同一性を時間的推移のなかで保存することに寄与します（Erikson, 1959）。時間感覚の獲得や時制の認識は、人が内省的なこころをもち、主体的なこころを成立させていくことの前提条件となっているのでしょう。

一方、時間がリニアであることを認識しえないこころの代表格が**反復的（Wiederholung）**なこころです。そこでは時間はたえず循環的です。過去の状況や対象関係はときに役割と立ち位置を違えはしても、繰り返し「現在」という舞台で上演されます。ビオンが揶揄したように、そうしたこころは「『不思議の国のアリス』のマッドハッターのように、いつも四時に生き続け、いつまでも終わらぬお茶会を開催し続けている」ようなものです。このような心的状況においては、人は自分がどのように生きてきたのかを、生きているのかを、生きていこうとするのかを、十分に考えることも理解することも困難です。また、出来事や体験の多くが自身のありようの結果ではなく、自分にはあずかり知らぬところで生起された「どうしようもない何か」にすぎないものとなりがちです。因果論的な時間配列にもとづく思考が欠落しているゆえです。

このように考えたとき、反復を解釈するという行為は「いままさに反復されているこころ――想起される代わりに行為に移されていること（Freud, 1914）」を「反復されていたことを思考するこころ」へとシフトさせ、体験を「過去化」（上田、二〇一八）するという意味で、こころの「時間化（Zeitigung）」（Husserl, 1928）を促進する一技法であるといえそうです。それは「いまここ」に生起された事態を「過去化」し、その人の人生史の適切な時間軸に配置し直そうとする試みでもあり、そのなかで「物切れで断片的だったユーザーの人生史は、澱みの少ない滑らかな流れをもつ人生史へと変化して」（上田、二〇一八）いきます。

このことは反復という循環的な時間に、解釈というひとつの切れ目、区切りを入れることで、円環を直線（リニア）に変えるという図式的なモデルからも捉えることができそうです。私たちが転移や再演や反復などの「現在に展開する過去」を解釈するとき、この「時間化」がたえず作用しています。こうした時間感覚の付与こそが、人の主体的なこころの成立に寄与することは先述したとおりです。

そして、終結の導入は、この種の「反復への解釈」と同義の介入であると私は考えます。それは反復される分析的な営為に時間的な区切りを入れ、主体的なこころの形成を目指すひとつの試みとなっているように思います。

ただ、ここで考えておきたいことは、分析的な営みはそもそもからして「反復的な性状」をその内に宿した営みであるという点です。分析的な探索に終わりがないとすれば、私たちはすでに最初から自分たちの臨界枠を超えた「どうしようもない何か」に身を投じているといえますし、同じ時間に、同じ場所で、連想と解釈という同じような様式のなかでこの「どうしようもない何か」に取り組み続けることは、きわめて反復的な営為であると私には思えます。

先にあげた「心理療法が延々と続けられる」というユーザーの無意識的思考は、確かにその人の万能感や対象関係の病理から湧出されたものなのでしょう。しかし、彼らの病理がそのような形を取ったのは、この営みがそもそもからして永続的で、反復的で、循環的な性状をあらかじめその内に保存しているからではないでしょうか。そのような性状が病理の表出経路として用いられたからこそ、その行き詰まりは「分析的な営みを終える」ことでしかワークしえなかったのではないでしょうか。そして、この種の反復的な性状がひとつの「行き詰まり」として形をもちはじめるそのときこそ、その営みに終結の可能性が兆しはじめた証なのではないでしょうか。

ここまでのところで、私は「反復」という「反復強迫（Wiederholungszwang）」に通ずるような一見病理的なタームを用いてきました。しかし、その一方で、私自身はこうした反復的な性状こそが分析的な営為の推進に不可欠な要素になっているとも考えています。その要素とは、私たちの「あずかり知らぬところ」で、この営為の継続性や連続性をつくりだす効果を指しています。

この作用をもっと色濃く感じるのは、一度分析的な心理療法が開始されれば、継続することがあたかも自明のことのように「また次回」といって毎回のセッションを終える習慣的ふるまいを改めて思い起こすときです。この継続することの自明性は、分析的な臨床を行っているときに顕著で、その他のアプローチを――たとえば支持的心理療法やマネジメントにもとづく心理療法を――行っているときは「この心理療法がいつ終わってもよいように介入する」「私からの支援をなるべく継続してもらう方向で介入する」といった具合に、心理療法の継続性や連続性という要素により意識的になりながら事に取りかかっているような気がします。ユーザーとセラピストの双方が、この「継続することの自明性」にそれとは気づかぬままに一定期間身を浸す、こうしたありかたこそがとても重要な要素になっていると私には感じられます。それは「いつ果てるともない濃密な関係」という錯覚をつくりだし、ウィニコットのいう「環境としての母親に抱えられた乳児」の状況と類似した、人がパーソナルに生きるための土壌をこしらえているように思えるからです。裏を返せば、分析的な営為のなかでこの「継続性」という要素が意識されるときとは、この営みが危機に瀕しているか、事態が抜き差しならない重要な転換点にさしかかっていることを示しているのだと思います。

私の理解では、終結の導入は分析的な営為が包含するこうした反復的な性状への関与です。それはあまりにも自明のこととして、この取り組みの継続性と連続性を支えていた作用への関与です。その意義が「こころの時間化（時制の構築）」と「主体性の成立」にあることは先述したとおりです。分析的な営みが患者の過去や現在の体験をひとつの素材として認識し、その人生に収納していく試みであるとすれば、終結の導入はその営み自体を素材化し、そこでの体験を以降の人生の礎石として活用していくためにあるのかもしれません。

終結は時間の永続性、反復性との別れです。時間がリニアである限り、はじめられたものはいつか終えられ、抱えてくれる親の腕はいつかなくなり、生まれ出たものは必ず死にゆく、そうした苦痛と寂寥に満ちた認識への参与です。精神分析は対象関係論や心的力動論を主として、こころの空間的理解を深化させてきましたが、それと同時にこうした「時間」という概念がもつ重みにも関心を払ってきました。ウィニコット(一九六〇)が「本当の自己」を裏付ける「存在することとの連続性」という時間的作用を人間の基本的なありかたに敷いたのはその一例です。精神分析的な営みにおいて、時間がリニアであり、人の時間に終着点があるという事実に取り組むことは、人がいつか死ぬという事実を引き受けたうえで、その生がいかなるものであるのかを思考することと等価なのでしょう。

ここで記したことは、時間のもつ絶対性やどうしようもなさを抱えながらも、なお人がパーソナルに生きるためにこの種の療法が果たしうる寄与についてです。

Ⅳ 終結がもたらすこと

最後の項では、ひとつの営みに協働してきたふたりの人間がその営為を終え、別れるということ、それ自体がもつ意味について考えてみたいと思います。そのことは、たとえば家族や恋人、友人、師弟など、濃密な人間関係全般に通底していることだと思います。分析的な関係はそれらの関係と並置される、きわめて人間的でパーソナルな関係です。そのような営みが終えられるというのは、はたしていかなる事態なのでしょうか。

ここでひとつの臨床素材を提示してみたいと思います。この臨床素材は拙書『心的交流の起こる場所』（上田、二〇一八）にも一部紹介したものであり、教科書的に分類するならば、中断例に該当するものです。先述した「終結期」も導入されることなく終えられており、その意味では本章に掲載するには不相応なのかもしれません。ですが、たとえ自家撞着を生むとしても、この素材はひとつの営みを終えることの意味を、終結という事態がもたらすことを、確かに私に教えてくれた臨床素材となっています。

＊

ある若い独身男性が抑うつと希死念慮を主訴として私との週一回五〇分の対面設定による心理療法に入った。彼は幼少期より、母親の支配的で侵襲的な態度に応じ続け、思春期時には日々母の愚痴を聞かされてきた。そのころから彼は独自の死生観を創出し、その世界に密かに耽溺するようになった。大学入学を機に独居した彼はしばしの平穏を手に入れ、大学院に進学し、ある分野の専門的キャリアを積み上げていった。だが、そのころ、同じキャリアを歩んでいた友人の自殺をきっかけに彼は抑うつ状態へと陥った。その友人は彼が生まれて初めてともいえるほどにこころを許した存在であった。友人はある機関から依頼された仕事に追い詰められていた。彼は友人から助けを求められたが、彼自身も多忙をきわめ、十分な援助は叶わなかった。ふたりは事態の窮状に為す術なく、そのなかで友人は唐突に自殺を遂げた。友人が待ち合わせの時間に来なかったので友人宅を訪れたときに、その変わり果てた姿を発見したのが彼だった。

その後、何とか就業したものの、業務の多忙にともない症状が再燃し、そのまま悪化の一致を辿った。辞職を余儀なくされた彼は、ちょうどそのころに起こった父の病死も相俟って実家で暮らすことにした。それは家族の意向であった。抑うつ感は解消されず、彼は以降も無為な生活に身を留めていた。このような経過のなか、通院先の医師の紹介で私たちは出会うことになった。

開始当初の彼はセッションの冒頭で毎回定型句のごとく希死念慮の生起を報告し、その後は倒錯的な死生観や自身のこころに広がる死の感覚について淡々と語り続けた。その死生観を言い表すのに彼はさまざまなイメージをあげたが、そのひとつは、ある村での秘密の儀式をテーマにしたパソコンゲームの内容であった。その儀式とは重篤な病を患う人に対し、その人のもっとも心地よい世界をイメージで体験させながら、実際はその人を巨大な食虫植物に喰わせていくというものであり、彼にとって死は苦痛からの救済を意味していた。著しく情緒を欠いたセッションが続き、私たちの営みそのものが彼の死の感覚をなぞっているように私には感じられた。

最初の転回点が生まれたのは、開始から一年を経たころのことだった。あるとき私は交通機関の影響でセッションへの遅刻を余儀なくされ、さらにそのことを彼に連絡できない状況下に置かれた。到着までのあいだ、私は強烈な罪悪感と焦燥感に駆られていた。

ひとり待合室に佇んでいた彼は、私の姿をみとめると安堵の表情を浮かべた。このときの私は明らかに罪悪感に満ちた表情をしていたのだろう、そんな私に対して彼は「大丈夫ですよ」と一言声をかけた。

セッションでは友人の自殺について連想された。私は自身の突然の不在を友人の自殺と結びつけて解釈した。だが、彼のほうはいつもと同様にその解釈を知的に咀嚼するのみだった。彼の情緒にふれることは叶わなかった。しばらくすると、連想内容の矛先が変わり、彼はある歴史上の人物の悲劇について語りはじめた。そのなかで彼は「自分の苦しみよりも、他の誰かの苦しみのほうが自分にとっては大きな苦しみなのです」と述べた。

このときだった。私のなかにあまりにも突然に圧倒的な悲哀の情が押し寄せてきた。こうした情緒の揺れが少しずつひいていったとき、私のなかにひとつの理解がごく自然に生起されていた。その理解とは、彼が生きることの苦しみを母から負わされ、友人からも預けられ、そして、いまなお私の罪悪感という苦しみを彼が引き受けようとしており、それこそが彼の人生史を形作ってきた苦しみなのではないかといった理解であった。この理解を伝えると、彼は静かに涙し、そのまま沈黙に浸った。

翌回、彼は友人から苦しみを預けられたが、自分も友人に預けたものがある、それは彼の「死の世界」であり、それゆえに友人は自殺したのではないかとずっと考えていたことを明かし、激しく嗚咽した。それは彼が私に初めて見せる生々しい慟哭だった。

その後は対象の侵襲性によって自身のパーソナルなありかたを保持しえないことや、その一方で対象と交流しえないどうしようもない孤独感を抱えていることがセラピーの主要テーマとなっていった。このテーマは母へのネガティブな想いを軸に展開され、こうした彼のスキゾイド的なありようは私たちの関係性にも具現し、セッションはいよいよ不毛な雰囲気を色濃くしていった。連想と解釈が機械的に応酬されるのみの、ごくフラットな時間が長期にわたり続いた。

しかし、こうした状況に取り組み続けていると、彼は自然に前進しはじめた。セッションではわずかながらも生き生きとした交流が芽生え、私生活では元同僚からの会合への誘いを受けたり、学生時や就業時に暮らしていた土地へとひとり旅に出るようになった。それらの経験は彼の喪の作業を進展させた。ひとり旅から帰ってきた彼は旅行中の体験を日記に綴り、以降も日々の何気ない出来事に対する想いを日記に書きつけるようになった。

この日記をめぐって、彼はこれまでさまざまな事柄を「物語化」することで現実の生々しさを「モニター越しに捉えるよう」にして生きてきたが、そのように受身的に「物語」の読者になりすますことで、事態に直接的に関与しないようにしてきたのかもしれないと連想した。私がこの心理療法もまたそうした「物語」のひとつになっているのだろうかと尋ねると、彼はこの心理療法も、最近始めた日記も、確かに出来事を「物語化」するものではあるが、しかし少なくともいまは自分が「主体的な書き手」になっている感じもあると応えた。

その後、彼はこの心理療法の終結を予期するようになった。ひきこもり状態はおおむね脱しており、再就職への希望と不安を口にするようになっていた。私もまたこの心理療法の終わりを予感しはじめていた。

ただ、このころ私のほうに微妙にまずい事態が生じていた。私はプロセスノートを基本的にはセッション当日の夜に作成していたが、その作業が滞りはじめたのである。しかし、そのときの私は自身の多忙さゆえと特に気に留めることなく、記録を作成しないことへの気まずさを覚えつつも、終結に至ろうとするこの心理療法に尽力していた。

それから二カ月ほどが経過したころのセッションで、彼は主治医から若干の躁転傾向にあると指摘されたことを報告した。そこから自殺に関する連想へと移り、自分にとって死は徐々に絶望に蝕まれるイメージであり、躁による突発的な死は自分の感覚とは程遠いものだと語った。

このとき私は以前には定型句のごとく報告されていた希死念慮が、ここ数カ月のあいだまったく話されていないことに気づいた。彼のほうは「でも、生と死の境界は物凄く儚いものなのでしょうね」と述べ、それから話題を一転させて、先程家族のために雑貨屋で購入したというある日用品を私に見せた。彼が自由連想以外の行為をすることは珍しいことだった。私は若干の戸惑いを覚えつつも、このときはセラピー関係がより親密になったゆえの行為なのだろうと感じるのみだった。

翌回では、仮に自分が突発的な自殺を試みても、死から目を背けている家族には決してそれを止めることはできないだろうという内容が語られた。私は転移の文脈を考慮しつつも、彼の死の可能性をどこか絵空事のように漫然と聞いていた。

だが、そこには微妙な不穏さもあった。考えてみれば、私は彼が死ぬかもしれないという不安を随分と長いあいだ感じないままに過ごしてきていた。開始当初の私は彼が面接室に姿を現すたびに、今週も彼が生きてくれていたと胸を撫でおろしていたことを想起した。この死への感受性の麻痺に私は危機感を抱きはじめた。この不穏さに突き動かされる形で、私は「あなたのなかで、いま自殺への想いが高まっているように思えるのですが」と尋ねた。

彼は「いいえ。いまのは仮の話です」とやんわりと否定した。それから彼は、先日同胞のひとりと電車に乗った際に人身事故に巻きこまれた出来事を連想した。このとき同胞は電車の遅延に憤慨し、自殺者が出たならばその家族に多額の賠償金を請求すべきだと話した。彼は命を金銭に換算する発想に憤りを覚え、「なぜ、命を他人事にしたり、物のように扱ったりできるのでしょうね」と疑問に想い、そのことも日記に綴ったとのことだった。そして、「最近もいろいろなことを書き残していますね」と述べて、この話を締めくくった。

「書き残す」という言葉に私はひっかかった。「残す」という言葉が強いインパクトを与えていた。彼にとって書くことは主体性の発揮と同義であり、それは紛れもない進展の証のはずだった。だが、いまや私の違和感は確かな不穏へと変質していた。思わず私は「あなたはまるで遺書を書き残そうとしているかのようですね」と伝えていた。これまでにも自殺については何度も語り合われてきた。だが、このときの私にはこの解釈はきわめて危険な発想だと感じられた。

彼はいつもと変わらぬ口調で「それは意外な考えですね」と応えた。

心理療法の終わりの予感、生死の境界の儚さ、私物を見せた彼、遺書として日記、他人事としての命、こうしたシークエンスが私のなかに急速にある理解をこしらえていった。これらの素材のすべてが彼の死への傾倒を訴えているように私には感じられた。

そのなかで私は自身がプロセスノートの作成を滞らせていたことの意味をはっきりと自覚した。そこには彼とのやりとりを記したノートが彼の「残り形見」となってしまう可能性に対する私の無意識的な危惧が反映されていたようだった。彼の命を「他人事」にしえない私の想いは、「プロセスノートを書かない」という行為のなかへと吸収されてしまっていた。

私は彼が深刻な死の危機にあることを再度伝えた。そして、日記の内容を報告することも、先日私に初めて私物を見せたことも、いまこうして私の前で話していることも、そのすべてが死を目前にしている彼が私のなかに自身の存在を刻みつけておこうとする試みのように思えることを伝えた。

彼はじっと私を見つめて沈黙した。場は強烈な緊張と重苦しさに満ちていた。あまりにも突然に彼が手の届かない存在になってしまったように私には感じられた。

終了際にようやく彼は口を開いた。「自殺は残された人たちの苦しみを思って、ずっと決行してこなかったんです」と語った。私は友人の自殺によって彼が味わった苦しみと同じ苦しみから、彼が私や彼の家族を保護的に隔離しようとしているように思えることを伝えた。彼は静かに涙した。そして、「この心理療法が続く限り、私は自ら命を絶つことはしません」と述べた。だが、私は依然として彼があまりにも遠くにいってしまった感覚を味わい続けていた。

もはや彼の死は絵空事ではなかった。私はマネジメントのために彼の主治医と連絡をとった。すぐに主治医は入院を勧めたが、彼はもう少し私との心理療法を続けたいと話し、入院を断った。主治医は診察頻度を密にして対応することにし、私も心理療法の頻度を密にすべきと考えたが、私自身多忙をきわめ、それは叶わなかった。状況はますます彼の友人が死んだときと酷似していった。

彼は日に日に衰弱していった。食事もまともに取れてはいないようだった。そのころのあるセッションで、ひとり旅をして以降、「生きていることの温度」を感じるようになったが、そうであるほどに生々しい希死念慮が頭をかすめるようになっていたことを打ち明けた。そのころのあるセッションで、彼はかすれる声で、友人が死に、自分だけが生きている意味がわからないとつぶやき、長い沈黙に入った。重苦しい沈黙であった。そのセッションが終わりを迎えようとするとき、彼はある戦争映画のワンシーンに言及し、戦場でわずか数メートル先にいる戦友が弾丸に倒れ、その亡骸を見入る兵士の気持ちがいまはよくわかると述べた。そして、「生きるか死ぬかは紙一重なのでしょうね」と話した。

私たちもまた数メートルの距離で対峙していた。私はその事実を取り上げ、彼のなかでは私と彼の生は一方の死によってしか成立しえず、ふたりが共に生きる可能性をまったく信じられないほどに事態は逼迫しているのだろうと伝えた。彼はさめざめと涙した。そのなかで彼は友人の死によって事態の窮状から解放され、自身の生が友人の死の上に成立していることの強い罪悪感について語った。そして、「生きていてよいという保証がほしかった」とつぶやいた。

以降も沈黙に満ちたセッションが続いた。時折発せられる言葉はいずれも感覚的で形容し難いものばかりであった。私は解釈を控え、この状況を抱えることに専心した。その間、彼はやはり自分だけが生きていることの罪悪感とその苦しみを吐露していった。

ただ、このような経過のなかで、彼は自然に退行状態から立ち直っていった。セッションは少しずつのびやかさとリラックスした雰囲気を取り戻しつつあった。直接的に話し合われることはなかったが、確かにふたりでこの危機を乗り越えていったという手応えを、私たちはそれぞれに感じ合っているように思われた。少しずつ、彼の口から生きることへの希望が語られはじめ、そのころのあるセッションで彼はこの面接空間を「誰かといながらも、自由でいられる空間」と評し、くつろいだ雰囲気を見せた。

開始から三年が経過したころ、彼の親戚のひとりが病死した。それを機に彼の連想は父親に焦点づけられていった。彼は父とは陽性の関係を築いてきており、彼にとって父は職を転々としつつも自由奔放に生きた理想の人物であった。しかし、そうした自由さが母に犠牲を強いており、そんな母を支えるために愚痴の聞き手として我が身を差し出していたことが少しずつ理解されていった。

そのころのあるセッションで、彼はまったく唐突に思い出したというあるひとつの情景について連想した。それはこれまで完全に忘れ去られていた思い出であり、学童期に父とある建造物を見学したときの記憶であった。そのときに彼は父からずっと憧れていた仕事があったことを打ち明けられた。その仕事は彼の専門的キャリアと深い関連を有する仕事であった。彼は「そんな形で父が自分のなかに生きているとは思いもよらなかった」と述べ、感慨深い沈黙に浸った。

それからまもなくのことだった。彼は緊迫した様子で、一家の働き手である同胞に重篤な病気が見つかり、自身はこの週のあいだに就業したことを報告した。その職は彼のキャリアに則したものだった。そのために次週から研修を兼ねた長期出張に出ねばならないと彼は言った。その声は震えていた。当然、このあまりにも性急な動きに私は驚きを隠せなかった。その一方で、こうなることをどこかで予期していた自分がいたことにも気づいていた。私は「あなたはこの心理療法の終わりを考えているのですね」と伝えた。

彼は肯定した。今日終わるつもりだと述べた。職場の上司から彼の話しかたや物腰が固いと指摘され、彼はそれをこの心理療法の影響だと訴え、昔の自分はそうではなかったと主張した。このような彼からのダイレクトな非難は初めてのことだった。だが、患者やクライエントから攻撃を向けられたときのあの独特の緊張や圧迫はこのときの私には感じられなかった。そこにあるのはある種のもの悲しさだった。

彼は同胞の死を空想したと述べ、死の感覚の久方ぶりの生起が、この「突然の終わり」と何か関連しているのかもしれないと言った。彼はセラピストのほうはしばらくの別れの作業の期間をもとうとするかもしれないが、自分にとっては今日終わることが重要なのだと語った。そこに理屈はなく、あくまで直観的な判断によるとのことだった。「これが私らしい終わりかたなんです」と彼は寂しげに笑った。

それから彼は、いまの家族状況と友人の死の状況とは異なるところがあり、友人には自身の死の感覚を全面的に預けた感じがあったが、いまは同胞や家族と共にこの危機と自身の死の感覚を共有している感じがしていると述べた。

私は以下のように伝えた。

思えば、この心理療法自体が彼の死の感覚をずっと体現していたのだろう。そして、いまや就業という生きるための糧を得る営為を開始しようとしている彼にとって、彼の死の感覚を私が半分引き受け、なお私と彼とが生き続けているという事実が大切なのだろう、と。

彼は涙を溢れさせた。そして、これまで彼の空想のなかで私は幾度も死んでいたが、セッションのたびに私が確かにこの部屋で生きていることを確認して安心を得ていたのだと彼は言った。そのまま長い沈黙に浸った。私は残された素材を想いめぐらせつつも、この心理療法が今日終えられることも確かなことなのだろうと感じていた。

時間が来ると、彼は挨拶を交わし、そのまま静かに退室していった。

＊

フェラロら（二〇〇九）は、終結のプロセスは「遠心的」であり、終結の出来事は「求心的」であると述べています。終結が実際的な別れを媒介として、喪の作業や脱錯覚過程、心理的離乳のプロセスを促進させるという意味で、それは確かに遠心的なプロセスを辿るものといえます。一方、フェラロらは求心的であることの理由として、終結という状況がユーザーのなかの中核的葛藤やトラウマを浮上させる作用があることをあげています。

分離は人のこころに多大な衝撃、感慨、振動をもたらします。ランク（一九二四）が出生外傷説を提唱し、期限設定療法を考案したのも、彼が分離によってもたらされる人のこころの動きにこそ、人の本質的なありようをみとめていたゆえでしょう。先の松木（二〇〇四）の終結論文内で紹介されている臨床素材においては、終結の導入によって浮上した中核的葛藤は「母からの拒絶」であり、「仮想の敵」が患者自身の内部にこそ棲まうという心的現実でした。私が提示した素材では、それは自己の「存在することとの連続性」の喪失であり、その起源は彼のパーソナルな自己（ウィニコットのいう「本当の自己」）を包容する「環境としての母親」が連続性をもちえなかったことに由来しているようでした。そして、友人の唐突の自殺はその中核的葛藤の再演として理解できそうでした。そして、そのことは「突然の終わり」という「中断」を介して私とのあいだにも生起したことでした。終結を通じてユーザーのなかの中核的葛藤やトラウマに遭遇するというフェラロらの主張は確かにそのとおりなのだと思います。

ですが、それだけではないとも思います。フェラロらはこうした中核的葛藤の浮上をひとつの破局的体験として捉えましたが、それは新たな心理的存在として私たちが再構築されることを前提とした破局です。無論、この種の再構築は個人内のこころだけでなく、ユーザーとセラピストの関係性に関しても当てはまることです。本素材において、彼は最後の局面で私との関係性のありようとその意味について言及しています。別れにおいてこそ、人はその相手との本質的なつながりの形、つながりの質、つながりの意味を見いだすのかもしれません。ここにあるのは、**別れという遠心的プロセスがあるからこそ、「つながり」という求心的なありようを見いだすというひとつの逆説です。**

精神分析的な営みが転移をターゲットとする限り、セラピストとユーザーがいまここでいかなる関係を築いているのかは常に注目されるトピックとなっています。基本的には、そこで見いだされた関係性はユーザーのこころにあらかじめ保存され、凍結され、ときにはこころに居所を見いだせないままに漂っていたイメージや対象関係からの派生物です。このような派生物こそ、私たちがユーザーのこころに触知していくことを可能足らしめます。

しかし、この終結時に見いだされる「つながり」は、その途上で取り扱われる関係性とは質を異にしているように思います。それはユーザーの既存の心的世界を理解し、体験的に知るための媒介物としての「つながり」とは異なり、いわば「つながるためのつながり」であり、その営みを継続するうえで前提となっていた「つながり」であると思われます。そして、「前提」といっておきながら矛盾するのですが、こうした「つながり」はそのユーザーとセラピストの長年にわたる関わりのなかで培われた「つながり」でもあると思われます。

このような「つながり」はウィニコット（一九七一b）のいう「リアルであるという感覚」をともなうものです。松木（二〇〇四、二〇一〇）が提示した臨床素材では、患者は最後に「分析家として揺らがなかったセラピスト」について語り、私が提示した素材では、最後に彼は「生きているセラピスト」としての私にふれています。いずれもが、セラピストを「リアル」な存在として体感したうえで、その関係性がいかなるものであるのかに言及した言葉となっています。終結という実際的な別れがもたらす最たる作用は、この「リアル」な感覚に裏打ちされた「つながり」がいかなるものであったのかを知ることなのだと私は考えています。

Ⅴ　結び

終結が時間の絶対性や人間の本質的なつながりの形を知る機会であるとすれば、結局のところ、この局面で明らかになることは、この営為が成立するための前提や根拠になっていた事柄であるという話になるのかもしれません。そして、終結が人と人とが出会い、本質的な体験を蓄積していくための「前提」に回帰する事態であるならば、精神分析や精神分析的心理療法とは、ある意味では壮大な「迂回路」であるといえるのかもしれません。このことは、フロイト（一九二〇）が生を死への迂回路と評したこととパラレルなのかもしれません。

ただ、私たちは単にスタートラインに戻ったわけではないはずです。そもそも、かつてわけもわからずに生きることに行き詰まり、何が起こるかもわからないままにこの営みを開始したユーザーも、あるいはセラピストも、もうそこにはいません。終結の場にいるのは、自分たちが創造した分析的な営為によって何らかの形で改変された私たちです。それは以降も分析的な思考をたえず開始しようとする、新たな心理的存在としての私たちです。

あらゆる心理療法がその個人の生きかたに作用し、場合によってはその形を大きく変えていきます。個人心理療法の終結の場にいるのは、その変化の過程を生き抜き、なおも変化し続けようとするふたりの人間です。支持的心理療法にせよ、探索的心理療法にせよ、マネジメントにもとづく心理療法にせよ、日本流心理療法にせよ、縁あって出会ったふたりが別れていくこの局面こそが、もっとも生きたリアルな体験を私たちにもたらすのでしょうか。

裏を返せば、この別れを生き生きと体験するために、私たちは心理療法という場をこしらえ、ユーザーと苦難を共にし、その身を費やしていくのかもしれません。

第一二章　個人心理療法Q&A

I　対話のなかでの執筆

いよいよ最終章となりました。

本書は元々雑誌『精神療法』にて二〇二〇年二月から二〇二一年一二月まで連載していた『個人心理療法再考』と題した論考を編集し直したものです。

ちょうどこの連載を開始した年に私は大学教員になりました。必然的に臨床家の卵である学生や若い臨床家たちとの接触機会が増え、彼らから心理臨床にまつわるさまざまな問いを投げかけられるようになりました。その問いは私がこれまでにユーザーや先達から学んできたことを輪郭づけてくれました。何よりもその問いこそが執筆の原動力となってきました。その意味で、この連載や本書は、若手臨床家からの問いかけ、ユーザーとの臨床経験、先達の教えという三者との対話のなかで練り上げられてきたものといえます。最後にこの対話の内実を示しておきたいと思います。

以下の問いは実際に学生や若手臨床家のみなさんから提示されたものです。問いへの応答は基本的にはサポーティブ（支持的）な関わりを志向していますが，そこには探索的（精神分析的）な心理療法論やその種の経験知も多分に織りこまれています。

無論，ここに記した回答が必ずしも正答だとは思いません。表記上「A（answer）」としていますが，むしろここに示したのは「反応（response）」です。問いにより私のなかに喚起された思考の記述です。ですので，明確に理論立てられた応答にはなっていないかもしれません。

ただ，このやりとりは何よりも私自身を豊かにしてくれました。自身の思考と対峙するには常に他者の存在を要することを再認しました。問いを発してくれた方々に深く感謝いたします。

同様に，ここにある問いや応答を読んで，読者のみなさんのなかにも各々に豊かでパーソナルな考えが喚起されることを願ってやみません。

Ⅱ　個人心理療法Q&A

Q1　クライエントがセッションへの遅刻とキャンセルを繰り返したらどうすればよいか？

A1　これまで定刻通りに開始されていたのに唐突に遅刻やキャンセルがなされたならば，直近のセッションや最近の流れを振り返り，ユーザーがそうせざるをえない／そうしたくなる要因について探ってみるのが定石とされています。

無論、「急な用事が入った」など現実的な事情からかもしれませんが、それが繰り返されるならば、やはりその心理的な意味合いについて検討しておきたいところです。遅刻やキャンセル自体が行為を通じた何らかの表現となっている可能性があるからです。

心理療法への不満や憤りや不安があるのかもしれませんし、心理療法を不毛に感じているのかもしれません。心理療法が不要になりつつあるのかもしれません。私の経験では、こうした心理療法の継続性にまつわる事柄は、最近のセッションの特に**終了際のやりとり**に密やかに表現されていることが多いと感じます。あるいは、実際に来談できないほどの用事が立て続けに生じているとすれば、心理療法外のユーザーの生活内の何らかの事柄によって「ユーザーのこころを考えていく場」が脅かされていることの意味合いについて考えていく必要があるでしょう。

遅刻とキャンセルが初期から生じているならば、そもそもからして、その設定が――特に頻度や時間配分や支援方針等が――そのユーザーにマッチしていないのかもしれません。その時間配分では長すぎるのかもしれませんし、始めてみたはよいけれど、何のために来談しているのかが十分につかめていないのかもしれません。その場合は、もう一度主訴やニーズ、設定や方針について話し合い、介入スタイルをデザインするところからやり直すことになります。

いずれにせよ、ここで重要なことは、**ユーザーがこうしたさまざまな想いを「直接には言い出せない」**という点です。それがなぜなのかを検討したいところです。遅刻やキャンセルという事態が生じるのは、そのような枠組みをこしらえたゆえですが（自由に来談してよいという設定ならば、そもそも遅刻やキャンセルという事象自体が成立しません）、枠をこしらえるのは、その枠から外れた事態が生じたときにそのことの意味を考えるためでもあります。

なお、遅刻やキャンセルが確かに実際的な事情に拠っており、そこに私たちが種々の心理的意味づけをなそうとすることが――心理療法への抵抗や不安、自立への動きなどと意味づけることが――かえって深読みとなり、双方のズレを深める場合もあります。

精神分析家であるパトリック・ケースメントの事例（Casement, 2018）に、患者の料金の支払いの遅れを分析に対する抵抗と読み解くことで、単に失念していただけであった患者とのあいだで齟齬をきたす事例があります。そして、興味深いことに、このやりとり自体が「患者の主張を押さえつけ、自分たちの考えの正しさを押しつける両親」との関係性を再演していたことが後に明らかとなります。

遅刻やキャンセルを「無意識による行動化」とか「行動による何らかの想いの表明」と想定するとき、そこでなされる意味づけはすべからく仮説の域を出ません。「仮説をやりとりしている」という感覚を忘れずにいたいところです。心理療法という営みは正答当てゲームではありません。一つひとつの行為の意味合いに仮説を立て、それをふたりで検証し合うことで何らかの新たな理解を得る営みなのです。

もうひとつ、この問いに関連して伝えておきたいことがあります。

私はユーザーがセッションをキャンセルしたときにも、定刻に面接室の椅子に腰かけ、「ユーザー不在のセッション」を取りもつようにしています。他の仕事はせず、セッション終了時刻までそのユーザーについての想い、思考をめぐらせます。

こころはそれぞれの関係性のあいだに形作られるものだと考えるゆえです。

Q2 そもそも低頻度設定であり、クライエントの心理療法に対する意欲はあるようだが、体調不良や諸事情でキャンセルが続いて来談が安定せず、連続したセッションがもてないときにどうすればよいか？

A2 この問いを私なりに読み替えると、「物理的なつながりが弱いときに、それでもなお、つながりの感覚をつくりだすにはどうすればよいか」という問いになります。物理的なつながりの脆弱さを、いかにして心理的なつながりで補填できるかという問いです。

無論、Ａ１にも記したように、体調不良になる事情について考え、「体調不良や諸事情を有する自分」をセッションにもちこみ難い理由について考えてみることも大切ですが、物理的な関わりの時間が乏しいケースにおいては、実際に会っていないときの、すなわち「相互不在状況時におけるつながりの感覚をいかに創出できるか」という観点も重要だと思われます。遠距離恋愛をしている恋人たち、単身赴任者のいる家族、短歌を行き交わした過去の歌人たちが生きるテーマです。現代風にいえばヴァーチャルなつながりへの志向です。

今日ではオンラインセラピーの導入によって、ひとつの場に身体を運ばずとも心理療法に取り組むことが可能となりました。ですが、そうした設定さえも組めない場合があります。

そのようなとき、私自身はこの「物理的な接触時間の乏しさ」という事態をユーザーと共有したうえで、「生活のなかで何か思いつき、私とシェアしておいたほうがよいと思った事柄についてノートなどにメモしておいてもらえないだろうか」と提案するようにしています。その際、ユーザーはセラピストのことを思い起こしているでしょうから、さらに「書いているときに、可能ならば、私（セラピスト）だったらこの件についてこのように考えるのではないか、という予想もメモしておいてほしい」と伝えると、ヴァーチャルなつながりの感覚をより高める効果があります。「ユーザーのなかのセラピスト像」との内なる対話への誘いです。

さらには同じことをセラピストも実行してみるとよいでしょう。こうして次セッションで互いのノートを持ち寄って話し合うことができれば、相互不在状況を活かしたセッションとなりますし、実際の出会いの時間をより実りあるものにしうる可能性があります。

このように考えると、認知行動療法におけるホームワークとは「ホームワークという形に姿を変えたセラピスト（像）を家に持ち帰ってもらう介入法」といえるのかもしれません。そのような想いをこめてホームワークを提示するとさらにセラピューティックな効果が期待できそうです。このことは医師の薬物療法においても同じことがいえそうです。

Q3 終了時間を超えて話し続けようとする人への対応について教えてほしい。しかも、セッション内で扱いたくなるような重要な話をされるので悩ましい。「次回うかがうことにしてもよろしいでしょうか？」と伝えてもなかなか切れない。

A3 ウィニコット（一九四七）は「料金を取ること」と「セッションの終了時間を告げること」を「患者に対する治療者の憎しみの表明である」と述べていますが、普通の対人関係では、話し合いの終わりは話題が一区切りついたところでなされるのが自然ですから、この悩ましさは「時間でセッションを区切る」という心理療法特有のものといえます。

ちなみに、なぜ「時間でセッションを区切る」かといえば、基本的にはそれはセラピスト側の都合です。繰り返してきたように、治療構造とはセラピストが自身の技能をフルレンジで発揮するためのアイテムであり、一次的にはあくまでセラピストのためのものです。このことから目を背けてはなりません。ウィニコットの「憎しみ」という強烈なニュアンスを帯びた言葉遣いは一理あると思います。

このことを踏まえると、「次回うかがうことにしてもよろしいでしょうか？」と疑問形にして、その判断の是非をユーザーに委ねるのではなく、時間終了後の延長サービスの必要性の有無はセラピストの専門的判断において決定すればよいという話になります。必要ないならば、「次回うかがいますね」と「切る」ことになります。「切る」という言葉が示すように、そこには必然的に剥奪の感覚がふくまれることになります。セラピストはその感覚が醸成する関係性について吟味しておく必要があるでしょう。

延長を要すると判断したならば、「大事な話のようですので、延長してあと二〇分お話をうかがうことにします」と伝えます。ただし、一度延長すれば、ユーザーは「重要な話を終了際にすると、延長してもらえる場合がある」と考えるようになるかもしれません。それでよいのかどうかを慎重に吟味してください。

そして、やはりこの事態について以降のセッションでユーザーと検討できるとよいでしょう。ユーザーはセッション終了後に独り取り残されたような、それこそ関係を切断されたような孤独感を毎回体験しているのかもしれません。心地よい時間をもっと味わっていたいのかもしれません。肝心な話がセッション中にはできなかったのかもしれませんし、話を十分に受けとめてもらえていないと感じているのかもしれません。契約という社会的ルールに沿えないことがその人のテーマなのかもしれません。話をする意欲が終了際にこそ花開くのかもしれません。理解の可能性はまだまだありそうです。

こうした理解を次セッション以降のユーザーの話の内容に則して提示することができれば理想的です（孤

独感について語ったときに、この終了後のやりとりと結びつけてみるといった形で)。その一方で、この「時間による区切り」というルールの内実それ自体をすべてユーザーに伝えてしまう手法もあります。「心理療法は時間で区切ることになっており、その理由は、時間を超えて話したくなるときに、それがなぜなのかを考えることで、私たちのあいだで生じていることから理解のヒントをもらえる場合があるからです。もしかしたら、セッション内では話し足りないのかもしれません。そして、そのことはあなたが以前語っていた〝目前の人とは肝心な話ができない〟という話と何かつながりが……」といったようにです。こちらの専門知をシェアしたうえで事態を検証するやりかたです。

Q4 自分より年長の人との心理療法や連携に難しさを感じる。たとえば保護者から「子どもを育てたことがないのに」と言われたら困ってしまう。

A4 心理療法や心理的支援におけるセラピストの基本姿勢は「ユーザーから学ぶ」です。「経験がないのにわかるはずがない」というユーザーのメッセージは妥当なものです。私たちは不登校体験、うつ病体験、虐待体験を経ていないかもしれませんし、五〇年生きたこともないかもしれませんし、女であることや男であることやいずれの性でもないことを経験していないかもしれません。そもそもユーザー個人の体験それ自体を私たちはほとんどわかってはいません。たとえ、そのセラピストがうつ病を経験してきたとしても、ユーザーのうつ病体験とセラピストのそれとでは大きく異なります。

私たちは「わからない」から出発し、ユーザーから教えてもらい、学ぶしかないのです。それこそが心理療法や心理的支援の実際です。

もし、「ある事象についてよく知っている者がよく知らない者に何かを教える」というマウントゲームが展開しているならば、そうなっている理由について考えてみるとよいでしょう。

私たちは一般の方々よりは心理学や臨床心理学的な知見を有しているかもしれません。ですが、その知はマウントゲームの勝者になるためのものではなく、心理療法という協働作業をより実りあるものにするための道具にすぎません。基本的には「ユーザーから学ぶ」ことが私たちの営為であると私は思います。

Q5 クライエントからセラピストの個人情報について頻繁に尋ねられたときに戸惑う。「私のことが気になりますか」「○○さんはどうですか」と逆に質問し返すという対応をしているが、クライエントは消化不良になるようであり、介入の手札としても限界があると感じる。

A5 現在の心理療法文化では「自己開示はしない」ことがある種の戒律として定められています。この発端のひとつはフロイト（一九一二b）の技法論だと思われます。彼は分析家が自分のことを語ることで、被分析者が自身のことを考える作業を棚上げし、分析家について知ることに躍起になってしまう事態を懸念し、「自己開示はしないほうがよい」「分析家は鏡のようであれ」という技法論を提示しました。これがいつしか「セラピストは我が事語るべからず」という教条になりました。

私自身は精神分析的心理療法を行っているときには自身の素性について提示することはほとんどありません。ユーザーが自由に私という人間を空想できるようにするためです。この空想こそが分析という営みのための重要な素材となるからです。

「上田さんは何歳なのですか?」と尋ねられたならば、いまこのことを聞きたくなったユーザーの心境について想いめぐらせ、ときに解釈します。それまでに性愛的なカップルをめぐる連想がなされていたならば、「あなたはいま、もし自分と私とが付き合ったならば、年齢的に見合うカップルになるものだろうかと考えて私の年齢を知りたくなったのかもしれませんね」などと言うかもしれません。ユーザーは「そんなことまったく考えていません。あなたこそが私を性的に見ている」と憤慨するかもしれませんし、「そうだとしたら、先生はどう思うのですか」と返してくるかもしれません。その反応に対してふたたび思考し、解釈します。

支持的心理療法の場合は、特に差し支えのある質問（住所など）以外は大体答えるようにしています。私に対する空想を自由に展開させることよりも、答えることでユーザーが私という対象に対する「確からしさ」を得て、安心感を覚えるならば、そのほうがよいと判断するからです。ただし、こちらの個人情報を開示した瞬間に、その心理療法はその文脈を前提に（セラピストは結婚している、子どもがいる等々、関係の文脈が一定の制限を被った形で）進んでいくことになるでしょう。

このように「セラピストの個人情報を希求する」という事態については、私自身はいま行っている心理療法の目的と照合させながら対応しています。

少し話がずれますが、「対象に対する確かさ」というテーマと関連して、「初回面接」に関して言及しておきたいことがあります。

初回面接におけるユーザーは、その場がどのような場なのかも、その支援者がどのような人なのかも厳密にはほとんど何もつかめていません。ですので、初回においてユーザーがさまざまな疑問を呈することは、彼らが現状を把握しようとしていることの表れであり、ユーザー側の「支援に対する意欲の表れ」として捉えるとサポーティブな理解となります。私たちがユーザーについて知ろうとするように、ユーザー側も私たちの考えや私たちが供給しようとしている営為について知ろうとすることを推奨できるとよいでしょう。ユーザーのなかの私たちに対するアセスメント能力の賦活です。

こうした相互アセスメントの導入は、これから行われることが「ふたりの協働作業」であることを示すメッセージとなるはずです。

Q6 心理療法で展開している内容とセラピスト自身の課題が重なってしまったときにどうすればよいか？

A6 心理療法において、私たちは自身のこころの空間を部分的にユーザーに明け渡します。必然的にユーザーの心的事象が私たちのこころに流入してきます。そして、その流入したものと取り組む際に、セラピストはユーザーの心的事象と同一のテーマや類似した部分を大なり小なり使用することになります。この手続きは何も力動的心理療法だけに当てはまるものではなく、行動療法でも同様だと思います。「決められた時間、着席しておく行動」の増加を計画するとき、（おそらくは私たちのなかにもある）「着席していたくない想い」「自分の思い通りにしておきたい衝迫」への心配りなしに介入が進められるならば、それは単なる「指令」や「洗脳」や「管理」となり下がるでしょう。

ゆえに、「セラピー内容とセラピスト自身の課題の重なり」は心理療法の順当なプロセスといえます。むしろ私たちは相手と自分の「課題の重なり」を積極的に見いだす必要さえあるのかもしれません。

ただし、自身の心的内容や心的事象を相手のこころに流入させる権限を有しているのはあくまでユーザーです。原則として逆は避けるべきです。セラピスト側がそうしたいならば、ユーザーのほうに料金を支払わねばなりません。

とはいえ、ユーザーの語りやありかたに刺激されて、セラピスト側が自身の課題を心理療法の場にもちこんでしまう（ユーザーの心的空間にセラピスト側の心的事象を入れこんでしまう）ことは往々にして起こりえます。その場合、ユーザーはそのことに対して何らかの反応を示します。その反応をつかむこと、すなわち「ユーザーのこの言動は私の言動や態度に対する反応かもしれない」とたえず考えようとする姿勢が肝要です。いまこの状況に対して「誰が何をもちこんでいるのか」（Casement, 2018）ということに常にセンシティブになっておくという話です。

スーパーヴィジョンやコンサルテーションを受けることはそのための一助となります。面接室内の出来事を「外」から眺める視座の獲得となるからです。

Q7

多重関係になるときに気をつけるべき点について。具体的にはスクールカウンセラーとして心理教育等の授業を受けもちつつ、その授業に参加した生徒とカウンセリングを行ったり、あるいは児童養護施設にて生活場面に参加しながら、同時に個人心理療法も行ったりする場合にどのようなことに配慮すればよいか？

A7

多重関係という用語は主に倫理的な文脈のなかで語られるものです。

心理療法とは、スポーツのように、あるルールによって統べられたフィールドで行われる営為であり、キーパー以外のプレイヤーが手を使いはじめたらサッカーでなくなるように、ユーザーとセラピストが私的な友人や恋人になった瞬間に、そのふたりの取り組みは心理療法とは異なる何かとなります。公認心理師や臨床心理士の規定でも多重関係は禁止されています。それは第三項的な法となっています。

しかし、質問にあるように、スクールカウンセラーが当該児童生徒の「授業供給者」であると同時に「カウンセラー」でもあるという状況になると、話は途端に難しくなります。「管理医」であると同時に「セラピスト」であるときも、自身のクライエントがTwitterのフォロワーになったときも話は難しくなります。

私自身は多重関係を倫理的側面から捉えると同時に、技法的な側面からも捉えてみる必要があると考えています。

かつてフロイトやクラインは我が子を分析の対象としてきました。完全な多重関係です。しかし、時代を経て、そのような構造内で心理療法を行っていくとさまざまな支障をきたすことが経験的にわかってきました。確かに家族や友人や恋人と「週一回五〇分の時間枠をレギュラリーに設け、一方が他方に何らかの心境を吐露し、料金を払う」というありかたはあまりに不自然ですし、セラピスト役を担った人は「こちらは忙しいのに。そのことを相手は知っているだろうに」とか「後で関係がややこしくなるから、このことは黙っていよう」といった想いに駆られることだってあるかもしれません。それでは心理療法にはなりません。

心理療法内に付加される変数が増えるほど、考慮せねばならない事柄が増えます。多くの場合、そのことはセラピスト機能に制限をかけることになるでしょう。このように考えると、個人心理療法という設定は、**人間関係に付随するさまざまな付加因子や変数を極力減らしたうえでの取り組みとなるようにデザインされている**といえます。その理由は、そうしたほうがセラピストにとって「やりやすい」からです。

「やりやすい」というのは技術的な話です。大工が「こちらの道具のほうがやりやすい」というのと同じ理屈です。心理療法や心理的支援は双方が「赤の他人である＝関係が支援関係のみに限局されている」といった形で変数を減らしたシンプルな構造であるときにもっとも取り組みやすく、プラス管理医である、プラス教員である、プラス Twitter のフォロワーであるといった変数が増えるほど、そこに付随する転移－逆転移関係は複雑化します。複雑化するということは考慮すべき事柄が増えるということです。当然心理療法は難しくなります。

ただ、関係が複雑化することは、その分だけ支援に工夫を入れるための材料が増えることでもあります。精神分析ではこうした支援者側の多重役割を「パラメーター」(Eissler, 1953) と概念化し、その導入をめぐる関係性の変形作用について検討してきました。患者の危機的状況に対して主治医として入院環境をマネージすることで、患者はその後の心理療法内で、その医師（＝セラピスト）への依存心を強めるかもしれませんし、逆に「自身の危機への取り組みを心理療法的に扱うことなく、入院の導入で誤魔化した」と考えるかもしれません。精神分析では、心理療法外でのユーザーへの働きかけがその心理療法に与える作用についてたえず目を配ってきました。

あるいは、心理学的な知見を授業内で教えることがそのまま心理教育として作用することで、そのユーザーとの心理療法を進めやすくなる場合もあることでしょう。A6に記したように、ここでもその心理療法の場に「誰が何をもちこんでいるのか」にセンシティブになっておくことが大切です。

Q8 破壊的な行動化（自殺企図、激しい自傷・他害、薬物乱用、性的逸脱、反社会的行動等）が危惧される人との心理療法において考えておかねばならないことについて。

A8 破壊的な行動化が頻発する恐れのあるユーザーに心理療法を導入するときには、その行動化に対応できる支援環境（入院環境等）をあらかじめ準備できるかどうかを吟味する必要があります。

そして、治療契約時に行動化が生じたときのこちら側の対応についてユーザーとシェアしておくことが大切です。リミットセッティングとは「破壊的な行動を行ってはなりません」という禁止事項の明文化ではなく、「破壊行動を起こしたときには、〇〇という処置を取ることになる」というように、その後の方針をあらかじめセットアップしておくことを意味します。

破壊的な行動化が生じた際に心理療法にて行うことは、（無論ユーザーの心境を慮りつつ）やはりその行動の意図や意味合いについての検討となります。ただ、その意図や意味合いが即座に言語化されたり、考えられたりすることは稀です。その意味するところが十分に考えられないからこそ行為に移されているからです。

ところで、そもそも行動化（アクティングアウト）とは何なのでしょうか。

人は生物ですので、たえず行動しています。外界からの刺激に対する反応と外界への働きかけの総和が「行動」を生起します。特に探索的、力動的心理療法では、便宜上「行動」と「思考（内省）すること」を対蹠的に捉えますが、究極は後者も「行動」の一種です。対話を用いた心理療法では「契約上、筋肉活動による行動よりも脳活動にもとづく行動を推奨している」というのが事の内実です。

後者を推奨するのは、脳活動により筋肉活動をマネジメント（制御もしくは脳機能による筋肉機能の有効活用）するためです。このマネジメントのために「観察」「内省」「事態の言語化による、無意識＝身体＝筋肉活動への働きかけ」という脳の代表的機能をフルレンジで使用します。

筋肉活動による行動時はどうしてもこの観察、内省、言語化という諸活動が弱まり、それらの連続性が失われます。アスリートが自身の動きを改めてビデオで確認するのはそのためです。

特に見失われやすいのが、その行為の発動時に生じているはずの「葛藤」です。絶望感に突き動かされてリストカットに至るとき、その絶望感の周辺にあったかもしれない「ためらい」や「自分が自傷することによる近親者の悲しみ」や「この心痛を誰かに抱えてもらえる希望」などは視野の暗点に置かれがちです。筋肉活動による行動は脳活動がキャッチしたものを単純化します。単純化する理由のひとつは、体験の強度を集約させることで「体験の手応え」を得るためであり、もうひとつは観察、内省、言語化による内界の複雑化（攪乱、混乱、混沌）への対処のためです。精神分析にて「行動への排出」と呼ばれる心的活動です。脳機能（もしくはこころの器）においてキャパオーバーとなった事柄を筋肉活動にしてしまうことで、その個体としての辻褄を合わせようとする動きです。

ゆえに、行動化の意味について検討することは、ふたたび事の複雑さを脳機能の活動範囲やこころの器に収納し直そうとする試みとなるわけですが、元々収納し難いものを押し戻しても治療的ではありません。ですので、そのことを可能にするための方策をいくつかあげておきたいと思います。

ひとつはここに述べたことをあらかじめユーザーに伝えておくという方策です（神田橋、二〇一六）。すなわち、行動化に至るときには、その行動に至ろうとする心境とは逆方向の心境が断ち切られることが多いゆえに、「何かとても重要なことを知りたい」という想いと「知りたくはない」という想いとの分岐点にきたと考え、行動化を留まったにせよ、実行したにせよ、その瞬間に湧いていた考えやフィーリングについて教えてもらいたい旨をユーザーにあらかじめ伝えておくというやりかたです。

ふたつめは、行動化後の検討時には、なるべく「葛藤図」をえがけるようにするという案です。行動化は内界の複雑化（＝混乱、混沌）を単一のシンプルなものへと変換することに寄与していますが、その複雑さをある程度維持しつつも、混沌ではない状態を志向するうえで、「葛藤図」の構築はほどよい理解モデルとなります。

最後はユーザーのこころを「破壊的な行動を起こしたユーザーの自己部分」と「その行動を検討しようとするユーザーの自己部分」に分けて捉え、後者が前者を慰撫することができるような介入案です。

前者は確かに病理的な心性を司っていますが、そのなかには「行動化によって傷つき、行動化に苦悩するユーザーの自己部分」も確かに存在しています。「〇〇することでしか、その苦しみから逃れようがないとすれば、それこそとても苦しく、悩ましいことだと思う」などの言葉がけはその一例です。

支援者は往々にして「行動を起こしたユーザーの自己部分」を非難したり、叱責したりしがちです。言葉上ではいかにも優しげな雰囲気で「苦しかったですね。もっと自分に優しくできればよいね」などと伝えたとしても、そこには「優しくできないユーザーの自己部分」を責め立てるニュアンスがこめられている場合があります。

大切なことは痛みと苦悩へのまなざしです。

Q9 ユーザーが自身の歪んだ信念やルールを修正し、手放していくときには痛みや悔恨が起こるような気がするが、そのときにどのようなことを考えたらよいか？

A9 その痛みにこころを寄せることが私たちの仕事です。

私は認知行動療法の専門家ではないので経験的な話になってしまうのですが、「歪んだ信念やルール」というとき、それが「歪んでいる」と判定するのは多くの場合セラピストなのだろうと思います。

その種の信念やルールは、そのユーザーがこれまで生きてきたなかで試行錯誤の末に採用してきたものであり、彼らにとっての「生きるための工夫」や「自分なりの対処法案」になってきたものです。それを脇に置いて新しい信念やルールを採用していくことにはさまざまな葛藤がともなわれるはずです。

いま私は「採用してきた」と能動的な表現を用いましたが、もちろんユーザーのなかには、たとえば幼少時から「あなたは駄目な子だ」と言われ続け、「自分は駄目な人だ」と「歪んだ信念」を「植えつけられた」人もいることでしょう。そこには受動的で無力な感覚があります。

ただ、たとえ「植えつけられた」ものだったとしても、それをユーザー自身が「採用している」という側面も忘れてはならないと思います。「悪しき自己責任論」と指摘されそうですが、このユーザーの能動的側面を無視した視点は心理療法を洗脳の営みへと変質させてしまうように私には感じられます。採用せざるをえなかった苦悩の歴史にこころを砕きたいところです。その観点なくして「新しい信念やルール」を獲得させようとするならば、それ自体が「歪んだ信念」を「植えつけて」きた歴史の反復となるはずです。

また、ここで「歪んだ信念」と呼ばれている思考や思考フレームは、厳密には「手放す」ものではないのだと私は思います。そうではなく、既存の信念や思考のフレームは保持されたまま、新たな信念やフレームが「付加される」というのが実際のところです。

「歪んだ信念を生きてきた自己部分」を死なせてしまうのではなく、それはそれとして生かし、いつでもそのことについて振り返ることのできる自己部分や、「新たな信念」とその「既存の信念」を対話させ、ブラッシュアップさせていくような自己部分の育成作業が認知行動療法家の営為のように思うのですが、いかがでしょうか。

Q10 日程的に限られた相談時間しかなく、ユーザーと十分に問題について話し合うことが困難な状況ではどのような支援を目指せばよいのか？

A10 行政の相談サービスなどで心理職として機能せねばならない場合、その時々の一回限りで面談を終えねばならないことがあります。

当然ですが、一回でできることは限られます。問題の具体的な解決などは困難である場合がほとんどでしょう。

その際に私がもっとも大切だと思うことは、そのユーザーが「別の機関で自身の困難を解決するために、じっくりと心理療法やカウンセリングに取り組んでみよう」と思えるような面談にすることです、そのユーザーの未来に向けた支援です。「十分に問題は解決しえなかったが、カウンセラーという存在はとにかく自分のことについて真剣に考えてくれる存在なのだ」ということをどれだけ伝達できるかが鍵です。無論、具体的な相談先をリスト化して手渡したり、その場でリファーが可能ならばリファーを検討できるとなおよいでしょう。いわゆるサイコロジカルファーストエイドの精神です。

Q11 子どもとのプレイセラピーのなかで制作された描画作品等を「持って帰りたい」と言われたときに、その断りかたに悩んでいる。持って帰ってしまうとプレイセラピー内の「二者関係」のなかで大切にしていたものが漏れ出してしまう気がする一方で、持って帰りたい気持ちもわかるので困っている。

A11 「心理療法内で作成したものは、その外には持ち出さない」という原則の起源がどこにあるのかを私自身は寡聞にして知らないのですが、もしかするとフロイト（一九一九）の「禁欲原則（分析を実践しているあいだ、患者は自身のリビディナルな欲求を満たしてはならない）」に端を発しているのかもしれません。「持って帰りたい」という欲求を心理療法内、もしくはセラピー関係内に留めることで、その欲求にまつわる心的体験をより実りあるものにしていくという狙いがあるのかもしれません。

とはいえ、「プレイセラピー内の何らかの要素が〝漏れ出して〟しまうゆえに創作物を持って帰ることを禁止する」という話は、考えてみると奇妙な話です。というのも、私たちは心理療法内で生起したよい変化やよい体験がなるべくユーザーの日常生活にも派生していくことを望んでいるように思うからです。

また、この禁止は「〝日常生活という現実世界〟と〝プレイセラピーという非現実世界〟とを線引きするため」という説がまことしやかに囁かれていますが、私にはプレイセラピーの場も普通に「現実」だと思えます。ディズニーランドは「夢の国」かもしれませんが、やはりそれもまたひとつの現実的世界のはずです。

創作物を持ち帰りたい心境はさまざまでしょうが、まずはポジティブな心性から考えてみたいと思います。おそらく子どもは純粋によいものができて、嬉しくなって持ち帰りたくなったのでしょう。実は私自身は持ち帰る／持ち帰らないはどちらでもよいのではないかと考えているのですが、しかしながら、単に作品を持ち帰って満足したというだけではもったいないという気持ちがあります。

というのも、この場が創作教室ではなく、心理療法の場である限り、その子が持ち帰ることができるとよいのは、その作品以上に、そのプレイセラピーのなかで得た「よい体験」のほうだと思うからです。そのセラピストとのあいだで家に持ち帰りたくなるほどの作品ができた、そのような喜ばしいホットな体験のほうを持ち帰れると何がよいかというと、体験のほうはさらに「応用活用」できるからです。作品自体はすでに完結していますが、体験のほうは応用が利き、セラピストとのあいだで味わったそのよい体験を、今度は保護者や友達や先生とのあいだで味わおうとする可能性が生まれてきます。

ゆえに、作品を持ち帰って終わりにしてしまうのではなく、できれば持ち帰りたくなったその体験のほうもお土産にできれば、なおセラピューティックです。その際に尋ねたいことは、その作品を持ち帰ってどうしたいのかということです。たとえば、「親に見せたい」とのことならば、「ここで作ったものをお母さんやお父さんに見せたいぐらい嬉しい気持ちになったんだね。こういう作品がお母さんやお父さんたちと一緒に作れるとよいかもしれないね」といった言葉を添えたり、「宝箱に閉まって思い出にする」ということならば、「ここで作ったものをそれだけ大事にしたいと思ったんだね。それに、そうしておけば私との体験がいつでも傍にあると思えるのかもしれないね」などと伝えることができるかもしれません。子どものなかの「作品を持って帰る」という行為に付随している心境を理解し、言葉にするという技法です。

他方、作品を持って帰りたいという要望にはネガティブな意味合いがふくまれている場合もあります。たとえば、持ち帰らなければセラピストとの関係が切断された感覚となり、対象恒常性の感覚が崩れて不安になる場合や、心理療法内のものを強奪することで自身の支配性を満たそうとする場合などが考えられますが、このようなときこそ、むしろ「持ち帰る」ことの意味合いについて考えたいところです。というのも、こうしたネガティブな理由があるときこそ、作品を持ち帰ったところで何の意味もないからです。

「創作物は持ち出すべからず」を戒律として捉えてしまうと、私たちの理解はそこでストップします。ここにあるのは技法の問題です。すなわち、この一見戒律に見えるものは、「創作物を持って帰りたい」という要望が出されたときに、そこに何が生じているのかを考えるためのひとつの視座になっていると私は考えます。

Q12 心理療法による支援と知人の相談に乗ることとの違いはなんでしょうか?

A12 私自身は実は基本的には同質のものだと思っています。というよりも、この種の「知人の相談に乗るという素人感覚」「病む個体に対して、それを心配するもうひとつの個体がこころを寄せる」ことが心理療法の基盤に敷かれるものであり、専門的な知識や技術はすべてこの「素人感覚」のうえに乗せることで発揮されるものと考えるからです。神田橋(一九九〇)が示唆するように「傷ついた動物の傷を、もう一匹の動物が一生懸命舐めてケアしようとする」の図が心理療法やあらゆる支援の基礎に置かれるものであり、それは私たちの本能的な活動です。つまり、人が人のこころに寄り添うことは誰もが行っている/行おうとするものなのだと思います。

結局のところ、その違いは社会学的なところから語りうるものであり、「知人の相談に乗る」こととの違いは、心理療法がひとつの仕事であり、商売になっているという点であると思います。

弁護士という仕事は、本来的には人が生きるうえで確実に必要な存在であるとは必ずしもいえません。みんなが弁護士水準の法知識をそなえていれば、弁護士がいなくとも裁判に臨めますし、法的闘争にも個人で対処できるでしょう。ですが、そのようなことは困難ですので、弁護士というひとつの職業が社会的に確立されることになります。心理職も同様です。友人同士、家族同士の関わりによってさまざまな心理的困難が解消されるなら、社会的に不要な存在となるはずです。しかし、いまのところそうではないので職業として成立しています。

何を言いたいかというと、本来的には友人関係や家族関係のなかで、こころの諸問題が解決できるならば、おそらくはそちらのほうが自然であるということです。

私自身は「願わくば、そのユーザーが友人関係や家族関係のなかでこそ、うまくケアされるように専門的支援を供給する」という視点を常に念頭に置いています。もちろん、家族関係や対人関係が複雑化し、ときに虐待やＤＶ等の過酷な家族状況があるなかで、そのような願いを叶えることはほとんど不可能であるケースもたくさんあります。

しかし、できればユーザーが社会のなかで抱えられる状況になることを私は願っています。心理療法や心理的支援はそのための礎になればよいのではないかと考えています。

精神分析的心理療法のような長期的な療法を専門としていながら矛盾するかもしれませんが――専門にしているからこそ、強くそう思うのですが――彼らを「心理療法の住人」にしてしまわないことが大切だと思います。

Ⅲ　結　び

本書はこれで終わりです。

序章で述べたように、私たちの仕事は何も個人心理療法のみに限られるわけではありません。個と個の出会いのかけがえのなさは、何も面接室内でしか体験しえないわけではありません。心理臨床家はどのような場であっても、目前の人のパーソナルな生きざまにこころを砕き、その価値を顕現していくよう尽力しています。

とはいえ、個人心理療法という設定が、個と個の出会いの手応えをよりフルレンジで体験し、より活用し、より何かを生みだしていきやすい形でデザインされているのも確かな事実です。これまでに蓄積されてきた多くの実践例がそのことの証左となっています。

本書で述べてきたことは、あくまで「モデル」にすぎません。実践はこのモデル通りにはいかないでしょう。繰り返し述べてきたように、本書では私たちの介入法を支持的心理療法、探索的心理療法、マネジメントにもとづく心理療法と分類してきましたが、実践はこれほど明瞭に区分できません。それぞれの要素を織り交ぜながら、とにかくユーザーの益となる営為を目指すことになります。

ですが、こうしたモデルをもつことで、私たちはいま自分が何を行い、何をユーザーに供給しているのかにたえず自覚的になるはずです。そして、その供給しているものの影響を相対的に捉える視座を得られるはずです。自身の営為を俯瞰視できることは、私たちの専門性の大切な側面です。

本書がみなさんの日々の臨床的営為に少しでも役立つことができたならば本望です。ここまで読んでくれたみなさんに深く感謝申し上げます。

あとがき

文中でも述べたように、本書は雑誌『精神療法』にて「個人心理療法再考」と題して連載した論考をまとめたものとなっています（第一一章のみは『松木邦裕との対決——精神分析的対論』（二〇一二年四月、岩崎学術出版社）に収載されている「分析臨床の終わり、分析的思考のはじまり」と題した論考を改稿したものとなっています）。

このような本を執筆した動機に関しては序章に述べたとおりです。「個人心理療法」という心理職ならではの技能の内実を、その有効性を、その価値を問い直したいと考え、私が臨床の場で学んできたことを紹介してみたいと思った次第です。その目論見が成功しているのかどうかは定かでありません。ここに記した技術は、私と共に心理療法に取り組んでくれたユーザーや私自身にとってはある程度役立ってきたことですが、読者のみなさんにとってどうなのかは定かでありません。

もしかすると、本書の内容はさまざまな批判の目を向けられることになるかもしれません。そもそも「未だに個人心理療法にこだわっている」というように、本書の存在自体が批判される可能性も十分考えられます。そうであるならば、私はその批判についてさらに考え続けたいと思います。私はそのようにして臨床的な営為に取り組んできました。

私の最初の単著である『心的交流の起こる場所』の冒頭にも記しましたが、心理職として働きはじめた当初の私は心理療法という営みにまったくうまく取り組むことができずにいました。中断にまみれ、ようやく継続できたケースもユーザーの行動化の対応に追われ、心理療法という場で彼らのこころにコミットすることはほとんど叶いませんでした。ユーザーのみなさんには申し訳ない気持ちでいっぱいです。いまでも悔やまれます。私が歩んできた心理臨床の道は失敗と反省に満ちています。私は決してよい臨床家ではありませんでした。

本書に記している思考は、このような多くの失敗から学び、私なりに懸命に修正を繰り返してきたなかで紡ぎ上げてきた技法群です。「失敗から学ぶこと」「いま目前にある失敗を修正すること」、このふたつの姿勢は、「ユーザーから学ぶこと」と並んで、私の臨床観と臨床家としての姿勢を基礎づけています。

無論、失敗など起こらないに越したことはないでしょう。私たちの仕事は常にユーザーのいのちと関わる仕事だからです。とはいえ、人のこころの支援をすべからく計画通りに進めることもやはり不可能であると感じます。人生に行き詰まり、生きることとの苦難に喘ぐユーザーとの心理的支援には、やはり行き詰まりと苦難はつきもののように思えるからです。

本連載の執筆にあたり、たくさんの人にお世話になりました。さまざまなことを教えてくれたユーザーのみなさん、共に支援に取り組んできた現場のみなさん、私を指導してくれた先生方、相互学習の価値を私に教えてくれる学生のみなさん、スーパーヴァイジーのみなさん、スーパーヴァイザーの先生方、私のパーソナルセラピーに取り組んでくれた臨床家、そして、読者のみなさんに感謝申し上げます。

また、連載時から今日まで、ずっと私は神戸三宮センター街にあるジャズ喫茶「茶房 Voice」にて執筆してきました。木の温もりを体感できる店内。ときに小気味よい、ときに優雅な、ときに夕暮れ時の切なさを味わわせてくれるジャズの音色。最高の味わいをもたらしてくれるブルーマウンテン。そして、いつもユニークな話題を絶妙のタイミングで投げかけてくれるマスターの村田さん。「いつもありがとうね」と優しく声をかけてくれるマスターのご両親。私はこの最高の場所で本書に取り組んできました。感謝申し上げます。茶房 Voice は、あの安克昌先生が常連として通っていた喫茶店です。私が尊敬してやまない安先生がかつてくつろいだ場所で自分が執筆活動に勤しんでいたことを知ったとき、私はとても励まされた感覚を覚えました。村田さんのお母様からは、安先生がお亡くなりになったときに関係者一同で作成したというジャズCDをいただきました。安先生が愛した曲が集められたCDです。表紙の写真は、安先生がもっとも愛した曲であるモンクのレコードです。村田さんが撮影してくれました。

最後になりましたが、このような貴重な場を与えてくれた金剛出版の中村奈々さんと、連載時から細かくサポートしてくれた梅田光恵さんに感謝申し上げます。二〇一九年の日本精神分析学会にて中村さんが「連載をしてみませんか？」とお声をかけてくださったときのことをいまでも鮮明に思い出します。「私に書けますかね……」と応えたら、中村さんは「わからないですけど、書けますよ。きっと」とあっさりと私の懸念を吹き飛ばしてくれました。遅筆な私をずっと支えてくれたことに感謝申し上げます。

ありがとうございました。

上田勝久

心理学と医療人類学．誠信書房．
筒井亮太（2020）短時間・低頻度サイコセラピー序説：その展望と現状．上田勝久・細澤仁（編）（2020）実践に学ぶ30分カウンセリング――多職種で考える短時間臨床――．日本評論社．
上田勝久（2012）分析臨床の終わり，分析的思考のはじまり．細澤仁（編）松木邦裕との対決，71-95．岩崎学術出版社．
上田勝久（2018）心的交流の起こる場所――心理療法における行き詰まりと治療機序をめぐって．金剛出版．
Winston, A., Rosenthal, R., Pinsker, H.（2004）Introduction to Supportive Psychotherapy. American Psychiatric Publishing. 山藤奈穂子・佐々木千恵（2009）支持的精神療法入門．星和書店．
Winnicott, D. W.（1947）Hate in the Countertransference. In D. W, Winnicott.（1958）Through Paediatrics to Psycho-Analysis. Tavistock publication.
Winnicott D. W（1948）Children's Hostels in War and Peace. In C, Winnicott（ed）（1984）Deprivation and Delinquency. Tavistock publication.
Winnicott, D. W.（1958）The Capacity to Be Alone. In D. W. Winnicott.（1965）The Maturational Processes and the Facilitating Environment；Studies in the Theory of Emotional Development. Hogarth Press.
Winnicott, D. W.（1960）Ego Distortion in Terms of True and False Self. In D. W, Winnicott.（1965）The Maturational Processes and the Facilitating Environment；Studies in the Theory of Emotional Development. Hogarth Press.
Winnicott, D. W.（1968）The Place Where We Live. In D. W, Winnicott.（1971）Playing and Reality. Hogarth Press. 橋本雅雄・大矢泰士（訳）（2015）改訳 遊ぶことと現実．岩崎学術出版社．
Winnicott, D. W.（1971a）Therapeutic Consultations in Child Psychiatry. Hogarth Press.
Winnicott, D. W.（1971b）Playing : a theoretical statement. In D. W, Winnicott.（1971）Playing and Reality. Hogarth Press. 橋本雅雄・大矢泰士（訳）（2015）改訳　遊ぶことと現実．岩崎学術出版社．
安村直己（2019）「親面接」再考．甲子園大学紀要，46, 37-47.
吉野智富美（2021）応用行動分析学の立場から面接構造を考える．特集　問いから学ぶ面接構造論．臨床心理学，21（3），331-337

宮澤淳一（2008）マクルーハンの光景――メディア論がみえる．みすず書房．
Mohr, D. C., Vella, L., Hart, S. et al（2008）The effect of telephone-administered psychotherapy on symptoms of depression and attrition；A meta-analysis. Clin Psychol, 15（3），243-253.
西野入篤（2021）心理療法の面接構造とオンラインカウンセリングについて――統合的アプローチの立場から．特集　問いから学ぶ面接構造論．臨床心理学，21（3），338-342.
岡野憲一郎（2002）支持療法．小此木啓吾（編集代表）（2002）精神分析事典．岩崎学術出版社．
Ogden, T. H.（1986）The Matrix of the Mind；Object Relations and the Psychoanalytic Dialogue. Jason Aronson. 狩野力八郎（監訳），藤山直樹（訳）（1996）こころのマトリックス――対象関係論との対話．岩崎学術出版社．
Ogden, T. H.（1989）The Primitive Edge of Experience. Jason Aronson.
Ogden, T. H.（2001）Conversations at the Frontier of Dreaming. Jason Aronson. 大矢泰士（訳）（2008）夢見の拓くところ――こころの境界領域での語らい．岩崎学術出版社．
岡村優希（2021）オンライン CBT と対面 CBT の異同．特集　問いから学ぶ面接構造論．臨床心理学，21（3），326-330.
Palazzoli, S.（1978）Paradox and Counterparadox : A New Model in the Therapy of the Family in Schizophrenic Transaction. Jason Aronson.
Rank, O.（1924）Das Trauma der Geburt : und seine Bedeutung fuer die Psychoanalyse. 細澤仁・安立奈歩・大塚紳一郎（訳）（2013）出生外傷．みすず書房．
Rothstein, A.（1994）A perspective on Doing a Consultation and Making the Recommendation of Analysis to a Prospective Analysand. Psychoanalytic Quarterly, 63（4），680-695.
Scharff, J. S.（2013）Psychoanalysis Online：Mental Health, Teletherapy and Training. 妙木浩之（監訳）サイコアナリシス・オンライン――遠隔治療のための知識トレーニング．岩崎学術出版社．
関真粧美（2020）アザミノ café 報告「リモートセラピーでの発見　実践してわかったこと」．https://note.com/azamino_analysis/n/ne1d1d0cf9b63
下坂幸三（1994）「なぞる」ということ――面接の基本に関する工夫．精神医学，36（12），1232-1233.
鑪幹八郎（2007）アモルファス自我構造という視点――対人関係論から見た日本の臨床．精神分析研究，51（3），233-244.
東畑開人（2017）日本のありふれた心理療法――ローカルな日常臨床のための

Husserl, E.（1928）Vorlesungen Zur Phänomologie des inner Zeitbewusstseins. 立松弘孝（訳）（1967）内的時間意識の現象学．みすず書房．

岩倉拓（2014）心理臨床における精神分析的実践――治療0期の「耕し」と「治水」．藤山直樹・中村留貴子（監修）．事例で学ぶアセスメントとマネジメント――こころを考える臨床実践．岩崎学術出版社．

神田橋條治（1990）精神療法面接のコツ．岩崎学術出版社．

神田橋條治（1997）対話精神療法の初心者への手引き．花クリニック神田橋研究会．

神田橋條治（2006）「現場からの治療論」という物語．岩崎学術出版社．

神田橋條治（2016）治療のための精神分析ノート．創元社．

河合隼雄（1970）カウンセリングの実際問題．誠信書房
河合隼雄（1995）ユング心理学と仏教．岩波書店．

Keysers, C., Wicker, B., Gazzola, V., Anton, J. L., Fogassi, L., & Gallese, V.(2004) A touching sight : SII/PV activation during the observation and experience of touch. Neuron, 42, 335-346.

岸本早苗（2021）マインドフルネスの立場から．特集　問いから学ぶ面接構造論．臨床心理学，21（3），343-348.

北山修（監修），高野晶（編著）（2017）週一回サイコセラピー序説――精神分析からの贈り物．創元社．

Klein, M.（1950）On the criteria for the termination of a Psycho-Analysis. In Klein, M.（1975）The Writings of Melanie Klein Vol.3 Envy and Gratitude and Other Works. The Melanie Klein Trust. 北山修（訳）（1985）精神分析の終結のための基準について．メラニー・クライン著作集4．妄想的・分裂的世界．誠信書房．

Kleinman, A.（1980）Patients and Healers in the Context of Culture：An Exploration of the Borderland Between Anthropology, Medicine, and Psychiatry. University of California Press. 大橋英寿・遠山宜哉・作道信介，他訳（1992）臨床人類学――文化のなかの病者と治療者．弘文堂．

栗原和彦（2019）臨床家のための実践的治療構造論．遠見書房．

松木邦裕（2004）終結をめぐる論考――ある強迫症者と私にとっての「ひとつの終わり」．心理臨床学研究，22（5），499-510.

Meltzer, D.（1967）The Psychoanalytical Process. Karnac Books. 松木邦裕（監訳），飛谷渉（訳）（2010）精神分析過程．金剛出版．

Menninger, K.（1959）Theory of Psychoanalytic Technique. Basic Books. 小此木啓吾（訳）（1969）精神分析技法論．岩崎学術出版社．

三田村仰（2017）はじめてまなぶ行動療法．金剛出版．

Ferraro, F., Garella, A.（2009）Endings : On termination in psychoanalysis. Editions Rodopi.
Freud, S.（1912a）The Dynamics of Transference. Standard Edition 12.
Freud, S.（1912b）Recommendations for Physicians on the Psycho-Analytic Method of Treatment. Standard Edition 12.
Freud, S.（1913）On Beginning the Treatment. Standard Edition 12. 小澤和輝（訳）（2014）治療の開始について．藤山直樹（監訳）．フロイト技法論集．岩崎学術出版社．
Freud, S.（1914）Remembering, Repeating and Working-Through. Standard Edition 12.
Freud, S.（1915）The Unconscious. Standard Edition 14.
Freud, S.（1919）Lines of Advance in Psycho-Analytic Therapy. Standard Edition 17.
Freud, S.（1920）Beyond the Pleasure Principle. Standard Edition 18.
Freud, S.（1937）Analysis Terminable and Interminable. Standard Edition 23.
藤山直樹（2003）精神分析という営み――生きた空間をもとめて．岩崎学術出版社．
藤山直樹（2010）続・精神分析という営み――本物の時間をもとめて．岩崎学術出版社．
藤山直樹（2012）精神分析的実践における頻度――「生活療法としての精神分析の視点」．精神分析研究，56（1）；15-23.
藤山直樹（2015）週1回の精神分析的セラピー再考．精神分析研究，59（3），261-268.
藤山直樹・妙木浩之（2012）特集：セッション頻度から見た日本の精神分析．精神分析研究，56（1），7-52.
Gabbard, G. O.（2014）Psychodynamic Psychiatry in Clinical Practice, Fifth Edition. American Psychiatric Association Publishing. 奥寺崇・権成鉉・白波瀬丈一郎・池田暁史（監訳）（2019）精神力動的精神医学――その臨床実践 第5版．岩崎学術出版社．
Goldberg, A., Marcus, D.（1985）"Natural Termination"：Some Comments on EndingAnalysis without Setting a Date. Psychoanalytic Quarterly, 54（1），46-65.
堀川聡司（2021）オンライン設定における心的空間の平板化と拡張．特集 問いから学ぶ面接構造論．臨床心理学，21（3），320-325.
細澤仁（2010）心的外傷の治療技法．みすず書房．

文　献

American Psychological Association（2013）Guidelines for the practice of telepsychology.

Bachrach, H. M.・Leaff, L. A.（1978）"Analyzability"：a systematic review of the clinical and quantitative literature. Journal of the American Psychoanalytic Association, 26, 881-920.

Balint, M.（1936）The Final Goal of Psychoanalytic Treatment. In Balint, M.（1965）Primary Love and Psycho-analytic Technique. New and enlarged edition. Tavistock Publication.　森茂起・枡矢和子・中井久夫（共訳）（1999）一次愛と精神分析技法．みすず書房．

Berryhill, M. B., Culmer, N., Williams, N. et al（2019）Videoconferencing psychotherapy and depression；A systematic review. Telemed J E Health, 25（6），435-446.

Bion, W. R.（1967）Second Thoughts. Heinemann. 松木邦裕（監訳），中川慎一郎（訳）（2007）再考——精神病の精神分析．金剛出版．

Bollas, C.（1999）The Mystery of Things. Karnac Books.　舘直彦（訳）（2004）精神分析という経験——事物のミステリー．岩崎学術出版社．

Casement, P.（1985）On Learning from the Patients. Tavistock Publication.　松木邦裕（訳）（1991）患者から学ぶ——ウィニコットとビオンの臨床応用．岩崎学術出版社．

Casement, P.（2018）Learning Along the Way：Further Reflections on Psychoanalysis and Psychotherapy. Routledge.　上田勝久・大森智恵（訳）（2021）道のりから学ぶ——精神分析と精神療法のさらなる思索．岩崎学術出版社．

Coltart, N.（1993）How to Survive as a Psychotherapist. Sheldon Press.

Deleuze, G.（1968）Différence et repetition. P.U.F. 財津理（訳）（1992）差異と反復．河出書房新社．

De Simone, G.（1997）Ending analysis；Theory and technique. Karnac.

土居健郎（1992）新訂　方法としての面接——臨床家のために．医学書院．

Eissler, K.（1953）The effect of the structure of the ego on psychoanalytic technique. Journal of the American Psychoanalytic Association, 1, 104-143.

遠藤純一郎（2011）法藏の法界縁起思想．蓮花寺佛教研究所紀要，4，48-85.

Erikson, E.（1959）Identity and The Life Cycle. Selected Papers. International Universities Press.　小此木啓吾（訳）（1973）自我同一性——アイデンティティとライフ・サイクル．誠信書房．

著者略歴

上田勝久（うえだ　かつひさ）

1979年　三重県伊賀市に生まれる

2008年　兵庫教育大学大学院　教育臨床心理コース　修了

2018年　京都大学大学院　教育学研究科臨床実践指導者養成コース　修了（教育学博士）

現在　兵庫教育大学大学院　臨床心理学コース　准教授　臨床心理士・公認心理師

著訳書　『精神分析と美』（共訳）（みすず書房, 2010）、『日常臨床に活かす精神分析——現場に生きる臨床家のために』（分担執筆）（誠信書房, 2017）、『心的交流の起こる場所——心理療法における行き詰まりと治療機序をめぐって』（単著）（金剛出版, 2018）、『実践に学ぶ30分カウンセリング——多職種で考える短時間臨床』（共編）（日本評論社, 2020）、『道のりから学ぶ——精神分析と精神療法についてのさらなる思索』（共訳）（岩崎学術出版社, 2021）、『投影同一化と心理療法の技法』（単訳）（金剛出版, 2022）

受賞　日本心理臨床学会奨励賞（2015）、日本精神分析学会山村賞（2015）京都大学大学院教育学研究科長賞（2016）、三好暁光学術奨励賞（2017）

個人心理療法再考《こじんしんりりょうほうさいこう》

2023年3月20日　印刷
2023年3月30日　発行

著　者　上田勝久
発行者　立石正信
発行所　株式会社金剛出版
〒112-0005　東京都文京区水道1-5-16
電話 03-3815-6661　振替 00120-6-34848

装丁　臼井新太郎
カバー写真　村田　太
印刷・製本　太平印刷社

ISBN978-4-7724-1942-0　C3011

心的交流の起こる場所
心理療法における行き詰まりと治療機序をめぐって

［著］＝上田勝久

●A5判 ●上製 ●240頁 ●定価 **3,960** 円

● ISBN978-4-7724-1636-8 C3011

精神分析の最新の研究成果を
実践応用するための技術論を展開。
あらゆる心理療法に通底する
「治療原理」を探求する。

投影同一化と心理療法の技法

［著］＝トーマス・H・オグデン
［訳］＝上田勝久

●A5判 ●上製 ●220頁 ●定価 **3,960** 円

● ISBN978-4-7724-1920-8 C3011

米国で最も注目される
精神分析家T・オグデンの
高度な精神分析の世界が展開される
著作待望の邦訳。

精神分析の歩き方

［著］＝山崎孝明

●A5判 ●並製 ●344頁 ●定価 **3,740** 円

● ISBN978-4-7724-1829-4 C3011

歴史、アセスメント、パターナリズム、
カルトなどを皮切りに、
かつてないほど深く鋭く精神分析を問い直す
「精神分析観光ガイド」！

価格は10%税込です。